主　编 ○ 焦强　罗哲
副主编 ○ 罗堰　林强　程拱胜　徐伟

管理学（第六版）

GUANLIXUE

DILIUBAN

四川大学出版社

项目策划：徐丹红
责任编辑：徐丹红
责任校对：周　颖
封面设计：何东琳
责任印制：王　炜

图书在版编目（CIP）数据

管理学 / 焦强主编 . — 6 版 . — 成都：四川大学出版社，2019.6
ISBN 978-7-5690-3274-1

Ⅰ．①管… Ⅱ．①焦… Ⅲ．①管理学 Ⅳ．① C93

中国版本图书馆 CIP 数据核字（2020）第 001516 号

书名	管理学（第六版）
主　编	焦强　罗哲
出　版	四川大学出版社
地　址	成都市一环路南一段 24 号（610065）
发　行	四川大学出版社
书　号	ISBN 978-7-5690-3274-1
印前制作	四川胜翔数码印务设计有限公司
印　刷	成都金龙印务有限责任公司
成品尺寸	185mm×260mm
印　张	11.75
字　数	277 千字
版　次	2020 年 3 月第 1 版
印　次	2020 年 3 月第 1 次印刷
定　价	36.00 元

◆ 版权所有 ◆ 侵权必究 ◆

四川大学出版社
微信公众号

◆ 读者邮购本书，请与本社发行科联系。
　电话：（028）85408408/（028）85401670/
　（028）86408023　邮政编码：610065
◆ 本社图书如有印装质量问题，请寄回出版社调换。
◆ 网址：http://press.scu.edu.cn

目 录

绪 论 ………………………………………………………… (1)

第一章 管理和管理学 ……………………………………… (3)
第一节 管理的内涵 …………………………………… (3)
一、管理的定义 ……………………………………… (3)
二、管理的性质 ……………………………………… (4)
第二节 管理的职能 …………………………………… (6)
一、决策 ……………………………………………… (6)
二、组织 ……………………………………………… (6)
三、领导 ……………………………………………… (7)
四、控制 ……………………………………………… (7)
五、创新 ……………………………………………… (7)
第三节 管理学的内容和学习方法 …………………… (8)
一、什么是管理学 …………………………………… (8)
二、学习管理学的方法 ……………………………… (9)

第二章 管理理论的形成和发展 ………………………… (11)
第一节 管理理论的萌芽 ……………………………… (11)
一、发展背景 ………………………………………… (11)
二、主要代表人物及其管理思想 …………………… (13)
三、管理理论萌芽阶段的主要特点 ………………… (15)
第二节 古典管理理论 ………………………………… (16)
一、泰罗的科学管理理论 …………………………… (16)
二、法约尔的一般管理理论 ………………………… (19)
三、韦伯的行政组织理论 …………………………… (21)
第三节 人际关系学说和行为科学理论 ……………… (22)
一、梅奥及霍桑实验 ………………………………… (22)
二、行为科学的主要理论 …………………………… (26)
第四节 管理理论丛林 ………………………………… (28)
一、管理过程学派 …………………………………… (28)
二、管理科学学派 …………………………………… (29)
三、社会协作系统学派 ……………………………… (29)
四、决策理论学派 …………………………………… (30)
五、系统管理理论学派 ……………………………… (30)
六、经验管理学派 …………………………………… (30)

七、权变理论学派 ……………………………………………… (31)
　　八、管理文化学派 ……………………………………………… (31)
　第五节　现代管理理论的新发展 ………………………………… (32)
　　一、波特的竞争战略思想 ……………………………………… (32)
　　二、托马斯·彼得斯的人本管理思想 ………………………… (34)
　　三、彼得·圣吉的学习型组织 ………………………………… (34)
　第六节　中国传统的管理思想 …………………………………… (36)
　　一、中国传统管理思想产生的历史背景 ……………………… (36)
　　二、中国传统管理思想的具体内容 …………………………… (37)

第三章　管理的基本原理 …………………………………………… (41)
　第一节　管理原理概述 …………………………………………… (41)
　　一、管理原理的概念和特征 …………………………………… (41)
　　二、研究管理原理的意义 ……………………………………… (42)
　第二节　系统原理 ………………………………………………… (43)
　　一、系统的概念和特征 ………………………………………… (43)
　　二、系统原理的要点 …………………………………………… (43)
　第三节　人本原理 ………………………………………………… (45)
　　一、人本原理的含义 …………………………………………… (45)
　　二、人本原理的主要观点 ……………………………………… (46)
　第四节　责任原理 ………………………………………………… (47)
　　一、责任原理的概念 …………………………………………… (47)
　　二、责任原理的应用 …………………………………………… (47)
　第五节　能级原理 ………………………………………………… (50)
　　一、能级原理的概念 …………………………………………… (50)
　　二、能级原理的运用 …………………………………………… (50)
　第六节　效益原理 ………………………………………………… (51)
　　一、效果、效率、效益 ………………………………………… (52)
　　二、效益的评价 ………………………………………………… (52)
　　三、效益原理的应用 …………………………………………… (52)

第四章　管理的基本方法 …………………………………………… (55)
　第一节　管理方法概述 …………………………………………… (55)
　　一、管理方法的概念和分类 …………………………………… (55)
　　二、管理方法的作用 …………………………………………… (56)
　第二节　法律方法 ………………………………………………… (57)
　　一、法律方法的概念和实质 …………………………………… (57)
　　二、法律方法的特点 …………………………………………… (57)
　　三、法律方法的作用 …………………………………………… (58)
　　四、法律方法的正确运用 ……………………………………… (58)

第三节　行政方法 …………………………………………………… (58)
　　　一、行政方法的概念和实质 ………………………………………… (58)
　　　二、行政方法的特征 ………………………………………………… (59)
　　　三、行政方法的作用 ………………………………………………… (59)
　　　四、行政方法的正确运用 …………………………………………… (60)
　　第四节　经济方法 …………………………………………………… (61)
　　　一、经济方法的内容和实质 ………………………………………… (61)
　　　二、经济方法的特征 ………………………………………………… (62)
　　　三、经济方法的作用 ………………………………………………… (63)
　　　四、经济方法的正确运用 …………………………………………… (63)
　　第五节　教育方法 …………………………………………………… (63)
　　　一、教育方法的实质和内容 ………………………………………… (63)
　　　二、教育方法的特点 ………………………………………………… (64)
　　　三、教育方法的作用 ………………………………………………… (65)
　　　四、教育方法的正确运用 …………………………………………… (65)

第五章　决　策 ……………………………………………………………… (67)
　　第一节　决策概述 …………………………………………………… (67)
　　　一、决策的概念 ……………………………………………………… (67)
　　　二、决策的特征 ……………………………………………………… (67)
　　　三、决策的类型 ……………………………………………………… (68)
　　　四、决策的程序 ……………………………………………………… (69)
　　第二节　决策理论简介 ……………………………………………… (72)
　　　一、古典决策理论 …………………………………………………… (72)
　　　二、行为决策理论 …………………………………………………… (72)
　　　三、现代决策理论 …………………………………………………… (73)
　　第三节　决策的方法 ………………………………………………… (74)
　　　一、头脑风暴法 ……………………………………………………… (74)
　　　二、德尔菲法 ………………………………………………………… (74)
　　　三、名义小组技术 …………………………………………………… (75)
　　第四节　计划的编制与实施 ………………………………………… (75)
　　　一、计划工作的性质 ………………………………………………… (75)
　　　二、计划的类型 ……………………………………………………… (76)
　　　三、计划的制定步骤 ………………………………………………… (78)

第六章　组　织 ……………………………………………………………… (82)
　　第一节　组织的概念与特征 ………………………………………… (82)
　　　一、组织的概念 ……………………………………………………… (82)
　　　二、组织的特征 ……………………………………………………… (82)
　　第二节　组织设计 …………………………………………………… (83)
　　　一、组织设计的影响因素 …………………………………………… (83)

二、组织设计的原则 ……………………………………………………………（84）
　　三、纵向设计——管理宽度的确定与管理层次的划分 …………………（85）
　　四、横向设计——部门的划分 ……………………………………………（87）
第三节　组织结构的类型 ……………………………………………………（89）
　　一、直线型组织结构 ……………………………………………………（89）
　　二、职能型组织结构 ……………………………………………………（89）
　　三、事业部型组织结构 …………………………………………………（90）
　　四、矩阵型组织结构 ……………………………………………………（91）
　　五、多维立体型组织结构 ………………………………………………（93）
第四节　组织的职权配置 ……………………………………………………（93）
　　一、职权的类型 …………………………………………………………（93）
　　二、集权与分析 …………………………………………………………（94）
　　三、授权 …………………………………………………………………（96）
第五节　组织文化 ……………………………………………………………（99）
　　一、组织文化的本质 ……………………………………………………（99）
　　二、组织文化的结构与内容 ……………………………………………（100）
　　三、组织文化的功能与塑造途径 ………………………………………（101）
第六节　组织变革 ……………………………………………………………（102）
　　一、组织变革的种类 ……………………………………………………（102）
　　二、组织变革的原因 ……………………………………………………（103）
　　三、组织变革中的变量 …………………………………………………（104）
　　四、组织变革的实施 ……………………………………………………（105）

第七章　领　导 ………………………………………………………………（110）
第一节　领导的内涵 …………………………………………………………（110）
　　一、领导的概念 …………………………………………………………（110）
　　二、领导的实质 …………………………………………………………（110）
　　三、领导的作用 …………………………………………………………（111）
第二节　领导的原则 …………………………………………………………（112）
　　一、指明目标原则 ………………………………………………………（112）
　　二、协调目标原则 ………………………………………………………（112）
　　三、命令一致原则 ………………………………………………………（112）
　　四、直接管理原则 ………………………………………………………（113）
　　五、沟通联络原则 ………………………………………………………（113）
　　六、激励原则 ……………………………………………………………（113）
第三节　领导的有关理论 ……………………………………………………（114）
　　一、关于人性的理论 ……………………………………………………（114）
　　二、关于领导素质的理论——领导特性理论 …………………………（119）
　　三、关于领导方式的理论 ………………………………………………（120）
　　四、关于领导权变理论 …………………………………………………（123）

第四节　激　励 ………………………………………………………………… (125)
 一、激励的含义 …………………………………………………………… (126)
 二、激励的原则 …………………………………………………………… (126)
 三、激励的有关理论 ……………………………………………………… (127)
 四、激励的方法 …………………………………………………………… (134)

第五节　沟　通 ………………………………………………………………… (136)
 一、沟通的概念 …………………………………………………………… (136)
 二、沟通的种类 …………………………………………………………… (136)
 三、沟通的作用 …………………………………………………………… (137)
 四、沟通的原则 …………………………………………………………… (138)
 五、沟通的方法 …………………………………………………………… (139)
 六、沟通的渠道 …………………………………………………………… (140)
 七、沟通联络的障碍与控制 ……………………………………………… (144)

第八章　控　制 …………………………………………………………………… (148)
第一节　控制的概念和特征 …………………………………………………… (148)
 一、控制的三个基本要素 ………………………………………………… (148)
 二、控制的基本特征 ……………………………………………………… (149)
 三、控制的重要作用 ……………………………………………………… (149)

第二节　控制的种类 …………………………………………………………… (150)
 一、预防性控制和纠正性控制 …………………………………………… (150)
 二、预先控制、过程控制和事后控制 …………………………………… (151)
 三、正式组织控制、群体控制和自我控制 ……………………………… (151)
 四、集中控制和分散控制 ………………………………………………… (151)
 五、反馈控制和前馈控制 ………………………………………………… (152)

第三节　控制的原则和步骤 …………………………………………………… (152)
 一、控制的原则 …………………………………………………………… (152)
 二、控制的步骤 …………………………………………………………… (154)

第四节　预算控制 ……………………………………………………………… (155)
 一、预算的含义 …………………………………………………………… (155)
 二、预算的种类 …………………………………………………………… (155)
 三、预算控制的不足之处 ………………………………………………… (156)
 四、预算的方法 …………………………………………………………… (157)

第五节　传统的非预算控制 …………………………………………………… (157)
 一、现场观察 ……………………………………………………………… (157)
 二、报告 …………………………………………………………………… (158)
 三、比率分析 ……………………………………………………………… (158)
 四、比率分析法的优点和局限性 ………………………………………… (159)

第六节　管理信息和有效控制 ………………………………………………… (160)

第九章 创 新 (162)
第一节 创新的概念和特征 (162)
一、创新的概念 (162)
二、创新的特征 (163)
三、维持与创新的关系 (163)
第二节 创新的种类 (164)
一、局部创新和整体创新 (164)
二、消极防御型创新和积极攻击型创新 (164)
三、系统初建期的创新和运行中的创新 (164)
四、自发创新与有组织的创新 (165)
第三节 创新的原则与步骤 (165)
一、创新的原则 (165)
二、创新的步骤 (166)
第四节 创新的基本内容 (168)
一、目标创新 (168)
二、技术创新 (168)
三、制度创新 (170)
四、组织机构和结构的创新 (171)
五、环境创新 (171)
第五节 创新活动的组织 (171)
一、正确理解和扮演"管理者"的角色 (172)
二、创造促进创新的组织氛围 (172)
三、制定有弹性的计划 (172)
四、正确地对待失败 (172)
五、建立合理的奖励制度 (173)

参考文献 (176)
后 记 (178)

绪　论

自从有了人类，就有了管理活动。人们所要从事的活动，无论是社会活动还是生产活动，都必须依靠集体进行，而组织和协调集体活动就需要管理。通过管理，人们的生产、生活和其他活动就会变得有目的、有秩序。管理在现实生活中广泛存在，大至国家、军队、企业，小至学校、医院、家庭，凡是由两个人以上组成的、有一定活动目的的组织，就都离不开管理。管理的历史可以追溯到人类活动的早期。自从人类开始形成群体并以群体去实现个人无法达到的目的以来，管理就成了协调个人努力必不可少的因素。早在几千年前，世界上所有的文明古国，如中国、古罗马、古巴比伦等就建立了庞大严密的组织，对自己的国家进行管理，并完成了即使今天看来仍然十分巨大的建筑工程。中国的万里长城、埃及的金字塔都在向世人证明：在两千多年前，人类已经能够组织、领导、控制数万乃至数十万人进行统一劳作，历时多年去完成经过周密计划的宏大工程，古人的管理才能不能不令人折服。而且，作为人类区别于其他动物的一个很重要的方面，管理体现了人类的有意识的活动，它也将伴随人类社会的始终。

管理学是一门富有逻辑并充满智慧的科学。管理的发展历史相对于其他众多自然科学的发展历史是很短的，直到 20 世纪初，正式的管理理论才真正迈出决定性的一步。从泰勒的科学管理方法、法约尔的一般行政管理理论、欧文或是霍桑研究所带来的人力资源的新发现，到现代的定量方法、过程理论、权变方法等等，无不表明着这个新兴学科强大的生命力。虽然发展时间短，但种种迹象都在表明管理学对社会及组织发展所起的强大的促进力量，并正在从各个方面蓬勃发展。

随着经济全球化进程的推进和文化的日益多元化，面对新科技革命和知识经济的兴起，要按照科学发展观的要求，实现中华民族强国富民的伟大复兴，一个关键因素就是培养和造就千百万具有全球视野和创新精神的优秀管理者，全面提高整个社会各种组织，特别是各种经济组织的管理水平。因此，在社会生活中，特别是在组织活动中，我们有必要了解什么是管理，怎样才能有效地进行管理。《管理学》以管理的基本原理为基础，系统地研究管理过程中的普遍规律和基本原理，是全面深入地学习和掌握管理科学的入门钥匙。

第一章　管理和管理学

人类是群体性的社会动物，因此就需要组织和管理。管理活动是与人类社会共生共存的活动，是与人类社会生产活动一样具有普遍性和广泛性的活动。怎样才能实行有效的管理，便成了人类社会所关注的问题。一代一代的学者和实践家对管理活动进行了持续不断的研究和探索，形成了人类知识宝库中一个重要的宝藏。学习、研究管理学，是为了科学地认识和有效地运用管理活动的规律，提高管理效能和管理效益，推动社会的全面进步。

第一节　管理的内涵

一、管理的定义

什么是管理？这是每一个初学管理的人首先会遇到的问题。我们知道，管理有许多特殊的领域，如企业管理、行政管理以及各行业、部门和过程的管理。虽然在这些特殊的领域中都有专门的学科进行研究，但是我们稍加分析就可发现，在这些专门的学科中有许多的研究内容存在共性，如对人员、资金的配置与调度，对员工的领导和激励等问题。总体而言，这些专门的学科都体现出管理的内涵，而本书所要研究的也正是这种一般意义上的管理。但是，直到目前为止，管理一词还没有一个完全统一的定义。原因很简单，不同的人，从不同的角度和背景来看，他们对管理有不同的理解。

强调工作任务的人认为："管理就是由一个或几个人来协调其他人的活动，以便取得个人单独活动所不能达到的效果。"这一定义的出发点是：在社会活动中，人们之所以要形成各种各样的组织和集团，是由于集体劳动所能取得的效果是个人劳动无法取得的，或者个人仅能在很小的规模上花很长的时间才能取得。也就是说，组织活动扩大了人类的能力范围。但是，要想真正取得这种集体劳动的效果，必须要求集体中各个成员的活动保持协调一致，这就需要一种专门的活动，这种活动就是管理。

强调管理者个人领导艺术的人认为:"管理就是领导。"该定义的出发点为:任何组织都有一定的组织结构,在这些组织结构的各个关键点上设有不同的职位,而占据这些职位的是一些有特殊才能或品质的人,这些人被称为领导者。在组织中进行的一切有目的的活动都是在不同层次的领导者的领导下进行的,组织活动的有效性取决于这些领导者个人领导能力的发挥。所以,持这种观点的人认为,管理就是领导。

强调决策作用的人认为:"管理就是决策。"决策是一个过程,它包括收集和整理资料,提出两个或多个备选方案,评价备选方案,找出最优方案,以及跟踪检查方案的执行情况,并根据反馈信息及时作出调整等。持这种观点的人认为,任何一项组织工作都必须经过一系列的决策才能完成,如果决策错误,那么执行得越好,所造成的危害反而越大。因此,他们认为管理就是决策。

从不同的研究角度出发,其他学者还对管理进行了不同的定义。通过比较和总结,本书采用下面的定义:

管理是指在一定的环境和条件下,为了达到组织的目标,通过决策、组织、领导、控制、创新等职能活动来集合和协调组织内的人力、物力、财力、信息、时间等资源的过程。

这一定义有四层含义:

第一层含义是管理活动的实施必须要考虑组织所处的环境约束,这其中既要考虑所处的外部环境,也要考虑组织自身的内部环境。

第二层含义是管理者在进行管理时主要是通过决策、组织、领导、控制、创新这五项基本活动来实施。每个管理者在进行管理时都会采用其中的一项或几项,因此,这五项活动又被称为管理的五大基本职能。

第三层含义是管理通过采用五项基本职能来协调人力、物力、财力、信息、时间等资源,构建与环境相适应的资源组合形式,以期实现组织的目标。

第四层含义也是管理的最终目的,即更好地实现组织的目标。协调组织的资源配置过程,是为了使整个组织活动更加富有成效。

二、管理的性质

(一) 管理的两重性

任何社会生产都是在一定的生产方式、一定的生产关系下进行的,生产过程具有两重性,既是物质资料的生产,又是生产关系的再生产。因此,在生产过程中所进行的管理也存在两重性,一方面,管理是由许多人协作劳动而产生的,是有效组织共同劳动所必需的,具有同生产力、社会化大生产相联系的自然属性;另一方面,管理又体现着生产资料所有者指挥劳动、监督劳动的意志,因此,它又具有同生产关系、社会制度相联系的社会属性。这就是管理的两重性。

管理是伴随着人类活动的出现而产生的,人类的任何活动都需要管理。如果没有管理,一切生产、交换、分配等活动都不可能正常进行,社会劳动过程就要发生混乱和中断,社会文明就不能继续。马克思指出:"一切规模较大的直接社会活动或共同劳动，都或多或少地需要指挥，以协调个人的活动，并执行生产总体的活动——不同于这一总体的独立器官的运动——所产生的各种一般职能。"可见管理的产生是满足人类社会活动的客观需要。

同时，管理是为了达到预期目的所进行的具有特殊职能的活动。那么，管理是为了达到谁的预期目的？要达到什么样的预期目的？这实际上是"为谁管理"的问题。在人类漫长的历史中，管理从来就是为统治阶级，为生产资料的占有者服务的，是一定的社会生产关系的反映。以资本主义企业管理为例，马克思有过十分深刻的分析："资本家的管理不仅是一种由社会劳动过程的性质产生并属于社会劳动过程的特殊职能，它同时也是剥削社会劳动的职能，因而也是剥削者和他所剥削的原料之间不可避免的对抗性决定的。"也就是说，资本主义企业管理具有剥削性和资本的独裁性的社会属性。

我们要正确认识管理的两重性，一方面要学习、借鉴发达国家先进的管理经验和方法，以便迅速地提高我国的管理水平；另一方面又要考虑我们自己的国情，建立自己的管理体系，力争高速地发展我国经济。正如毛泽东在《论十大关系》中谈到的："外国资产阶级一切腐败制度和思想作风，我们要坚决抵制和批判。但是，这并不妨碍我们学习资本主义国家的先进的科学技术和企业管理方法中合乎科学的方面。工业发达国家的企业，用人少，效率高，会做生意，这些都应当有原则地好好学过来，以利于改进我们的工作。"

（二）管理的科学性与艺术性

科学是系统化的知识，科学的研究方法就是通过对事物的观察而对事物的本质作出判定，并通过持续不断的观察来对这些本质的确切性进行检验。管理的科学性就体现在对管理活动规律的认识和总结上。

总体而言，管理活动可分为两大类：程序性活动和非程序性活动。程序性活动是指有章可循、照章运作便可取得预期效果的管理活动，而非程序性活动是指无章可循、需要边运作边探讨的管理活动。这两类活动虽然不同，但又是可以相互转化的。其一，程序性活动实际上就是从以前的非程序性活动转化而来的，这种转化的过程正体现出人们对这类活动与管理对象规律性的科学总结；其二，对新的管理对象所采取的非程序性活动只能依据过去的科学总结来进行，否则对这些对象的管理便失去了可靠性，而这个过程本身也就体现出了管理的科学性。20世纪以来，管理知识逐渐系统化，形成了自己的理论和管理方法。虽然与自然科学相比，它还不够精确，但管理学已成为一门科学是毋庸置疑的。

艺术是指达到某种预期效果的有效方法或"诀窍"。管理的艺术性也就是说，在管理实践中，管理者既要运用管理知识，又要发挥个人的主动性和创造性，从而谋划出一种能够最有效地实现组织目标的方法。可见，管理的艺术性强调的是管理的实践性。没有实践则无所谓艺术，而最富有成效的管理艺术是以对它所依据的管理理论的理解为基础的。

因此，可以说，管理既是一门科学，又是一门艺术，是科学与艺术的有机结合体。如果管理者靠背诵管理原则或方法进行管理活动，就好似纸上谈兵一样，必然是脱离或忽视实际情况的无效活动。同样，没有掌握管理理论和方法的人在进行管理活动时，仅仅是靠经验，凭直觉，碰运气，也难以取得有效成果。所以，管理的科学性与艺术性对于学习管理学和从事管理工作的人来说是十分重要的，它可以促使人们既注重对管理理论和方法的学习，又不忽视在管理实践中因地制宜地灵活运用。这一点，可以说是管理成功的一项重要保证。

第二节　管理的职能

管理的职能是管理过程中的基本要素或步骤。通过管理职能的划分，可以将管理的各种原则、理念、方法、理论等归结到各项管理职能当中，从而建立起管理的理论体系，便于人们对管理的学习和掌握。

人们对管理的职能有着许多不同的划分。概括起来，管理的职能主要包括计划、组织、决策、指挥领导、人员配备、激励、控制、协调、创新等。本书主要从决策、组织、领导、控制、创新五个方面来介绍管理的职能。

一、决策

所谓决策，就是组织或个人为了达到一定的目的而提出若干方案并进行选择的过程。对这一定义需要强调说明的是，决策首先要有一个既定的目的，要有一个方向性，而不是盲目的；其次，要进行决策必须有两个以上的备选方案，否则够不上决策；再次，决策不是一个瞬间的工作，而应理解为一个发现问题、分析问题、解决问题的连续过程。在组织已定决策后，计划工作就随之开展，开始安排组织接下来应该做的一系列工作。所以，我们在此将计划工作划归在决策职能之中，而不再单独地列举出来。

决策是管理的起点，管理必须以决策为基础。从某种意义上说，管理就是一个从制定决策，到实现决策，到再次决策的过程。决策是要解决正式组织如何确定目标并为实现目标而合理地选择手段的问题。解决这个问题，是正式组织的主要职能，也是管理者必须要行使的重要职能。美国的管理学家斯蒂芬·P·罗宾斯曾十分明确地指出，决策是管理者工作的实质。

二、组织

管理者在做出决策制定出切实可行的计划后，就要组织必需的人力和其他资源执行既定的计划，这就是组织职能。组织一词具有两层含义：第一层含义是指名词意义上的组织，主要是指组织形态；第二层含义是指动词意义上的组织，主要是指组织工作。这两层含义在组织职能中都会有所涉及，但主要是第二层含义，即动词意义上的组织。组织职能的主要内容包括组织的设计、人员配备、组织的规划与变动、授权等。

三、领导

管理者的一项重要职责就是实施领导。领导是指对组织成员的行为进行引导和施加影响的活动过程，其目的是带领和指挥组织的全体成员同心协力地执行组织的计划，实现组织的目标。由于领导总是伴随着服从，而下属一般是愿意服从于那些他们认为可以使自己的需要、愿望和要求得到满足的领导者，所以，领导者需要运用一定的影响力和激励、沟通等手段来带领和指挥下属完成任务。领导工作成功的关键在于选好人才、用好人才，创造和保持一个良好的工作环境。

四、控制

控制就是将计划的执行情况和计划的要求、目标相对照，然后采取措施纠正计划执行中的偏差，以确保组织目标的实现。计划职能与控制职能密不可分，计划是控制的前提，它为控制提供了目标和标准，没有计划就不存在控制；控制是实现计划的手段，没有控制，计划就不能顺利实现。要实施有效的控制，就要提高预见性，在偏差发生之前及时采取预防措施，把问题消灭在萌芽之中；还要迅速及时地建立完善的信息管理系统，加强信息的收集、分析和反馈。

五、创新

创新是一种思想及在这种思想指导下的实践，是一种原则以及在这原则指导下的具体活动。它是管理的一种基本职能。作为管理的基本内容，决策、组织、领导、控制可视为管理的维持职能。维持是保证系统的活动顺利进行的基本手段。管理的维持职能便是要按照预定的规划来监视和修正系统的运行，尽量避免各子系统之间的摩擦，或减少因摩擦而产生的内耗，以保持系统的有序性。但是，仅有维持是不够的，任何系统都是一个由众多要素构成的，与外部不断发生物质、信息、能量交换的动态、开放的非平衡系统。而系统的外部环境和内部要素是不断变化着的，这些变化必然对系统的活动内容、活动形式和活动要素产生不同程度的影响。系统若不及时根据内外变化的要求，适时进行局部或全局的调整，则可能被变化的环境所淘汰，或为改变了的内部要素所不容。这种为适应系统内外变化而进行的局部或全局的调整，便是管理的创新职能。

上述五种职能，并没有一个严格的次序，其中某几项职能往往同时进行，而且常常交叉在一起，它们是互相联系、互相影响、互为条件、共同发生作用的。对这五种职能，我们将在本书后面的章节中作详细的阐述。

对于管理的职能，需要补充说明以下几点：

第一，不同业务领域在管理职能的内容上是有差别的。由于不同组织、不同部门的具体业务领域是不同的，这就决定了其管理工作也必然具有各不相同的特点，具体表现就是管理职能具体内容的不同。例如，同为计划工作，营销部门做的是产品定价、推销方式、销售渠道等计划安排，人事部门做的是人员招聘、培训、调配等计划安排，财务部门做的则是筹资渠道、资金配置和收支预算等计划安排，它们各自在目标和实现途径上都表现出很不相同的特点。当然，在不同的组织层次上，管理工作与业务工作联系的紧密程度是不一样的。一般来说，低层次的管理工作与业务工作联系较为密切，高层次的管理工作与业务工作的联系就相对少些。

第二，不同管理层次在管理职能的具体内容上也是有差别的。由于管理所处层次的不同，他们所关注的管理职能的具体内容也是有差别的，这是由他们的分工和岗位职责所决定的。例如，就计划而言，高层管理人员关注的是组织整体的长期战略计划，中层管理人员偏重的是中期内部管理性计划，基层管理人员则更侧重于短期作业计划。

第三，人们对管理职能的认识是不断深化的。这种深化表现在两个方面：一方面，人们对上述各职能的具体内容有了越来越深的理解，并且增加了一些新的内容；另一方面，人们在五项职能的基础上又提出了一些新的管理职能。

第四，协调在管理中居于重要地位。管理过程理论的创始人法约尔认为，协调也是管理的一项职能。有些学者把协调看做是管理的本质、管理的核心。尽管人们对如何定位协调还没有统一的认识，但协调在管理中的重要性是毋庸置疑的。归根结底，管理工作就是要设计和保持一种环境，使处于其中的人们能够协同开展工作，从而最大限度地利用各种资源，有效地实现组织的目标。管理工作之所以必要，就是因为人、财、物、时间、信息等多种资源不可能自然地相互协调。没有管理，大量的矛盾将无法得到解决，组织就会陷入混乱和内耗的状态之中。每一项管理职能的开展，事实上都是在进行协调工作。有了协调，组织作为一个整体才能表现出其个体整合的力量，组织活动才能收到个人单独活动所不能收到的良好效果，从而实现"整体大于部分之和"，这也就是通常所说的"1+1＞2"的协同效应。

第三节　管理学的内容和学习方法

一、什么是管理学

管理学，简单地说就是研究管理活动的基本规律、基本原理和一般方法的科学。将管理作为一门学科进行系统地研究，只是近一二百年的事情，但管理学成为一门独立学科的科学地位却是不容置疑的，因为它有自己独特的研究对象，也就是管理的基本规律。虽然管理活动千差万别，如一个政府首脑要处理的问题与一个公司的经理要处理的问题会有本质的差别，但他们的管理工作却有共同的基础，即他们都需要通过采用决策、组织、领导、控制等管理职能来实现组织的目标。在实施这些管理职能时，其具体内容会有差别，但要遵循的基本原理及原则却是一样的，这是管理的共性，也就是管理学要研究的内容。管理科学发展到现在，已经构建成了一个较庞大的谱系，几乎每一个专门领域都已形成了专门的管理学，如工商企业管理、行政管理、军队管理、科技管理、文化管理等。管理学与这些专门的管理学之间是什么关系呢？它们是一般与特殊、共性与个性的关系。管理学要阐释的是在各专门管理学中都适用、都存在的一般性原理和原则，是管理科学中的基础学科；各专门管理学则是在管理学原理的基础上，结合本专门领域的特殊情况，阐述适用于本领域的管理原理，它们都是特殊的管理学。管理学与各专门管理学在发展过程中是相互促进、共同发展的。管理学要及时总结各专门管理学中出现的新理论、新观点，将特殊性上升为一般性，各专门管理学又要努力运用管理学的发展成果，推动本学科的发展。

二、学习管理学的方法

管理学作为一门综合性学科，学习起来是有一定难度的，掌握适当的方法，将收到事半功倍的学习效果。在此，我们介绍三种基本方法，希望对学习者更好地学习管理学有所帮助。

（一）唯物辩证法

马克思主义的辩证唯物主义和历史唯物主义是研究和学习管理学的总的方法论指导。根据唯物辩证法，管理学产生于管理的实践活动，管理实践经验的科学也产生于管理的实践活动。因此，学习管理学必须坚持实事求是的态度，深入管理实践，进行调查研究，总结实践经验，并用判断和推理的方法，使管理实践上升为理论。与此同时，在管理学的学习和研究中，还要认识到各种现象都是相互联系和相互制约的，每一事物都是不断发展变化着的，因此我们还必须运用全面的、历史的观点，观察它的过去、现状及其发展趋势，而不能一成不变地看待组织的管理活动。

（二）系统方法

系统方法是指用系统的观点来研究和分析管理活动的全过程。所谓系统，是指由相互作用和相互依赖的若干部分组成的、具有特定功能的有机整体，系统本身又是它所从属的一个更大系统的组成部分。根据这个定义，管理的过程是一个系统，管理的理论和方法也是一个系统。这样，从管理的角度来看，系统有两种含义：其一是指系统是一个实体，例如组织；其二是指系统是一种方法或手段。这两个定义既有区别又有联系。在第一种含义下，从系统的观点来看，管理在研究和解决组织中一个部分的问题时，必须全面地考虑对组织中其他部分所产生的影响。在第二种含义下，系统作为一种方法、手段或理论，要求管理者在研究和解决管理问题时必须具有整体观点、保持动态平衡的观点、反馈信息的观点、不断完善的观点等有关系统的基本观点。

（三）理论联系实际的方法

理论联系实际的方法，具体地说是对案例的调查和分析，边学习边实践以及带着问题学习等多种方式。这种方法，有助于提高学习者运用管理的基本理论和方法去发现问题、分析问题和解决问题的能力。同时，由于管理学是一门生命力很强的、建设中的学科，因而还应以探讨研究的态度来学习，通过理论与实践的结合，可以使管理理论在实践中不断加以检验，从而深化认识、发展理论。

理论联系实际还有一种含义，就是在学习和研究管理学时，既要吸收发达国家管理实践中科学性的东西，又要去其糟粕；既要避免盲目照搬，又要克服全盘否定，要从我国的具体实际出发对之加以取舍和改造，有分析、有选择地学习和吸收。

上述三种方法是学习和研究管理学的基本方法，除此之外，还有其他一些方法，如归纳与演绎的方法、比较研究的方法、数学分析方法等。总之，学习和研究管理学，要以马克思主义的唯物辩证法为总的方法论指导，同时综合运用各种方法，吸收和采用多种学科的知识，从系统观点出发，联系实际，实事求是，这样才能真正掌握和发展管理学。

复习思考题

1. 管理的内涵是什么？
2. 如何理解管理的性质？怎样在实际管理工作中加以运用？
3. 管理活动具有哪些基本职能？它们之间的关系是什么？
4. 如何运用管理学的研究方法研究管理？

第二章 管理理论的形成和发展

管理作为一种社会行为,自古就有之,与此同时管理思想也就逐步产生。伟大的管理学家德鲁克说过一句话,"管理就是实践"。管理思想是从管理实践活动中逐渐产生、形成和发展的。随着生产活动与管理实践的发展,人们逐步将管理思想进行系统化的总结归纳,形成了管理理论,并在管理实践中不断实证、修正和完善,逐步升华为系统的、科学的管理理论。事实上,无论是在东方还是在西方,我们均可以找到古代哲人在管理思想方面的精彩论述。本章主要介绍中西方在管理学研究中取得的思想成果,从而加深我们对管理学的理解,通过掌握管理理论来规范自身的管理活动,并把握管理理论的发展脉络和发展趋势。

第一节 管理理论的萌芽

管理理论的萌芽阶段是指从18世纪中叶的工业革命到19世纪末泰罗的科学管理理论之间有关工厂管理的种种论述。由于这一时期工厂制度本身还不成熟,关于工厂管理的理论也正处于形成之中,因此,管理理论的萌芽阶段具有零碎和不系统的特点。然而,这一时期的管理思想是工业管理理论的源头,在现代企业管理思想史上占有着不可替代的地位。

一、发展背景

十四、十五世纪,欧洲就已产生了资本主义的萌芽。随着原始积累的进行,英国、法国等先后爆发了资产阶级革命,推翻了封建地主阶级的统治。18世纪中叶,从英国开始,欧洲展开了一场伟大的工业革命,这场革命使以手工业为基础的资本主义工场向采用机器生产的资本主义工厂过渡。生产组织方式的变化有力地促进了生产力的发展,同时也带来了管理思想的革命。

(一)工厂制度的诞生

工业革命奠定了工业作为社会经济的主导产业的地位,农业退居其次。在机器大工业中,工厂成为基本的经济组织形式。与之前的手工工场相比,工厂制度这种新的生产组织形式具有以下特征:

第一,机器生产代替了手工劳动。虽然机器和手工工具都是生产工具,但二者对工人来说具有本质上的不同。虽然机器生产离不开工人对机器的操纵,手工劳动也离不开工具的使用,但在前者,工人是从属于机器的,机器支配工人;而在后者,工人对手工工具的使用完全可以根据自己的习惯和喜好,主动权在工人。

第二,自然力代替人力。任何生产都包括人的因素和物的因素,当物的因素以机器这种形式出现时,它就不仅替代了人的大部分体力劳动,而且在相当程度上也决定了生产的过程。马克思说:"劳动资料取得机器这种物质存在方式,要求以自然力来代替人力,以自觉运用自然科学来代替从经验中得出的成规。"

第三,现代雇佣制度的确立和劳资关系的形成。现代雇佣制度即资本主义的雇佣劳动制,其实质是劳动者不占有生产资料,占有生产资料的人不劳动。生产中人的因素和物的因素必须通过资本家在工厂里才能结合起来,这是一种间接结合。也就是说,劳动者只能向资本家出卖劳动,而生产资料也只有与劳动力商品相结合才能成为现实的生产因素,只有在这时,劳动才成为创造财富的源泉,而资本也才能增值。

第四,管理者与被管理者界限分明。生产中人的因素和物的因素,在直接结合的条件下,劳动者就是生产资料的管理者和自身劳动的安排者;在雇佣劳动制度下,劳动者和生产资料均为资本家所有,资本家为追求最高利润,对生产中的劳动力和生产资料加以管理,资本家或资本家的委托人成为管理者,工人是被管理者。

工厂制度的以上特征,为现代工业管理科学的产生奠定了基础。

(二) 工厂制度对管理提出的要求

工厂制度是伴随着机器大工业出现的,机器的使用提高了对资本的利用程度;同时,为了最大限度地利用机器以降低生产成本,生产规模也不断扩大。由于工人对机器的依赖,大量的工人被集中到机器所在地——工厂进行劳动。当大量的工人、机器、材料被集中到同一地点进行大规模的生产时,为了提高生产效率以获得利润,如何对这些生产要素进行有效的管理就成为企业主必须面对的问题。

可见,工厂制度这一组织形式不仅突破了家庭生产的规模,而且极大地扩展了分工协作的空间与深度,管理因而也成为工厂制度不可缺少的要素,成为提高生产效率,实现更高利润的关键。

机器大工业扩大了组织的规模,而规模的扩大又使得企业的内部结构、产品的生产流程、工人的分工协作日趋复杂,再加上社会环境也日趋变化多端,工厂制度在管理方面提出了更高的要求,传统的凭企业主个人经验和判断对生产全局及各关键因素进行管理的方法已不再适应工业经济的发展。这一时期的管理实践家和思想家看到了工业管理的重要性,并对此进行了艰苦的探索和思考,提出了许多有价值的见解,为以后科学管理理论的形成作出了思想上和实践上的准备。

二、主要代表人物及其管理思想

（一）亚当·斯密的管理思想

亚当·斯密（1723—1790），是英国古典政治经济学的主要代表人物之一。1776年，他发表了最具代表性的著作《国民财富的性质和原因的研究》，系统地阐述了劳动分工理论，其中涉及许多管理思想，这些管理思想对于现代企业管理具有重要的影响。

分工问题是管理的首要问题，可以说，没有分工就没有管理。亚当·斯密在他的《国民财富的性质和原因的研究》中以制针业为例说明了劳动分工给制造业带来的变化。

他写道："如果一名工人没有受过专门的训练，恐怕工作一天也难以制造出一根针来。如果把制针程序划分为若干个流程，每一流程就变成一门特殊的工作了：第一个人担任抽线工作，第二个人专门负责拉直，第三个人负责剪断，第四个人进行磨尖，第五个人在另一头打孔并磨角。这样一来，平均每天可生产48000根针。可见，劳动分工使生产效率提高的幅度是相当惊人的。"

关于劳动分工何以能够促进劳动生产率的提高，亚当·斯密做了以下的分析：

第一，劳动者的技巧因分工而日渐熟练。亚当·斯密认为，分工使劳动者局限于一种单纯的生产操作，这必然会大大地增进其劳动的熟练程度，这种熟练程度的增进必然会提高劳动者在单位时间内所能完成的工作量，从而带来生产效率的提高。

第二，分工可以免除从一种工作转换为另一种工作通常必须损失的时间。亚当·斯密认为，一个人在由一种工作转换到另一种工作时，往往要闲逛一会儿，而且在开始新的工作时难以立即全神贯注，这样，势必会大大削减所能完成的工作量。而分工使劳动者始终专注于一种生产操作，可以节省由一种工作转到另一种工作所耗费的时间，提高劳动者的生产效率。

第三，发明了许多便于工作又节省时间的机器。许多简化劳动和缩减劳动的机械发明，使一个人可以做很多工作。亚当·斯密认为，分工使劳动者的注意力集中在一种特定的对象上，有利于创造新工具和改进设备，而机器的发明和改善又可以很大程度地简化劳动操作、节省劳动时间，从而提高劳动效率。

亚当·斯密关于劳动分工的分析和主张，不仅符合当时生产发展的要求，而且也成为以后企业管理理论的一条重要原理。

（二）萨伊的管理思想

萨伊（1767—1832），是法国资产阶级庸俗经济学的创始人。萨伊特别推崇亚当·斯密，他自诩为亚当·斯密理论的解释者和传播者，但同时也指出了亚当·斯密著作中的一些错误或缺点；而实际上萨伊只继承了亚当·斯密学说中庸俗的部分，是资产阶级庸俗政治经济学的创始者之一。和亚当·斯密一样，萨伊的政治经济学著作中也含有丰富的管理学思想。

萨伊首先肯定了亚当·斯密关于分工可以带来产品数量剧增和产品质量改善的观点，并在此基础上做了进一步的阐述和发挥。

萨伊认为制约分工的因素主要有三个：一是产品的消费量，二是资本的实力，三是行业本身的性质。关于第一点，萨伊认为，产品的消费只有超过一定数量才能享受分工的利益。萨伊沿用了亚当·斯密的例子说，10个人的工厂每天生产48000根针，必须以针的日消耗量为48000根为前提，否则他们就无法这样继续生产。因为如果针的日消耗量只有24000根，工人便会有半日无事可做或部分改行，那么分工就不能广泛地、完全地进行。据此，萨伊得出结论：除了那些能够运往销售地而且消费量相当巨大的产品，分工还不能达到很精细的程度。关于第二点，萨伊认为，如果产品是在工厂制造而且是由同一厂商经营一切的制造阶段，那么该厂商必须拥有雄厚的资本，否则便不能对工作实行很精密的分工，因为这种分工需要对工资、原料、机器等垫付巨大的款项。关于第三点，萨伊以农业为例，认为农业的性质最不允许分工，因为不可能有许多人集中在一处，全体都来种植同一种农作物；也不可能一个人长年累月地一直犁田或挖土或整年都从事割稻工作。

同时，萨伊分析了分工的弊端。萨伊指出，一生只从事一种工作的人对这种工作一定比别人干得更快更好，但同时他将不适于干其他一切工作，不管是体力劳动还是脑力劳动，他的别项才能将逐渐减退或完全消失，对于一个人来说他实际上是退化了。萨伊认为这种由于分工而导致的能力退化对工人阶级来说更为不利，因为如果工人阶级除了一种工作以外对其他工作都一窍不通，这一定会使他们陷入更困苦、更不利的境地，他们将更没有能力要求公平分享产品的价值，因为他们只是个附属品。

萨伊关于分工的论述使分工理论达到了较为全面的程度。

（三）罗伯特·欧文的管理思想

罗伯特·欧文（1771—1858），是一位英国的空想社会主义者，也是一位对管理思想作出过重要贡献的实践家。欧文生活于英国工业革命时期的早期，当时大工业刚刚开始形成。欧文看到机器的使用提高了劳动强度，扩大了失业队伍，降低了劳动者的实际工资；看到了工人包括童工恶劣的生活条件和劳动条件；看到了贫困、饥饿和愚昧无知对工人健康、生命和道德的严重摧残。于是，欧文不仅在自己管理的范围内尽可能地改善工人的境遇，而且向整个社会推广他的管理原则和思想。

欧文的管理思想主要有以下几点。

1. 工人是活的机器

欧文指出，当时的企业主没有合理地处理好生产各要素之间的关系，他们通常只重视如何更有效地保养和利用机械设备（死机器），而忽视了对活机器（人）的保养，这些企业主对怎样改善木质和金属原料比对怎样改善人的身心健康要重视得多。而欧文认为，在生产的诸要素中，人的因素比物的因素对工厂利润的影响更大。他呼吁企业主匀出一些时间、精力和金钱来保养和改善他们的"活机器"。欧文以自己的亲身经历例证，这样做绝对是对企业主有利，企业主得到的报酬不是5%、10%、15%，而往往是50%，在许多情况下还是100%。

欧文把工人单纯地视为被动地为企业主创造利润的机器，这显然是没有准确把握工人阶级的社会作用和历史地位的。然而，欧文看到了生产中人的因素并给予了极大的关注，这从管理思想的发展来看，是科学的，而且具有首创性。

2. 环境能塑造人性

欧文人性理论的要点有：其一，人的性格、情感、品行是外在环境造成的，人自身是没有责任的。欧文认为，一个人在其品质的形成时期是处于被动地位的，个人无法阻止品质的形成。为此，欧文认为人们没有理由因为人的品行、性格的问题而感到愤怒不已，更不能因此而对他人严加惩罚。其二，通过改变外在环境，人的身心状况是可以得到改善的，而这样做的主动权掌握在社会的统治阶级或工厂的管理者手中。欧文强调，只要统治者、管理者愿意这样去做，这种改变人的性格、情感、品行的目的通常是能够达到的。

欧文认为，他的人性理论如果能够被正确理解，就可以像自然规律那样普遍地发挥作用。为此，他呼吁社会的当政者和工厂的经营者去努力改善工人极端恶劣的生活条件和劳动环境。

3. 欧文的柔性管理方法

柔性管理方法是相对于强制的、严厉的、以外在惩罚为主的管理方法而言的。欧文认为，工人的一些不好的品行是外在的社会环境造成的，其责任不在工人自身而在当时的统治者、管理者，所以管理者没有理由惩罚工人。为此，欧文倡导并实践了以教育、感化为主要手段的柔性管理方法。例如，在生产管理中，欧文为每个工人准备了一块小方木桩，各个侧面涂上不同的颜色，由浅入深地表示该工人的表现情况，白色表示很好，黄色表示良好，蓝色表示一般，黑色表示不好。欧文把这些木桩挂在工人的操作区域附近，作为无言的规劝。不难看出，欧文的管理方法主要是通过教育和规劝来启发工人的觉悟，使工人自觉改正错误。

欧文的管理方法是行之有效的。在其管理思想当中，欧文创造性地提出在工业管理当中要关注人的因素，要善于利用人力资源，这实际上开创了后来的人际关系学说和行为科学等管理理论的先河。因此，罗伯特·欧文被称为"现代人事管理之父"。

三、管理理论萌芽阶段的主要特点

早期的管理思想是伴随着现代意义上的工厂的产生而产生的。从工业革命开始到19世纪末，各主要资本主义国家正处于从资本主义工场到资本主义工厂的过渡期和工厂制度的初步确立时期，这就决定了萌芽阶段的管理理论具有以下特点：

首先，尽管萌芽阶段的管理理论有不少真知灼见，但总的来说是零碎的、不系统的，还没有形成完整的、科学的管理理论。这主要是由于当时生产的社会化程度不高，工厂的规模较小，劳动组织简单，生产产品单一，企业主可以不借助任何中介而全盘了解企业的生产经营情况及来往账目。在这种情况下，管理本身是比较简单的，企业主凭借个人的经验和判断通常也能对付，所以工厂管理还不可能普遍地成为专门的科学研究对象。这一时期的管理思想家，往往是在论述社会、政治、经济问题时涉及工厂管理问题，许多论述仅仅是在某些方面对工厂管理有一定的借鉴作用。

其次，萌芽阶段的管理理论是工业管理理论的源头。这些早期的管理思想虽然还不成熟、不系统，但毕竟是适应现代工厂制度的发展而产生的，因此建立在高度社会化的大机器生产基础上的各种成熟的管理理论均以萌芽的状态存在于这些早期的管理思想当中。

再次，萌芽阶段的管理理论与以泰罗为创始人的科学管理理论之间有直接的渊源关系，可以说前者为后者的产生做好了理论上和实践上的准备。因为它们所研究的工厂有一个共同特点，这就是企业的科学技术环境和市场环境比较稳定。在这种外部条件下，企业要提高经济效益以获取更多利润，其主要手段就在于如何使企业内部的管理更为有效、科学和合理。因此，就内容上来说，这些理论都集中在劳动的组织问题上，如劳动时间、劳动分工、劳动生产率、劳动纪律及工资支付等，其直接目的在于如何使劳动变得简单易行，使工人有劳动积极性。萌芽阶段的管理理论和后来的科学管理理论就内容来说没什么本质的不同，两者的区别仅在于程度上。由于工厂的规模较大，管理实践的积累较多，因而后者对工厂管理的论述更全面、更深刻、更科学，也更具操作性。

第二节　古典管理理论

古典管理理论产生于19世纪末20世纪初，它以泰罗的科学管理理论、法约尔的一般管理理论和韦伯的行政组织理论为代表。自从人类有了管理思想，从学科的意义上来讲，管理科学产生的一个重要标志就是古典管理理论特别是科学管理理论的诞生。同时，古典管理理论的一些思想精髓，不仅促进了当时管理实践的巨大变革，而且对之后的管理实践也有着重大的影响。即使到了今天，在我们探索的一些管理方法当中，有许多理念都可以从古典管理理论中找到线索。因此，研究古典管理理论的一些基本思想，对于我们把握现代管理思想的基本方法，有着重要的意义。

一、泰罗的科学管理理论

19世纪末之前，工业上实行的是传统的管理方法，即工厂的管理、生产方法、工艺的制定以及人员培训全凭企业主个人的经验，依靠饥饿政策迫使工人劳动，企业主赚取利润的手段几乎只是延长劳动时间或增加劳动强度，因此劳资矛盾十分尖锐。随着工人阶级的壮大，企业主的这种管理方式受到了工人阶级越来越激烈的反抗，工人组织起来成立工会，要求缩短工作日，降低劳动强度，增加工资，这就迫使企业主不得不放弃传统的管理方法。另一方面，当时生产力的发展水平也急需一套系统的管理理论和科学的管理方法与之相适应。尽管早期的管理思想不乏真知灼见，但毕竟非常零散，没有系统。因此，如何改进对工厂的管理成了迫切需要解决的问题。当时有许多工程师和管理实践家都在进行这方面的研究，泰罗是其中最具代表性的一位，后人将他尊为"科学管理之父"。

泰罗（1856—1915），美国人，是科学管理理论的创始人。22岁时进入费城的米德维尔钢铁公司当技工，由于工作努力，被迅速提升为工头、中层管理人员、总技师，28岁时任钢铁公司的总工程师。1890年泰罗离开这家公司，从事管理咨询工作，1898—1901年期间，他受雇于宾夕法尼亚的伯利恒钢铁公司，在那里进行了著名的

"搬铁实验"和"铁锹铲煤实验"。1901年以后,他用大部分时间从事写作、讲演,宣传他的科学管理理论,其代表作为1910年出版的《科学管理原理》。

泰罗的经历使他对生产现场很熟悉,对生产基层很了解,他认为单凭经验进行管理的方法是不科学的,必须加以改变。但是,当时人们的观念还十分保守,工人是自己决定制造方法,企业主是自己决定管理方法,各人所掌握的技艺和积累的经验对别人都是守口如瓶。尽管当时的社会环境还很守旧,泰罗还是利用自己取得的地位,开始了管理方面的革新活动。

泰罗的科学管理理论的主要内容有以下几点。

1. 管理的中心问题是提高劳动生产率

泰罗在管理实践中发现,当时存在于工厂管理中的一个普遍性问题,就是工人没有发挥出他们应有的潜力,而有意无意地"磨洋工",这种情况在当时极为普遍,成为社会的一大时弊。之所以会形成这种"磨洋工"的现象,据泰罗分析,主要有三个方面的原因:

第一,长期以来就在工人中间广为流传着一种谬论,说如果他们用最佳的速度干活,使每个人或每台机器增加了物质产品,那么他们对于全行业来说就是一件极不公正的事,因为这将导致大量的工人失业。在这种错误思想的指导下,不仅是工人每天都有意识地少干活,而且作为工人组织的工会都在制订各种条例,设法使工人少干活。

第二,在传统的管理方法中,企业主赚取利润的手段几乎只是延长劳动时间或增加劳动强度,这使得雇员和雇主长期处于对抗关系,雇员总感到自己的利益被剥夺,每个工人为了保护自己的利益而有意"磨洋工"。

第三,各行各业几乎仍在沿袭单凭经验行事的低效办法,雇主对工人一天究竟能做多少工作心中无数,使工人们浪费了他们大部分的劳动。

鉴于此,泰罗致力于科学管理研究的一个中心问题,就是提高劳动生产率。譬如说,他研究规范化的金属切削技术,研究铁锹铲煤的最佳方法,研究搬生铁的最高产量等,都是围绕着提高劳动生产率这个根本目的的。泰罗认为,提高劳动生产率的潜力很大,其方法是选择合适而熟练的工人,把他们的每一项动作、每一道工序所花费的时间记录并累加起来,再加上必要的休息时间和其他延误时间,就得出了完成该项工作所需的总时间,据此制定出"合理的日工作量"。

2. 挑选并培训"第一流的工人"

通过搬生铁的试验,泰罗得出了一个重要的结论,即要使劳动生产率得到提高,首先必须挑选"第一流的工人"。而所谓"第一流的工人",就是适合干某种具体工作,同时也愿意干好这一工作的工人。泰罗认为,那些能够工作但是又不想好好工作的人绝对不会成为"第一流的工人"。在泰罗看来,每一种类型的工人实际上都能胜任某一项工作,成为"第一流的工人",这是因为,不同的人具有不同的天赋和才能,只要工作对他适合,他就能成为"第一流的工人"。

一方面"第一流的工人"固然是由其天赋和才能所决定的,但是另一方面,培训对于造就"第一流的工人"具有重要的意义。因此,泰罗非常重视培训的作用,他把科学地选择和不断培训工人视为管理人员应该承担的主要责任。他要求管理人员细致地研究每一个工人的性格、脾气和工作表现，找出他们的能力，挖掘他们的潜力；更为重要的是，要善于发现每一个工人向前发展的潜力和可能性，因而必须逐步地系统地训练、帮助和指导每一个工人，为他们提供向上发展的机会。泰罗认为，这种科学地选择和不断地培训工人的举措并不是一次性的行动，而是一项经常性的工作，是管理人员必须不断探索的课题。

3. 使工人掌握标准化的操作方法，以便合理利用工时，提高工效

泰罗认为，必须用科学的方法对工作的操作方法、使用的工具、劳动和休息时间的搭配，以至机器的安排和作业环境的布置等进行分析，消除各种不合理的因素，把各种最好的因素结合起来形成一种最为标准的方法，而这种方法的制定是企业管理的首要职责。泰罗在伯利恒钢铁公司进行的"搬铁实验"和"铁锹铲煤实验"，就是通过这种方法，使搬运的生铁由原来的每日12.5吨提高到47.5吨，铁锹铲的煤由原来的每日16吨提高到59吨，劳动生产率成倍增长。

4. 在工资制度上实施差别计件制

这种差别计件制的实质就是按照作业标准和时间定额，规定不同的工资率。对完成和超额完成工作定额的工人，以较高的工资率计件支付工资，譬如为正常工资率125%；对没有完成定额的工人，则按较低的工资率支付工资，譬如为正常工资率80%。举例来说，假定某项工作的日工作量的工资为20件，每件的正常工资为1元，那么，刚好完成工作量的工资为$1\times20\times125\%=25$元；如果超额完成，每天工作量为25件，那么日工资就是$1\times25\times125\%=31.25$元；如果没有完成定额，只完成了19件，那么日工资就是$1\times19\times80\%=15.2$元。采取这样的工资制度，根据泰罗的说法，其本意并不是想让工人只得低工资，而是为了督促工人完成或鼓励超过定额。

5. 实施科学合理的管理手段

在泰罗的科学管理体系中，有关组织措施方面的观点主要体现在以下三方面：

第一，在组织管理中把计划职能同执行职能分开。所谓计划职能，相当于我们现在通常所说的承担领导、指挥、决策等功能的属于领导层次的职能；而所谓执行职能，则是指操作层次的职能。泰罗指出，在旧的管理中，所有的计划都是由工人凭个人经验制定的。实行新的管理制度后，就必须由管理部门按照科学规律来制定计划，至于现场的工人，则按照管理部门制定的操作方法和指令，使用规定的标准化工具完成工作。

第二，在企业的生产第一线，实行一种叫做职能工长制的制度。这样的一种制度相当于我们现在的车间主任制，就是通过直接的管理人员来管理从事实际工作的工人。泰罗在企业里配备了工作命令卡工长、工时和成本工长、工作程序工长、纪律工长、检验工长等八个工长，由他们来具体负责生产的不同环节，这样既可以做到职责明确，又可以节省培训工人的时间。

第三，在组织机构的管理控制上实行例外原则。泰罗说："在例外原则之下，经理只接受有关超出常规标准的例外情况，特别好和特别坏的例外情况，概括性的、压缩的和比较的报告。"也就是说，在组织运转中，一般的日常事务由下级管理人员进

行处理，而处在领导职位上的管理人员，则处理一些非例常性的事务，即所谓"例外"的事务。

以上这些观点，现在看来似乎非常平常，在当时却是重大的变革。实践证明，泰罗的科学管理理论的实施收到了很好的效果，使工业管理出现了高效率、低成本、高工资、高利润的新局面。

二、法约尔的一般管理理论

亨利·法约尔（1841—1925），法国人，1860年从矿业学校毕业，从1866年开始一直担任法国一个采矿冶金公司的总经理职务，积累了管理大企业的经验。他一生中写了很多著作，内容涉及采矿、地质、教育和管理等，其代表作为1925年出版的《工业管理和一般管理》。

法约尔的一般管理理论是西方古典管理思想的重要代表，后来成为管理过程学派的理论基础，也是以后各种管理理论和管理实践的重要依据，对管理理论的发展有着深刻的影响，后人称他为"管理过程理论之父"。

在法约尔以前，西方管理思想家或管理实践家对于管理的概念是模糊不清的。法约尔通过长期的管理实践，在总结自己以及前人经验的基础上提出了管理的一般原则。他认为，这些原则是管理的"灯塔"，可以为实际的管理工作指明方向，起到引导性的作用。

法约尔总结出来的一般管理原则包括了以下14个方面。

1. 分工

法约尔指出，一般认为，劳动分工是合理使用个人力量和集体力量的最好办法。这种分工不仅适用于技术工作，也适用于管理工作。但专业化分工要适度，不是分得越细越好。

2. 权力与责任

法约尔认为，权力与责任始终是统一的。作为一个管理人员，他既要有履行职责所应该具有的权力，又要对其管理的事情负相应的责任。只有权力和责任相互统一，才能使管理工作正常运转。同时，在法约尔看来，管理人员的权力包括正式权力和非正式权力。正式权力产生于组织的职务等级和法定的职权地位，职务的高低是决定权力大小的重要基础；而个人的非正式权力则取决于个人的人格特质，如个人的智慧、品德、行为习惯、领导能力等。一个优秀的领导人必须兼有职位权力及个人权力，以个人权力补充职位权力。

3. 纪律

法约尔认为，纪律实质上是企业领导人同下属人员之间在服从、勤勉、积极、规矩和尊重方面所达成的一种协议。法约尔还认为，纪律是由领导人决定的，无论是哪种社会组织，其纪律的状况都取决于领导者的道德状况。制定和维护纪律的最有效的方法是各级都要有好的领导，尽可能有明确而公平的协定，并要合理地执行惩罚。

4. 统一指挥

在组织管理中，无论对于哪一件工作来说，一个下属人员只应接受一个领导者的命令，此所谓统一指挥的原则。法约尔认为，统一指挥是组织管理中一条普遍的、永久的而且是必要的原则。

5. 统一领导

统一领导的原则是说，对于目标相同的一组活动，只能有一个领导和一组计划，只有这样，才能够做到计划明确、责任明确，才能够保证组织目标的顺利实现。

统一领导和统一指挥是两个不同的原则。人们通过建立完善的组织来实现一个团体的统一领导，而统一指挥主要是指一个下属人员只能听从一个领导者的指挥，两者不可混为一谈。

6. 个人利益服从整体利益

在社会组织中，个人不可能没有自身的利益。但是，在共同组成了一个整体之后，整体的利益就成了组织需要考虑的首要目标。因此，一般管理的一个基本原则是个人的利益必须服从整体的利益。法约尔指出，协调这两方面利益的关键是领导阶层要有坚定性和做出良好的榜样，协调要尽可能公正，并经常进行监督。

7. 公平合理的报酬制度

报酬的给付必须公平合理，对工作成绩与工作效率优良者应给予奖励，但奖励不应超过某一适当的限度，应以能激起员工的工作热情为限，否则将会有负作用。

8. 集中化

集中化主要指权力的集中或分散的程度问题。权力的集中或分散应具有一定的弹性，根据组织的性质、条件和人员的能力等情况而定。

9. 等级系列

在管理机构中，从最高一级到最低一级应该建立关系明确的职位等级系列，以贯彻执行统一的命令和保证信息传递的秩序。

10. 组织的秩序

秩序即人和物必须各尽其能。法约尔认为，这一原则既适用于物质资源，也适用于人力资源。管理人员首先要了解每一工作岗位的性质和内容，使每个工作岗位都有称职的员工，使每个员工都有适合的岗位，同时还要有条不紊地安排物资、设备到合适的位置上。

11. 公平

法约尔所说的公平不仅仅是指报酬上的公平，更主要是一种立场和观念。在他看来，公平是由善意和公道产生的。领导人为了激励其下属人员全心全意地做好工作，应该特别注意人们希望公平、希望平等的愿望。

12. 人员的稳定

人员的稳定是组织稳定的基础，同时也是组织正常运转的基本条件。而所谓人员的稳定并不是指人员在组织的某个位置上固定不变，而主要是指有秩序地安排人员并不断补充人力资源。

13. 首创精神

组织的管理者和被管理者保持必要的首创精神是组织充满生机和活力的保证。因此，领导者要在不违背职权和纪律的情况下，鼓励和发挥下级的首创精神。

14. 团结精神

团结对于任何一种组织的正常运转都是十分必要的。有句俗话说，团结就是力量。法约尔也有类似的说法。他认为，职工的融洽、团结可以使企业产生巨大的力量。培养团结精神的有效方法是严守统一指挥原则，并尽可能直接地交流意见。

应该说，这些原则在过去的管理思想中已或多或少有所反映，但把这些原则概括为一般性的概念，则是法约尔的首创。法约尔提出的这些原则和概念包含了许多成功的经验和失败的教训，为后人的管理研究与实践指明了方向。

三、韦伯的行政组织理论

马克斯·韦伯（1864—1920），德国人，曾担任过教授、政府顾问、编辑等，在社会学、宗教学、经济学与政治学上都有相当的造诣。他在管理方面的贡献是在《社会和经济理论》一书中提出了理想行政组织理论。这一理论对后世产生了深远的影响，由此韦伯被人们称为"组织理论之父"。

韦伯在他的《社会和经济理论》一书中提出了理想的行政管理体制，也就是官僚体制。韦伯认为，官僚体制是一种严密的、合理的、形同机器那样的社会组织，它具有熟练的专业活动、明确的权责划分、严格的规章制度以及金字塔式的等级服从关系等特征，因而是一种系统的管理技术体系。韦伯认为，理想的行政组织的主要特征有：

第一，是一个按规则行使正式职能的持续性组织；

第二，有明确的职权分化方式；

第三，等级制原则，每一较低机构受较高机构的控制和监督；

第四，指导一个机关的规则，可能是技术规则，也可能是一些制度规则；

第五，管理分局的成员必须同生产资料或管理资料的所有权相分离；

第六，任职者完全不能滥用其正式的权力；

第七，以书面形式记载和规定管理行为、决定和规则等；

第八，合法权力能以各种不同的方式行使。

官僚体制摒弃了个人感情和情绪以及社会关系中的个人成分，完全代之以一种制度化的工作关系，因此具有鲜明的非人格特征。官僚体制的管理过程基本上是例行工作，即行使职权的官员连续不断地将官僚体制的一般原则运用于特定的具体情况。同时，它将个人的利益和动机与执行组织职能有机地联系在一起。对于官僚体制内的官员来说，他们的主要职业活动就是执行一定的组织职能，通过有效地履行职责，他们就可以得到薪俸和不断晋升的机会。

韦伯的理论是对古典的尤其是资本主义的管理经验进行认真总结而提出的一套严密的科学管理体系，是一种制度化、法律化、程序化和专业化的组织理论；阐明了官僚体制与社会化大生产之间的必然联系，突破了妨碍现代组织管理的以等级门第为标准的家长制管理形式；促使了管理方式的转变，消除了管理领域里非理性、非科学的因素。经过后来的组织社会学家和管理专家的不断完善和发展，官僚体制在实践中显示了巨大的优越性和广泛的运用性。

韦伯的行政组织理论同泰罗、法约尔等人的管理思想是相通的，他们都强调要集中权力，明确劳动分工，严格执行规章制度，实现垂直领导和职能的配合，认为严格管理才能提高效率。他们所涉及的研究领域，基本上仅限于正式组织的结构和管理过程。因此，人们把他们的理论归入一类，称为"古典组织理论"。

第三节　人际关系学说和行为科学理论

古典管理理论的建立为当时的生产力发展和社会进步提供了有力的理论武器。但是随着社会的发展，人们发现古典管理理论并不能解决管理实践中所遇到的一切问题，尤其是对人的研究涉及得非常少。然而在实践中，大量的问题是和人有关的，人的行为会随着时间、环境等因素的变化而变化，而人的工作效率也是会因时、因地而发生变化的。古典管理理论的"经济人"假设，在这个时候就受到了更多的质疑。在这种情况下，一些学者从生理学、精神病学和心理学方面进行"疲劳研究"和"性格检查"，提出按工人的性格分配工作等管理方法；还有学者从营养卫生、墙壁色彩和车间照明等方面进行实验和研究，以分析影响工人生产效率的各种因素。位于芝加哥的西方电气公司霍桑工厂，尽管具有较完备的养老金制度、医疗制度和丰富的的娱乐设备，但工人的劳动积极性不高，生产效率也很低。为了探求其原因，由美国国家研究委员会帮助，西方电气公司邀请哈佛大学教授梅奥和罗特利斯伯格等来到霍桑工厂进行现场研究和实验，这就是管理史上著名的霍桑实验。

一、梅奥及霍桑实验

乔治·埃尔顿·梅奥（1880—1949），原籍澳大利亚，后移民至美国，曾获逻辑学和哲学硕士学位，后又学习医学，进行精神病理学研究。1924—1932年间，他主持实施了霍桑实验。有关霍桑实验的总结主要集中在其代表作《工业文明的人类问题》和《工业文明的社会问题》中，梅奥由此创立了人际关系学说。

（一）霍桑实验的实施过程

霍桑实验前后包括两个阶段，共进行了四个实验。

1. 车间照明实验（1924—1927）

实验的目的是为了弄清照明强度对生产效率所产生的影响。这项实验前后共进行了两年半的时间，实验是在被挑选的两组绕线工人中间进行的，一组是实验组，一组是参照组。在实验过程中，实验组不断增加照明强度，从24、46、76烛光逐渐增强，而参照组的照明度始终保持不变。研究者希望由此推测出照明强度的变化对生产效率的影响，但是实验结果显示，两组产量都大为增加，而且增加数量几乎相等。研究人员又采取了相反的措施，逐渐降低实验组的照明度，从10烛光、3烛光一直降到0.06烛光（几乎和月光亮度差不多），直到这个时候产量才开始下降。

于是，研究人员在这次实验结果的报告中说，这次实验的结果是两组的产量均大大增加了，而且增加量几乎相等，两组的效率也几乎没有多大差异，纵然有一些微小的差异也是在许可的误差范围之内。因此，我们无法确定改善照明对工作效率有什么积极的影响。

看来这个实验似乎是失败了，而且其结果使人感到有些迷惑不解，因此有许多人都退出了实验。但梅奥和他在哈佛大学的同事们发现了其他值得注意的原因，他们敏锐地指出，解释霍桑实施秘密的关键因素是"小组精神状态的一种巨大变化"。梅奥认为，在实验室中的工人成为社会单位，对于来自实验者的关心感到高兴，这样就使得被实验者有一种参与实验的感觉，这是工人们生产效率提高的一个重要原因。于是实验继续进行。

2. 继电器装配室实验（1927—1932）

为了更有效地控制影响职工积极性的因素，梅奥选出了5名女装配工和1名绕线工，把他们安置在单独一间工作室里从事装配继电器的工作。在实验过程中，研究小组不断地改善福利条件，例如缩短工作日、延长休息时间、免费供应茶点等。这些条件的变化使产量不断上升。后来研究小组撤销了这些措施，按预想产量应该是下降的，但实际情况表明生产不但没有下降反而继续上升了。

究竟是什么原因使这些工人提高了生产效率呢？研究小组把可能影响生产效率的因素逐一排列，提出了五种假设：

（1）在实验中改进物质条件和工作方法，可导致产量增加；

（2）安排工间休息和缩短工作日，可以解除或减轻疲劳；

（3）工间休息可减少工作的单调性；

（4）个人计件工资能促进产量的增加；

（5）改变监督与控制的方法能改善人际关系，从而能改进工人的工作态度，促进产量的提高。

此后，研究小组对这五个假设一一进行论证，最后，推翻了前四项假设，而把注意力集中在第五个假设上，即监督和指导方式的改善能促使工人改变工作态度，促进产量的提高。研究小组为了在这方面收集更多的资料，决定进一步研究工人的工作态度及可能影响工人工作态度的其他原因。这是霍桑实验的一个转折点。

3. 大规模的访谈计划（1928—1930）

既然实验表明管理方式与职工士气和劳动生产率有密切的关系，那么就应该了解职工对现有的管理方式有什么意见，从而为改进管理方式提供依据。于是梅奥等人制定了一个征询职工意见的访谈计划。他们共花了两年的时间对两万多名职工进行访问交谈，以了解工人对工作内容、工作环境、监工、公司和使他们烦恼的任何问题的看法以及这些看法如何影响生产效率。经过数次面谈，研究小组发现按事先设计好的问答式访谈并不能获得他们所需要的材料，于是研究小组对访谈计划作了调整，每次访谈前，谈话的内容和方式不作任何规定，工人可以就任何一个问题自由地发表一番言论。这样，工人有了一个自由发表意见，发泄心头之气的机会，虽然工作条件或劳动报酬实际上并没有改变，但是工人普遍认为自己的处境比以前好了。

在访谈计划的执行过程中，研究人员发现，影响生产力最重要的因素是工作中发展起来的人际关系，而不是工资待遇及工作环境。研究小组还了解到，每个工人工效率的高低，不仅取决于他们自身的情况，还与他所在小组的其他同事有关。为了进一步进行系统的研究，研究小组决定进行第四阶段的实验。

4. 继电器装配组的工作室实验（1931—1932）

研究小组为了系统地观察在群体中工人之间的相互影响，在车间里挑选了 14 名工人，包括绕线工 9 人，焊接工 3 人，检验工 2 人。这 14 个工人中的绕线工和焊接工分成 3 组，每个小组包括 3 名绕线工和 1 名焊接工，2 名检验工则分担检验工作。这是正式组织的情况。工人的工资报酬是按小组计算的，即以小组的总产量为基础给每个工人支付报酬，希望他们在工作中要协作，以便共同提高产量和工资报酬。

通过实验，研究人员注意到，大部分工人都自动限制产量。公司本来根据时间与动作研究确定其工作定额为每天 7312 个焊接点，但是这些工人每天完成了 6000～6600 个焊接点就不干了，即使离下班还有较为宽裕的时间，他们也自行停下不干了。

这是什么原因呢？研究者通过观察，了解到工人们自动限产的理由是：如果他们过分努力地工作，就可能造成其他同伴失业，或者促使公司制定出更高的生产定额来。研究者为了了解他们之间的能力差别，还对实验组的每个人进行了灵敏度的智力测验，发现 3 名生产最慢的绕线工在灵敏度的测验中得分是最高的，其中 1 名最慢的工人在智力测验中是排行第一的。测验结果和实际产量之间的这种反差使研究者联想到群体对这些工人的重要性。一名工人可以因为提高他的产量而得到小组工资总额中较大的份额，而且减少自己失业的可能性，然而这些物质上的报酬却会引起群体的指责，因此他每天只会完成群体认可的工作量，以维持自己在这个非正式群体中的地位。

继电器装配组实验的第二个方面是，确定人与人之间的相互关系，以便研究群体"构造"。通过实验，研究小组对继电器装配工间的社会关系进行分析，发现在正式结构中存在着两个小团体，如图 2-1 所示。

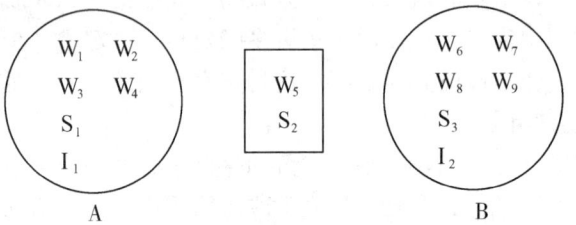

图 2-1 继电器装配组工作室关系示意图

其中，W_1 到 W_9 代表 9 名绕线工，S_1，S_2，S_3 代表 3 名焊接工，I_1，I_2 代表 2 名检验工。

研究人员在观察中得出以下几点结论：

（1）他们之间的派系并非因工作不同而形成。例如，A 团包括 4 名绕线工，同时还有 1 名焊接工和 1 名检验工。

（2）团体的形成多少受到工作位置的影响。例如，A 团的几名工人均在工作室前端，而 B 团则在后端。

（3）实验组在成员中也有不属于任何一团的，如 W_5，S_2。

（4）每一个团体都自以为比别的团好。例如，A 团的工人没有相互交接工作的，也不像 B 团那样常常喜欢比手劲，因此他们自认为优于 B 团。而 B 团的工人很少互相辩论，也很少分输赢，因此自认为优于 A 团。每个团体均有一套他们自己的行为规范。

（5）这种自发形成的非正式组织的职能在于，对内控制其成员的行为，对外保护其成员，使之不受到来自管理阶层的干预。这种非正式的组织一般都存在着自己形成的领袖人物。至于它形成的原因，并不完全取决于经济的发展，而主要是与内在的社会组织相联系的。

以上就是霍桑实验的主要经过，也是行为科学的前身——人际关系学说。

（二）霍桑实验的结论

研究小组在霍桑工厂进行的这四个阶段的实验，虽然经历了八年时间，但是获得了大量的第一手资料。梅奥等人对霍桑实验的材料总结后，提出了与当时流行的泰罗科学管理思想不同的一些新观点。

1. 职工是"社会人"

科学管理理论把人当作"经济人"来看待，认为金钱是刺激人的积极性的唯一动力，生产效率主要受到工作方法和工作条件的制约。霍桑实验则证明：人是"社会人"，影响人的劳动积极性的因素，除了物质利益外，还有社会的、心理的因素；同时，每个人都有自己的特点，个体的观点和个性都会影响个人对上级命令的反应和工作表现。因此，应该把职工当作不同的个体来看待，当作"社会人"来看待，而不应将其视作无差别的机器或机器的一部分。

2. 企业中存在非正式组织

非正式组织是相对于正式组织而言的。所谓正式组织是指为了有效地实现企业目标，依据企业成员的职位、责任、权力及其相互关系进行明确划分而形成的组织体系。科学管理只注意发挥正式组织的作用，而霍桑实验告诉我们，工人在企业内部共同劳动的过程中，必然会发生一些工作以外的联系，这种联系会加深他们之间的相互了解，从而能形成某种共识，建立一定程度的感情，并逐渐发展成为一种相对稳定的非正式组织。这种非正式组织对工人起到两种作用：

（1）保护工人免受因内部成员疏忽所造成的损失，如因为生产过多而导致管理当局提高生产定额，加重同伴的负担，或因为生产过少而引起管理当局的不满；

（2）保护工人免受因非正式组织以外的管理人员干涉所造成的损失，如管理当局降低工资率或提高生产定额。

梅奥等人认为，不管承认与否，非正式组织都是存在的，它与正式组织相互依存，而且会通过影响工人的工作态度来影响企业的生产效率和目标的达成。因此，管理人员应该正视这种非正式组织的存在，使非正式组织为正式组织的活动和目标服务。

3. 新型的领导能力在于提高职工的满足度

科学管理理论认为生产效率取决于作业方法、工作条件和工资制度，因此，只要采用恰当的工资制度，改善工作条件，制定科学的作业方法，就可以提高工人的劳动生产率。梅奥等人根据霍桑实验却得出了不同的结论，他们认为，生产效率的高低主要取决于工人的士气，而工人的士气则取决于他们感受到各种需要的满足程度。在这些需要中，金钱和物质方面的需要只占很少一部分，更多的是获取友谊、得到认可或保证安全等方面的社会需要。因此，要提高生产效率，就要提高职工的士气。而要提高职工士气就要努力提高职工需求的满足程度。所以，新型的管理人员应该认真地分析职工的需要，不仅要解决工人生产技术物质生活方面的问题，还要掌握他们的心理状态，了解他们的思想情绪，以便采取相应的措施。这样才能适时、充分地激励工人，达到提高劳动生产率的目的。

二、行为科学的主要理论

梅奥等人以霍桑实验的结论为基础，创立了人际关系学说，这个学说为以后的行为科学理论奠定了基础，也是由科学管理过渡到现代管理的跳板。自此以后，许多管理学家、社会学家和心理学家从行为的特点、行为环境、行为过程以及行为的原因等多种角度展开了对人的行为的研究，形成了一系列理论，并于1947年在美国芝加哥召开的一次跨学科的会议上，首先提出了行为科学理论，使行为科学成为现代西方管理理论的一个重要流派。

（一）马斯洛的需要层次理论

亚布拉罕·马斯洛（1908—1970），心理学家，美国人。马斯洛把人的各种需要分为五个层级：①生理需要，②安全需要，③社交需要，④尊重需要，⑤自我实现需要。这五个层级的需要是互相作用的，是按其重要性和发生的先后次序进行的。当然这些需要的层次并不都是一定按这个顺序排列，有时候人的需要是模糊不清的。每个人都有不同的性格，对某种需要表现的强度也不一样，这种划分只是提供了一个大概的需要层次，在实践过程中对所管理的人员应根据具体情况进行不同的分析和对待。在后面的章节中我们将对马斯洛的需要层次理论进行详细的叙述。

（二）赫茨伯格的双因素理论

美国的心理学家赫茨伯格在1959年出版的《工作与激励》一书中，首次提出双因素理论，又称为"激励—保健因素"理论。在该理论中，赫茨伯格把企业中的有关因素分为两类，满意因素（激励因素）和不满意因素（保健因素）。赫茨伯格的双因素理论与马斯洛的需求层次理论有相似之处，他提出的不满意因素就相当于马斯洛提出的生理需要、安全需要和社会需要等较低级的需要；满意因素则相当于尊重需要、自我实现需要等较高级的需要，但这两个理论解释问题的角度是不同的，相比需求层次理论，双因素理论使管理者在进行激励时的目标更加明确，也更有针对性。这一理论将在后面相关章节详细叙述。

（三）麦格雷戈的X理论和Y理论

美国麻省理工学院教授道格拉斯·麦格雷戈于1957年首次提出X理论和Y理论。

1. X 理论

X 理论的主要观点有：

（1）人是生而好逸恶劳的，所以常常逃避工作。

（2）人生而不求上进，不愿负责，宁愿听命于人。

（3）人生而以自我为中心，漠视组织需要。

（4）人习惯于保守，反对改革，把个人安全看得高于一切。

（5）只有少数人才具有解决组织问题所需要的想象力和创造力。

2. Y 理论

Y 理论是和 X 理论相反的。其主要观点有：

（1）人并非是生性懒惰，要求工作是人的本能。人们从事体力和脑力工作如同游戏和休息一样的。

（2）一般人在适当的鼓励下，不但能够接受责任，而且追求担负责任。逃避责任并非人的天性，而是经验的结果。

（3）外力的控制和处罚，并不是使人朝着组织的目标而努力的方法。人的追求是满足欲望的需要，这与组织的需要没有矛盾，只要管理适当，人们就会把个人目标与组织目标统一起来。

（4）个人目标与组织目标的统一，是人们对组织目标的承诺。可以运用自我指导和自我控制来使二者进行协调。

（5）人都具有相当高的解决问题的能力和想象力，只是普通人的智力潜能往往只有部分被挖掘，其余的部分并没有得到充分的利用。

（四）有关人性的四种假设

1. 经济人假设

（1）经济诱因是引发人工作的动机，工作的目的在于获得最大的经济利益。

（2）经济诱因在组织的控制之下，因此，人被动地在组织的操纵、激励和控制下从事工作。

（3）人以一种合乎理性的、精打细算的方式行事。

（4）人的感情是非理性的，它会干预人对经济利益的合理追求，组织必须设法控制人的感情。

2. 社会人假设

（1）人类工作的主要动机是社会的需要，与同事之间建立关系可以获得基本的认同感。

（2）工业革命和劳动分工的结果，使得工作变得单调而无意义，因此必须从工作的社会关系中寻求工作的意义。

（3）非正式组织对人的社会影响比正式组织的经济诱因对人的影响更大。

（4）人们最期望于领导能承认并满足他们的社会需要。

3. 自我实现人假设

（1）人的需要有低级和高级的区别，其最终目的是为达到自我实现的需要而寻求工作上的意义。

(2) 人们力求在工作上有所成就，实现自治和独立，发展自己的能力和技术，以便富于弹性，能适应环境。

(3) 人们能够自我刺激和自我控制，外来的激励和控制会对人产生一种威胁，造成不良的后果。

(4) 个人的自我实现同组织目标之间并不冲突，而且是一致的。在适当的条件下，个人应自己调整自己的目标，使之与组织目标相配合。

4. 复杂人假设

美国行为科学家沙因提出了"复杂人"的概念。这种理论认为人是复杂的而且是高度可变的；人的动机模式很复杂，不仅人与人之间有差异，而且同一个人在不同的组织或同一组织的不同部门中，其动机也可能是不同的；人们通过他们的组织经验还可能学到新的动机；人能对各种不同的管理策略作出反应。因此，一个成功的管理者必须是一个好的诊断师，他必须对不同的人都具有敏锐的洞察力，针对个人不同的特点，对症下药。

关于四种人性假设理论在后面的相关章节中将详细叙述。

第四节 管理理论丛林

管理思想的发展始终是和社会生产力的发展紧密联系在一起的，而社会生产力的发展受到社会历史诸多因素的影响。有些因素对生产力有促进作用，有些因素则阻碍了生产力的发展，但是不论怎样，社会生产力的进步是人类社会发展的决定性因素，它制约着社会发展的其他方面。

在第二次世界大战中，一切科学技术力量都被人们应用于第二次世界大战这场人类空前的战争上。而战争的催化作用，又进一步促进了科学技术的发展。战争结束以后，强大的科学技术力量也就即刻转化为经济发展的发动机，在这个引擎的推动下，人类进入了经济飞速发展的时期。为了适应生产力的高速发展，人们的管理思想也随之进入了一个百花齐放的阶段。

在此期间，许多管理学者结合前人的经验、理论，结合自己本专业的知识，从各自所处的角度，如数学、法学、经济学、社会学、心理学、哲学等学科出发，发表了自己对管理学的见解。其中主要的代表学派有：管理过程学派、管理科学学派、社会协作系统学派、决策理论学派、系统管理理论学派、经验管理学派、权变理论学派和管理文化学派等。这些学派相互补充，从不同的角度，带着各自学科的特点阐述现代管理的相关问题，美国管理学家哈罗德·孔茨称之为"管理理论丛林"。

一、管理过程学派

管理过程学派又叫管理职能学派、经营管理学派。在西方，这个学派是继古典管理理论学派和行为科学学派之后影响最大、历史最久的一个学派。事实上，古典管理理论的创始人之一法约尔就是这个学派的开山鼻祖，他的著作《工业管理与一般管理》为管理过程学派提供了理论基础。后来，经美国的管理学家哈罗德·孔茨等人的发扬光大，管理过程学派成为现代管理理论丛林中的一个主流流派。

这个学派的基本观点是：

(1) 管理是一个过程，即让别人同自己去实现既定目标的过程；

(2) 管理过程的职能有五个，即计划、组织、人事、指挥和控制；

(3) 管理职能具有普遍性，即各级管理人员都执行着管理职能，但侧重点则因管理级别的不同而有所差异；

(4) 管理应具有灵活性，要因地制宜灵活运用。

二、管理科学学派

管理科学学派，也称数量管理科学学派、数量学派。这个学派是将新理论、新方法与科学管理理论相结合而逐渐形成的一种以定量分析为主要方法的学派，因此它是泰罗科学管理理论的拓展。随着计算机技术的发展，这个学派的数量特点逐步得到发挥，被广泛应用于研究抽象的、复杂的经济与管理问题，如城市的交通管理、能源分配和利用、国民经济计划的编制以及建立世界范围内的经济发展模型等。

管理科学学派注重对模型的研究和运用，他们认为，管理就是利用数字模型和程序系统来表示管理的计划、组织、控制、决策等职能活动的合乎逻辑的过程，作出最优的解答，以达到企业的目标。管理学派认为，组织中任何部分或任何功能的活动必然会影响其他部分或功能，所以评价一个组织的任何决策行动都必须考虑到它对整个组织的影响及其他相关问题。正确的决策必须从整个系统出发，考虑到各个部门和各个因素，只有对整个组织最有利才是最优化的。

该学派的主要特点有：

(1) 从系统各点出发研究各种功能关系；

(2) 应用多种学科交叉配合的方法；

(3) 应用模型化和定量化来解决问题；

(4) 随着情况的变化而修改模型。

三、社会协作系统学派

社会协作系统学派是从社会学的角度来研究管理，把企业组织中人们的相互关系看做是一种协作系统。该学派的创始人是美国的高级管理人员和管理学家切斯特·欧文·巴纳德。其代表作是1937年出版的《经理的职能》。巴纳德认为，社会中的各级组织都是一个系统，即由相互进行协作的个人组成的系统；都包含有这样三个因素，即协作的意愿、共同的目标、信息联系。在正式组织中，非正式组织也起着重要作用，它与正式组织相互创造条件，在某些方面，非正式组织会产生积极的作用。组织中的经理人员，其主要职能就是要在这个组织中进行协调，以维持组织的运转。在巴纳德的研究基础上，社会协作系统学派形成了比较完善的理论体系，其要点是：

(1) 组织是一个协作系统，系统能否存在，取决于：①协作的效果；②协作的效率；③协作目标能否适应环境。

(2) 正式组织的存在必须满足三个条件，即：①有一个共同的目标；②每一个成员都能自觉地为实现组织目标作出贡献；③组织内部有一个能彼此沟通的信息联系系统。

(3) 经理人员应负起如下责任：①建立和维持一个信息联系系统；②善于使组织成员为实现组织目标作出贡献；③规定组织目标。

四、决策理论学派

决策理论学派是以社会论为基础，吸收了行为科学、系统论的观点，运用电子计算机和统筹学的方法而发展起来的一种理论。代表人物是美国管理学家赫伯特·西蒙，他曾在1978年被授予诺贝尔经济学奖，其代表作是《管理决策新科学》。决策理论学派的基本观点是：

(1) 强调决策职能在管理中的重要地位。

(2) 以有限理性的人代替有绝对理性的人，强调决策的"满意原则"。

(3) 对决策阶段进行科学划分，可分为：①搜集情况阶段；②拟定计划阶段；③选定计划阶段；④评价计划阶段。

(4) 对组织决策进行了划分，为确定不同管理者的决策权提供了依据。

五、系统管理理论学派

系统管理理论是运用系统科学的理论、范畴及一般原理，来全面分析研究企业及其他组织管理活动的理论。该理论是在一般系统论的影响下形成的，主要体现了管理哲学的改变。其代表人物有美国管理学家卡斯特、罗森茨韦克和约翰逊等。系统管理理论的基本观点是：

(1) 企业是一个系统，该系统就是以人、机器、物资、资金为要素组成的。

(2) 企业又是一个由许多子系统组成的开放性大系统。在该系统内部，包括有：①目标和准则子系统；②技术子系统；③社会心理子系统；④组织结构子系统；⑤外界因素子系统。另外，企业又是社会大系统中的一个子系统。

(3) 经理是一个把管理过程应用于物质资源和人力资源系统的发展和联系的机制。

六、经验管理学派

经验管理学派主张通过分析经验（通常是一些案例）来研究管理学问题，该理论的中心是强调管理的艺术性。经验管理学派的代表人物是美国的管理学家德鲁克·戴尔等人。他们认为，只有从企业管理的实际出发，通过分析总结管理的经验教训，抽象出某些一般性的结论或原理，并不断实践才能掌握管理。具体来看，这一学派的理论要点是：

(1) 作为组织的主要领导人，应重点抓好这样几方面的工作：

①形成一个生产统一体，有效调动组织的各种资源，尤其是发挥人力资源的作用；

②领导人作出每一项决策或采取某一行动时，要协调眼前利益与长远利益。

（2）要建立合理的组织结构，各类组织只能根据自己的目标、工作性质、工作环境和内部条件来确定本组织的管理结构，切忌照搬别人的模式。

（3）对科学管理和行为科学应正确评价。

（4）提倡实行目标管理。

七、权变理论学派

权变理论学派，是在经验管理学说的基础上进一步发展起来的。这个学派是20世纪70年代在西方形成的，它以系统观点为理论依据，从系统的角度来考虑问题。其代表人物是美国尼布拉加斯大学的教授卢桑斯。1976年，他出版了权变理论学派的代表作《管理新论：一种权变学》。在该书中，他集中阐述了权变理论的主要观点：

（1）认为以往的管理学理论可以分为四大学派：一是管理过程学说，二是计量管理学说，三是行为科学，四是系统科学。权变理论认为这些学说都不同程度地与实践相脱节，在管理实践中难以被有效地运用。而权变理论就是要把环境变化对管理的作用具体化，将管理理论与管理实践结合起来。

（2）认为环境是影响管理选择的重要因素。环境和管理的关系为：前者是自变量，后者是因变量。环境不同，管理中运用的管理方法、手段也就不同，没有放之四海而皆准的理论与方法。与其他管理学说相比，权变理论主要强调了理论的环境适应性，有较强的现实意义。

八、管理文化学派

管理文化学派，又称企业文化学派，强调管理活动的文化特征。其代表人物有美国管理学家威廉·大内、特里迪尔、阿伦·肯尼迪等。管理文化学派产生于20世纪70年代后期。此时，美国企业的国际竞争力逐渐下降，日本企业则以咄咄逼人的架势对美国发起全面的经济挑战。造成这种局面的原因是多方面的，也引起了人们从各方面进行深入的思考。管理学家们则着重从管理的角度寻找美国企业国际竞争力下降的原因。通过反思，他们认为，美国企业在管理实践中过多地注意了数字、文件，而不强调人的作用；相反，日本企业却十分重视人。威廉·大内发现，日本企业中存在着一种可称之为企业文化的价值观念体系，在这套价值观念体系中，企业的职工能成为一体，主动地、充分地发挥他们的积极性和创造性。威廉·大内在1981年出版了比较美日管理的名著《Z理论》，引起了极大的轰动。从此，美国一批管理学家开始对日本的企业管理模式以及美国一些优秀企业的管理模式进行深入的研究，发表了一系列研究成果，如汤姆·彼德斯和华特曼1982年出版了《成功之路》，特里·迪尔和阿伦·肯尼迪合著的《企业文化》，对管理文化学派进行了系统论述，企业文化学说也成为20世纪80年代最有影响的管理学说之一。

第五节　现代管理理论的新发展

在进入了 20 世纪 80 年代以后，整个世界就处在一种极度动荡的过程中，国际政治动荡起伏，世界经济变幻莫测，科学技术日新月异，各国文化相互渗透、融合，市场竞争日益激烈。对于企业而言，首先是生存的环境已经从国内市场转向国际市场，或者说企业的成功主要取决于其全球战略的实施情况；从内向管理朝外向管理转变，其原因在于企业生存环境的变化日益剧烈和苛刻，迫使企业必须不断地调整自己。其次是从产品的市场管理向价值管理的转变，即企业管理的每一个过程、每一个环节都必须使企业向市场提供的产品和服务升值。最后是从行为管理向文化管理的转变，管理的客体是含有文化因素的，而文化是渗透到人类文明的任何一个地方的。这些都影响着企业的生存和发展。在这样的背景下，管理思想也发生了许多转变，出现了一些新的管理理论。

一、波特的竞争战略思想

20 世纪 80 年代以后，由于竞争的进一步加剧，企业呈现出新的形式，国际经济形势的变化更加促进了企业向国际化、大型化的方面发展。同时，社会的进一步分化又提供了许多新的市场机会，小型企业获得了迅速发展的空间。这样，每一个企业为了生存和发展，都在寻找自己的发展道路，都在寻求适合自己的发展战略。

在这样的社会环境下，波特提出了竞争战略思想。

（一）行业结构分析

决定行业盈利能力的重要因素和根本因素是行业的吸引力。波特认为，有五种作用力决定了行业的结构。

1. 决定新入侵者的因素

任何一个企业在进入一个新的行业时，首先必须要攻破这个行业给企业设置的入侵壁垒。这些壁垒主要是由下列因素构成：在产品方面主要有规模经济、专卖产品的差别、商标专有性等；在经济方面主要有转换成本、资本需要、分销渠道、绝对成本优势、政府的政策、预期的反击等。企业决定是否要进入某一行业，在于企业是否具备攻破这些壁垒的实力。在预测能够攻破这些壁垒以后，能否收回成本并达到企业预期的利润，是企业考虑的主要问题。如果对此没有进行深入的思考，企业就会犯战略性的错误。

2. 决定供方力量的因素

在企业进入某一行业以后，它必须要在市场上获取资源，这种获得是要花成本的。任何企业都必须考虑行业中供方的情况和企业的转换成本。

3. 决定替代品威胁的因素

替代品是一个企业产品生存的主要威胁之一，这种威胁来自于替代品的相对价格表现，这种价格竞争一直是企业竞争的主要手段。对于企业来说，如何增大消费者对于使用替代品的转换成本是其考虑的战略因素。同时，还必须把客户对替代品的使用倾向考虑在内。

4. 竞争的决定因素

决定某一行业竞争激烈程度的直接影响因素主要包括以下几个方面：第一是该行业的增长性，是夕阳行业还是朝阳行业，如果是朝阳行业，则行业的快速增长将在很大程度上缓和竞争的激烈程度；第二是固定成本或附加价格，产品构成的固定成本是行业竞争的因素之一，因为它直接决定了企业的获利能力；第三是周期性生产过剩，产品的生命周期严重地影响着该行业中的竞争企业，如果同类产品的生命周期相同，该行业的竞争激烈程度就较高；第四是产品差异，独特的产品始终是制胜的法宝和无形的壁垒，而商标专有权则是企业经营者利用法律所设置的一个障碍，有利于提高企业的竞争力。另外，企业的经营风险也与行业的退出壁垒有关。若行业的退出壁垒低，企业所冒的风险相对较小；若退出的壁垒高，则企业在制定战略的时候必然要冒较大的风险。

5. 决定买方力量的因素

对于进入的企业来说，购买企业产品的买方是决定企业能否生存的主要力量。他们主要从两个方面影响企业：①砍价杠杆。首先是双方的集中程度的比较，若买方的集中程度相对于企业的集中程度要高，则对企业有利，反之则不利；其次是买方数量，包括买方的组成数量和买方的购买量，无论是哪个方面的数量都会对企业的竞争造成影响；最后是买方信息获取的成本和替代品对企业的影响。以上都是构成买方的砍价杠杆的主要因素，所以企业对于这些要素都必须认真考虑。②价格敏感性。一般来说，买方对价格是非常敏感的。除了价格外，产品差异和品牌专有也是买方所关注的重点，另外就是产品的质量及性能。

（二）竞争战略

在对行业结构的五种作用力进行深入的分析后，波特提出了企业的三种基本竞争战略。波特认为，企业的其他战略都是在这种基本战略的基础上制定的，因此有必要对这三种基本的战略进行较为深入的分析。

1. 成本领先战略

成本领先战略是这三种战略中最明确的一种，它主要包括追求规模经济、专有技术、优惠的原料及其他一些因素，其目的是使企业的产品成本低于行业的平均水平，以获得较大的利润空间和市场份额。成本领先战略能否成功在很大程度上取决于企业的技术水平和管理水平。

2. 标新立异战略

这种战略是企业力求使自己在行业内有一种或多种特质，从它的特质中获得溢价报酬。

3. 目标集聚战略

波特认为，这种战略是着眼于行业内的一个狭小的空间做出的选择。实施集聚战略的企业选择行业内的一种或一组细分市场，并量体裁衣，使战略为自己服务而不是为其他细分市场服务。

二、托马斯·彼得斯的人本管理思想

彼得斯的管理思想有两个基本观点：一是人受到"两重性"的驱动，他既要作为集体的一员，又要突出自己，他既要成为一个获胜队伍中的一个可靠成员，又要通过不平凡的努力而成为队伍中的明星；二是只要人们认为某项事业从某种意义上说是伟大的，那么他们就会情愿地为这项事业吃苦耐劳。

彼得斯在建构他的管理思想时应用了大量的心理学研究成果，以寻求调动人最大潜力的途径。他认为：

（1）人都是以自我为中心的，对来自他人的赞扬感到快慰，有普遍认为自己是优胜者的趋势。

（2）人是环境的奴隶。

（3）人迫切需要活得有意义，为了这种意义的实现愿意付出极大的牺牲。

（4）人们通常将成功看成是由自身因素决定的，而把失败归于体制所造成的，以便使自己从中解脱出来。

（5）大多数人在寻求安全感的同时，好像特别乐于服从权威；而另一些人在利用他人，向他们提供有意义的生活时，又特别乐于行使权力。

在彼得斯看来，业绩优秀的公司既为人们提供了出人头地的机会，又将这一机会和一种具有超越意义的哲学和信念体系结合起来，这真是一种绝妙的结合。这里说明了一个重要的事实，所谓的管理思想是把我们引入一个模糊不清的、自相矛盾的世界，但是这是一个重要的原则，是一个具有更大用处的原则，最重要的事情是看他们是否懂得这个原则，是否知道运用这个原则去处理那些自相矛盾的事情。

最后，彼得斯对人性进行了归纳：

（1）人们需要有意义的生活；

（2）人们需要一定的控制；

（3）人们需要受到鼓励和表扬；

（4）人们的行动和行为一定程度上形成态度和信念，而不是态度和信念形成行为和行动。

这些理论确实体现了一种全新的管理思想。显然，彼得斯对人性的认识比前人大大深化了一步，所以这种人性理论对管理思想的发展作出了较大的贡献。

三、彼得·圣吉的学习型组织

企业组织的管理模式一直是管理理论研究的核心问题之一，而对未来企业组织模式的探索研究，又是当今世界管理理论发展的一个前沿问题。20世纪90年代以后，随着全球经济一体化、信息技术和互联网技术的迅速发展，整个世界进入了知识经济时代，企业管理的各个方面也随之发生了根本性的变化，近百年来适合于工业时代特征的企业管理模式逐渐失效了。彼得·圣吉提出了一个新的概念——学习型组织。

(一) 五个组成部分

1. "系统的思考"

彼得·圣吉指出，因为事物彼此相关，所以系统地思考才是最好的选择。由此，他发明了一种系统原型，能帮助经理找出管理中的不足，例如某些问题的产生方式和系统自身的发展局限。

2. "超越自我"

彼得·圣吉将此概念和管理中常见的要求和技巧联系在一起，不过他认为还应该包括精神的成长——对更深层现实保持开放、进取的心态，从创造性角度而不只是反应性角度来看待世界。

3. "心智模式"

实际上，"心智模式"指的是组织中最基本的、起推动作用的价值观和原则。彼得·圣吉提醒经理们注意在组织层次上进行的思考方式会产生强大力量，而且针对这些方式的本质进行的非防御性探索也十分重要。

4. "团队学习"

团队学习包括两方面：讨论和深度会谈。前者可以对问题的本质进行广泛的探索；后者则相反，它将逐步缩小范围，直到最佳选择。这两种方法相互补充，但要想获得互补的好处，就必须将两者分开来做。

5. "建立共同愿景"

彼得·圣吉指出，一个缺少全体成员共有的目标、价值观和使命的组织，必定难成大器，而建立共同愿景会使组织成员因为有了衷心渴望实现的目标而努力学习，追求卓越。这就要求领导者能够发掘组织的共有"未来景象"，将组织成员的个人愿景整合为组织的共同愿景，从而激励成员主动而真诚地奉献和投入，为实现共同愿景而努力。

(二) 学习型组织的真谛

学习型组织有着它不同凡响的作用和意义，它的真谛在于：学习一方面是为了保证企业的生存，使企业具有不断改进的能力，提高企业的竞争力；另一方面更是为了实现个人与工作的真正融合，使人们在工作中活出生命的意义。

尽管学习型组织的前景非常迷人，但如果把它视为一帖万灵药则是危险的。事实上，对学习型组织的缔造不应该是最终目的，重要的是通过迈向学习型组织的种种努力，引导出一种不断创新、不断进步的新观念，从而使组织日新月异地创造未来。学习型组织的基本理论，不仅有助于企业的改革与发展，而且对其他组织的创新与发展也有启示。

影响管理思想发展的主要因素是生产力的发展程度，而且主要取决于科学技术的发展与进步、人类各种文化的发展和相互融合的程度。农业经济的生产方式，决定着传统的管理思想；工业经济大生产的生产方式，决定着古典和现代的管理思想；生产力的发展使人类社会进入知识经济时代，形成了适应于知识经济时代的管理思想和经济规律。与此同时，人本身的发展也是管理思想发展的影响因素之一。因为人无论作为管理主体还是管理客体，都是决定性的因素；而且随着社会的发展，受教育程度的提高，文化交流的普及和信息沟通手段的便捷，人自身也在不断发展。因此，管理思想本身就是一个动态的发展过程。

第六节　中国传统的管理思想

中国是一个具有五千年悠久历史的文明古国，在中华民族长期生存繁衍发展的历史长河中，创造了光辉灿烂的传统民族文化。中国有许多世界历史上的伟大工程，长城就是其中最令人赞叹不已的例子。要完成如此浩大的工程，在科学技术尚不发达的当时，其计划、组织、领导、控制等管理活动的复杂程度是现代人难以想象的。春秋战国时期的《孙子兵法》一书是世界上第一部系统论述管理战略与战术问题的杰出著作，距今已有2500年。悠久的中国古代传统文化孕育了博大精深的管理思想，产生了多姿多彩的、独具特色的管理方式和方法，并产生了深远的影响。

如果说中国近现代管理思想主要以引进西方管理思想为主，那么代表农业文明的中国古代管理思想则具有无比辉煌的历史。其内容之丰富、体系之全面、思想之深刻，闪烁着管理智慧之光，对今天的管理实践仍然具有不可缺少的指导作用。

一、中国传统管理思想产生的历史背景

早在五千年前，中国已经有了人类社会最古老的组织——部落和王国，有了部落的领袖和帝王，因而也就有了管理。到了公元前约17世纪的商、周时代，中国已形成了组织严密的奴隶制和封建制的国家组织，出现了从中央到地方、高度集权、等级森严的金字塔形的权力结构。早在公元前200多年，秦朝就形成了与现代中国国土相近的统一国家。在以后两千多年漫长的历史中，中国曾经发生过无数次内部战争和多次外国入侵事件，经历了数百次改朝换代，虽然也曾有过短暂的分裂，但历代统治者都能对如此辽阔的疆土和众多的人口进行有效的控制和管理。同时从管理学的角度来看，历史也给我们留下了有关管理国家、巩固政权、统帅军队、组织战争、治理经济、发展生产、安定社会等方面极为丰富的经验和理论，其中也包含着许多至今仍闪耀着光辉的管理思想。

中国古代的华夏文明属于典型的农耕文明，具有以农耕文明的家族血缘关系为纽带、以分散的小农经济为基础和以封建集权的统治为保障的农业社会特征。

我国古代管理思想首先集中在如何治国方面，强调爱民、富民、富国之道。因"民为邦本，本固邦宁"（《尚书》），所以治国必须爱民、富民。古代管理思想有关选人、用人、激励人的论述极为丰富。尊重人才、知人善用是我国的优良传统。例如，墨子说："尚贤者，政之本也。"我国封建社会建立了比较完善的科举制度。尽管从现代的观点来看，科举制度在考试内容和选聘标准上存在许多问题，但通过考试和平等竞争的方法选用人才，在人类历史上可以说是开辟了一个范例。在生产经营管理方面，由于长期轻视工商业，因此古人的论述相对较少。但总的来说，古人较重视强化预测、正确决策、诚实经营、讲究信誉、竞争有术等方面的研究。这些精辟的思想论

断至今仍为所用。

二、中国传统管理思想的具体内容

中国古代管理思想十分丰富，占主导地位的是儒、法、道三家，兼及墨、兵等家，其中儒家提供了王道礼治的管理原则和方法，法家提供了霸道法治的管理原则和方法，道家则论证了无为而治的根本道理。其他各家各派也都从各个侧面提出了自己丰富的管理思想和方法。

（一）儒家的仁政管理思想

以孔子为代表的儒家，作为利益一元化管理体制的维护者，提出了以仁政、德治为主要内容的管理模式。

1. 仁政

孔子提出了"仁"的思想。他提出："仁者，爱人。"继承者孟子依此提出"仁政"。"有不忍人之心，行不忍人之政，治天下可运于掌上。""不忍人之心是为仁心，不忍人之政是为仁政。"孟子进一步指出："仁者无敌。""天子不仁，不保四海；诸侯不仁，不保社稷；卿大夫不仁，不保宗庙。"儒家仁政思想的具体内容非常丰富，具体包括：

信民。孔子认为只有取信于民方可治民，这是治理国家的头等大事。在子贡为政时，孔子提出三点要求：足食、足兵、足信；在必要之时可以去兵和食，但民信不可去，因为民是一国之本。

富民。让百姓富裕起来，只有百姓富裕，有了生活的保障，才能够安稳。这样国家才能够正常地向前发展，天下才能够太平。"四海困窘，天禄永终。"

爱民。统治者要爱子民，只有心中想着百姓，一心为百姓谋事，才可能得到百姓的爱戴。他主张"施取其厚"，"薄施于民而能济众者为圣人"。

教民。统治者对民要进行教化，"导之以德，齐之以礼。"孔子主张"有教无类"。对待百姓要进行教育和感化；人非圣贤，孰能无过，对待有过错的百姓，要予以正确的对待，不能以暴进行惩罚，要感化教育他们。"不教而诛谓之虐；不戒视成谓之暴；慢令致期谓之贼；犹之与人也，出纳之吝谓之有司。"

2. 德治

儒家主张施仁政，其中的重要内容是反对苛政与任意刑杀，认为"苛政猛于虎"。儒家倡导用道德感化的方式来统治人民，主张统治者施行德治。

以德治心。孔子主张："道之以政，齐之以刑，民免而无耻。道之以德，齐之以礼，有耻且格。"政策、刑罚只能起到震慑、镇压的作用，使人不敢犯罪，却不能起到稳固人心的作用；而德、礼则可以笼络人心，使人知耻。统治者要稳固政权、安定百姓，应当实施德治。孟子主张："以德服人者，中心悦而诚服也。"

以德防腐。儒家反对用物质利益引诱的政策来统治国家，认为物质利益的引诱会导致人欲横流、道德沦丧、人心不古，造成社会的堕落和衰败。主张"富"、"利"都必须合"义"、合"道"、合"礼"，反对"不义"和"不以其道得之"的富贵，提倡"富而好礼"。

以德选人。兼及儒法两家的荀子主张以道德水准的高低来选拔统治者，这是一个统治者必备的首要条件。固然才对一个统治者来说是重要的，但有才无德的人仍是不能用之的。"是故君子先慎乎德。有德此有人，有人此有土，有土此有财，有财此有用。德者本也，财者末也。"

3. 礼制

推行仁政德治，必须要借助一定的制度规范，这就是"礼"。儒家认为："人无礼则不生，事无礼则不成，国无礼则不宁。"

从上面的简单介绍中可以看出儒家管理思想体系的逻辑结构：仁政是其价值观，德治是其管理原则，礼治是其管理方法。儒家管理思想是以血缘宗法关系为基础，道德伦理为本位，把整个管理和治国思想、方略都伦理化了。它忽视了法律、制度、体制等的作用，主要着眼于"治道"的探讨。儒家的管理思想十分丰富，影响了中国社会几千年，甚至波及附近的一些亚洲国家，至今还发挥着重要影响。

（二）法家的法治管理思想

法家，作为新生地主阶级的代言人，试图用法律制度和法治手段建立管理体制。它提倡统治者为治理国家应该采取以法律刑治为主要内容的管理思想体系。

1. 崇君权

法家崇君权，竭力维护最高统治者的权威，目的是为推行其法制刑治的管理思想寻求实施主体和保障条件。法家不可能有现代民主思想，将法制与民主相联系。在春秋时代，只可能将法制与专制相联系，试图以专制君权为支撑，推行他们的管理理念和制度。但至少统治者认识到，治理国家单凭感情的方式是行不通的，需要用严格的法律来保障各项政策的实施。

2. 倡法制

在崇君权的基础上，法家力主推行法制。商鞅认为："不别亲疏，不殊贵贱，一断于法。"管子认为："法令者，君臣之所共立也。""君臣上下贵贱皆从法。"在法律面前，人人是平等的，触犯法律一律要受到惩罚。

首先，权势是"胜众"之资。要推行法制，统治者先要确立自己的权势。这是统治者进行管理的必备条件，是其地位的基本保障，没有权势就没有发号施令的资本。其次，权势是君主保持威严的基础。韩非认为："有威足以服人，威足以治天下。"一旦统治者丧失了权威就类似于落架的凤凰，不如鸡了。再者，权势是统治力量的源泉。"贤而屈于不肖者，权轻也；不肖而服于贤者，位尊也。"韩非认为，君主一旦丧失了权势，就失去了驾驭臣民的工具，如同老虎失去了爪牙，无力控制百兽。

势位、威严、力量，三者是法家权势思想的核心内容。其中"势"是前提，"威"是条件，"力"是手段；三者相互促进，协调构成权势管理的理论。

3. 施刑治

推行法制的手段是用严刑重罚，以刑推法，以刑护法。法家主张的法制，重点是突出刑罚的重要作用。他们认为这是治理国家的首要条件，而奖赏职能处于一种辅助地位。

法家认为，在治民方面应该进行罚与赏结合。两者要根据事实情况，得当实施，单独的赏或罚都是不恰当的。但是他们更强调的是严刑重罚。这主要表明做错事就要承担后果，起一个震慑作用。韩非认为："夫严刑者，民之可畏也；重罚者，民之所恶也。姑圣人陈其所畏以禁其邪，设其所恶以防其奸。是以国家而暴乱不起。吾是以明仁义爱慧之不足用，而严刑重罚之可以治国也。"

4. 尚功利

法家主张功利，反对儒家的一味追求道德价值的做法。在一些情况下，道德价值的作用是不能彻底发挥的，更多的是要靠功利思想来驱导一个人的行动。

功利是赏罚的标准。对于功与过一定要予以明确的体现，有功就是要奖赏，有过就是要惩罚。赏罚不分明，会打击人民的积极进取心。"赏无功，则民偷幸而望于上；不诛过则民不惩而易为非。此乱之本也。"

主张树立功利主义价值观。法家反对民等待君的恩惠，主张民应通过自己的力量进行功利的追求，以实现自己的富贵理想。法家反对君主一味施惠于民，主张"严家无悍虏，而慈母有败子。吾以此知威势之可以禁暴，而德厚之不足以止乱也"。

法家的管理思想十分丰富，决非上述全部内容。法家重法治、崇强力的管理方略对中国历史的发展有着重要的意义。通过上面的介绍也使我们看到，法家的管理思想尽管是为专制皇权服务的，但他们揭示出来的法制管理的一些基本原则和方法，在今天仍然有着很宝贵的借鉴意义。

(三) 道家无为而治的管理思想

道家是以老子的"道"的学说为中心的学派，用道来说明宇宙万物的本质、构成和变化，主张"道法自然"、天道无为、万物自然化生；在管理国家上，主张秉要执本、虔敬清静无为、守雌守柔、无为而治、顺天则、任自然、居静行简、省欲节用、绝圣弃智、绝仁弃义。

1. 自然无为——治国之道

道家主张道法自然。道家认为，世界万物的本源是道，道的根本特征是自然无为。"自然"是天地的运行状态，指毫无勉强、不受外在制约的自由自在的必然状态，即天然原本的状态。"无为"是指行为主体的状态，指不强做态势、不贪求私欲、一切顺其自然的状态。

道家主张无为而治。既然天道自然，那人道就要无为治理国家，就要"无为而治"，一切都要顺应规律，遵守法则；逆规律而行事必要会遭到挫折和报复。无为而治的具体做法包括：坚守大道，不怀私欲；顺应民性，不加干预。统治者自己要"常无心，以百姓心为心"，"处无为之事，行不言之教"。

道家进一步认为"无为才能无不为"。老子认为："道常无为而无不为。"因为做事行无为之道，万物就会按其本性自然生长、自由发展，人也会实现自己的一切愿望。总之，顺应了大道，顺应了民性，不强制，不妄为，任其性命之情，才能顺百姓安居，天下大治。

2. 柔弱胜强，以反求正——治国之术

将无为而治落实到具体的治理方法就是以柔弱胜刚强，以反道求正道。老子认为："弱者道之用。"柔弱不争是道的根本特征。"兵强则灭，木强则折。坚强处下，柔弱处上。"如水柔弱而胜万物，江海处下而能纳百川。

那么如何做到以柔弱胜刚强呢？道家有曰："反道而行，预取先给。"老子说："将欲合之，必固张之；将欲弱之，必固强之；将欲废之，必固兴之；将欲夺之，必固与之。是谓微明，柔弱胜刚。"即用事物间的转化来达到自己的目的。

3. 至德之世——理想境界

道家探讨治国之道、治国之法，目的是追求其社会的理想境界——至德之世。其特点为自然、素朴、平等和自由。

自然。由道家的无为而治论可以看出，道家理想社会的基本特征是自然主义，一切顺应自然规律的发展。"至德之世，不尚贤，不使能。上如标枝，民如野鹿。端正而不知以为义，相爱而不知以为仁，实而不知以为忠，当而不知以为信，蠢动而相使不以为赐。是故行而无迹，事而无传。"道家认为这就是至德之世。

素朴。民性素朴，无知无欲，无私无为，完全依常性本能生活。天然、朴素方显自然本色。老子说："见素抱朴，少私寡欲。"保持素朴常性的自然之民，便会形成纯朴的民风，从而能相爱、不争、不相与为怪不相与为事。

平等。人们在自然面前一律平等，这是自然之世、自然之民必然形成的人际关系。因此，人与人之间无高低贵贱之分。庄子说："与天为徒者，知天子之与己，皆天之所子也。"

自由。至德之世，人人平等，人人也是自由的。这种自由既是外在的自由，不受社会规范的约束；又是内在的自由，不受自己内心私欲和追求的左右。"日出而作，日入而息，遥之于天地之间而心意自得。"

道家的这种遵循自然规律，一切按运行法则行事的管理思想，有其极为准确的道理在其中。它告诫所有的管理者以及平常做事的人，只有按客观规律做事，才能够平稳顺畅地进行下去，求得一个圆满的结果，否则会遭到自然的惩罚。这对今天的我们来说也是有借鉴意义的。

复习思考题

1. 亚当·斯密的劳动分工理论的主要思想是什么？
2. 泰罗的科学管理理论的主要内容有哪些？
3. 梅奥的霍桑实验提出的观点与科学管理思想有什么区别？
4. 简述行为科学理论发展阶段的主要理论及其代表人物。
5. 简述现代管理理论发展阶段的主要理论及其代表人物。
6. 理解中国古代管理思想要点并思考对现代企业经营有何启示。

第三章 管理的基本原理

任何社会活动的进行都必须遵循一定的规律,任何组织的管理活动都需要科学的理论指导。管理的基本原理是人们在长期的管理实践中总结出来的,具有普遍意义的管理工作的基本规律。它是对管理工作客观必然性的揭示,对企业管理者的管理活动具有指导性和规范性。管理者如果违背了管理原理,就会受到客观规律的惩罚,就要承受严重损失。认真研究和掌握管理的基本原理对做好管理工作具有重要的意义。具体而言,管理的基本原理包括系统原理、人本原理、责任原理、能级原理和效益原理等。

第一节 管理原理概述

一、管理原理的概念和特征

(一)管理原理的概念

原理是指某种客观事物的实质及其运动的基本规律。管理原理是在管理的实践过程中,结合各项管理制度和管理方法,通过对管理工作中实际问题的科学分析和总结而形成的具有普遍指导意义的基本规律。

(二)管理原理的特征

1. 客观性

管理原理是从客观实践活动中概括和总结出来的一般规律,对一切管理活动都具有普遍的指导意义,因此违背了管理原理,将要受到客观规律的惩罚,并且承担严重的后果,而这种结果是不以人的主观意志为转移的。管理原理与管理工作中所确定的原则是有联系的,但同时也是有区别的。原则是根据对客观事物的基本原理的认识引申而来的,是人们规定的行为准则。原则的确定固然是要按照客观规律的要求,但在实践过程中也会受到人的主观意志的影响。为了加强原则的约束和指导作用,使其成为人们共同遵循的行为规范,一般会以指令和法定的形式规定下来,如果人们违反了规定的原则就会受到群体组织的制裁。

2. 稳定性

管理原理是随着社会的进步而不断发展和变化的，它的发展和变化是具有时代特点的，但同时它也具有稳定性和一贯性。科学原理是确定的、巩固的和具有"公理的性质"的，管理原理也一样具有这些特性。不管事物的运动、变化和发展的速度多么快，管理原理的确定性都是相对稳定的。只有这样，管理原理才能够被人们正确认识和使用，才具有普遍的指导意义，才能在管理的实践活动中取得成效。

3. 概括性

管理原理所涉及的领域包括自然界和和人类社会的许多方面，它不是对现象的简单罗列和重复说明，而是对各项实践活动的高度概括和总结，因此对一切管理活动都具有指导价值。

社会组织具有复杂性和多样性，比如行政组织、经济组织、教育组织等等，不同的组织具有符合其自身特点的并不完全相同的管理方式和管理方法，但是，管理原理对这些不同的组织都是适用的，具有普遍性和规律性。所以管理原理并不只适用于某一个组织，而是在总结了大量管理活动经验的基础上，具有高度概括性和普遍性的基本规律。

4. 系统性

管理原理中的系统原理、效益原理、人本原理和责任原理，组成了一个相互联系、相互转化的完整的统一体。它不仅仅是对各种概念和原则的简单堆砌，也不是各种论点和论据的机械组合，而是通过对管理工作中的实质内容及其基本规律的科学分析和系统概括而得出的对一切管理活动具有普遍指导意义的基本规律。

二、研究管理原理的意义

管理原理，是对现实管理现象的一种抽象的概括和总结，是从大量的管理实践经验中升华和提炼出来的，是对一切管理行为都具有普遍指导意义的基本规律。

（一）掌握管理原理可以提高管理工作的科学性，避免盲目性

管理原理是从管理实践活动中总结出来的一般规律，遵循这些规律将获得管理的成功；相反的，违背这些规律将受到惩罚，并且付出相当大的代价。因此，只有掌握了管理原理，才能对管理工作形成有效的指导，为管理工作的开展提供科学的依据。

（二）研究管理原理有助于掌握管理的基本规律

因为涉及领域的不同和内外环境的变化，管理工作必然呈现其多样性和变化性，但各项管理工作都遵循着共同的基本规律，管理者只有掌握了这些基本规律，在面对各种复杂多变的工作状况时才能脉络清晰，胸有成竹。这也就是许多成熟的管理者在各种截然不同的管理岗位上都能取得成功的原因。许多的管理者通过对自己工作实践经验的思考和总结，经过漫长的积累，才逐渐领悟到管理的基本规律。管理原理是在前人实践经验的基础上经过系统地、深入地研究而上升为理性认识的。因此，通过学习管理原理将能加速人们掌握管理基本规律的进程，使人们更快地形成自己的管理哲学，以应付管理活动中出现的各种问题。

(三) 对于管理原理的掌握有助于迅速找到解决管理问题的途径和手段

在管理原理的指导下，依据组织的实际情况，建立科学合理的管理制度和方法，对管理行为进行约束和引导，这样就可以使管理工作有条不紊地进行，进而为管理机制有效运行提供保障。

总之，研究管理原理是有效开展管理工作的前提条件，是提高组织效益的基本保证。

第二节 系统原理

每个组织都具有系统性和整体性，由人、物、信息组成的社会组织也必定是一个完整的系统，因此管理都是对系统的管理，没有系统，管理也就无从谈起了。系统原理为认识管理基本规律提供了新的方法，同时对人本原理、责任原理等其他原理都有重要的影响，因此可以说认识系统原理是我们认识管理原理的基础和前提。

一、系统的概念和特征

系统是人们对有联系的客观事物的一种总体描述。它是指由若干个相互联系、相互依存、相互作用的要素所组成的具有特定功能的有机整体。

无论从微观到宏观，从自然界到人类社会，世界都是以系统的形式存在的。从原子到宇宙，从细胞到人类社会，各个组织都是由相互联系和作用的要素组成统一的整体。系统作为一个有机的整体，首先是由各个子系统组合而成的，因此系统具有集合性；其次构成系统的子系统和子子系统处于不同的地位，是有一定的层次结构的，因此系统具有层次性；再次系统中的各个子系统是相互联系和相互作用的，因此系统具有相关性。

二、系统原理的要点

(一) 整体性原理

整体性原理以实现整体效果的最大化为目标，对系统要素之间、要素与系统之间的关系进行协调和引导，使局部利益服从整体利益，以实现整体利益的最大化。

系统虽然是由若干个要素构成的，但绝不是这些要素的简单相加和机械组合，而是各要素按一定的相互依存关系构成的一个有机整体，从而实现系统的特定功能。这种总体功能的产生是一种质变，它的功能大大超过了各个部分功能的总和。因此，系统要素的功能必须服从系统整体的功能，过于强调要素的功能而不重视系统的功能，往往会破坏系统的整体性和各个要素之间的关系，导致系统功能的失灵。比如一个企业的供应、生产和销售三个部门，如果没有有效的计划和协调，任其各自发展，必然导致库存的增加和浪费，或者生产和销售能力的闲置，其结果只会导致整个企业系统的瘫痪。

(二）动态性原理

任何物质都是运动和变化着的，系统也不例外。系统是由相互联系和相互作用的要素组成的，当外部环境发生变化时，系统内部的要素之间的联系和作用也将发生相应的变化，因此我们说系统作为一个运动着的有机体，其稳定状态是相对的，运动状态是绝对的。动态性原理就是要求人们要历史地、运动地、发展地考察并对待系统对象，正确把握系统的发展变化，并研究和总结其发展规律，以有效地实现系统的特定功能。

(三）开放性原理

热力学第一定律指出，能量是守恒的、不灭的，只能从一种形式转变为另一种形式，能量似乎是永无穷尽的，但热力学第二定律又指出，能量只能不可逆转地沿着一个方向转化，即从可利用到不可利用，从有效到无效转化。这种不能再被转化做功的能量总和称为熵，故第二定律又名熵增定律。每个有机系统都必然与外界进行着物质、能量、信息的交流，通过从外界获得能量来抵消熵的增加，只有这样才可以维持系统的生命和活力。企业系统同样要面对熵增的状况，只有同外部社会进行交流以获取企业生存和发展的能量，才能保证企业系统的生机和活力，所以管理者必须以开放性原理为指导，不是从封闭中求生存，而是从开放中求发展。

(四）综合性原理

所谓综合性是指系统都是由相互联系和作用的多个要素为实现特定功能而组成的综合体。可以说，现代科学技术和现代管理系统无不具有高度的综合性，世界上没有什么新东西不是通过综合而得到，如环球卫星，卫星上的每个部件都是原来已有的。只有把这些部件按照新的设计重新组合，才能制造出了具有强大功能的环球卫星，因此如何选择设计方案，如何优化系统的功能就是综合性原理的两个重要方面。同时我们也应该看到，任何复杂的系统都是可以分解的，都是由许多的子系统和子子系统组成的，因此在研究的过程中，要注重对各个基本单元和相关规律的研究，这样就可以化繁为简，化难为易了。一个优秀的管理者，不仅要善于以创新思维考虑问题，更要善于把复杂的问题分解剖析，找到其中的规律，以求获得最好的解决办法。

(五）层次性原理

管理系统的层次性是指组成系统诸要素之间的纵式构造或管理要素结构方式中的等级体系。

管理系统的层次对输出系统整体功能具有重大的制约作用，各层次要素构成大系统时，一般可以放大系统的整体功能。但不能由此断言，管理系统的规模越大、层次越多越好，因为系统的功能还要受其内部层次沟通效率的制约。管理系统规模越大，层次越多，其沟通效率就越低。因此，在联结松散、层次繁多的系统中，中低层次的具体目标与系统整体目标往往会产生较大的差距，这种差距不仅会削弱基层或中层管理人员的责任心、进取心，而且会直接导致系统整体功能下降。因此，现代管理要求在设计系统的规模和层次时，一定要从实际出发，因地制宜，掌握好适度原则。

管理系统的规模和层次确定之后，管理行为是否获得高效率，很大程度上取决于能否分清各层次的职、责、权。一般来说，同一层次诸要素之间的横向联系由其自身解决，只有发生重大问题时，才由上一层次出面协调解决；从纵向看，管理系统一般分为高、中、低三个层次。

其中，高层次的职责是：

(1) 科学确定或适当调整本系统的目标方向；

(2) 依据本系统的目标进行决策、组织、领导、激励、创新等活动；

(3) 根据下级在执行方案过程中反馈回来的信息，重新修正调整原决策方案或对下一层次活动施以控制；

(4) 处理下一层次各要素之间的不协调问题。

中间层次的职责是：

(1) 准确而及时地传达最高层次的决策；

(2) 制定与所属系统整体目标相一致的自身目标，并确保实现；

(3) 严格考核下一层次对决策方案的执行情况，并协调下一层次各要素之间的关系。

低层次的职责是：

(1) 不折不扣地执行上一层次的决策方案；

(2) 准确及时地反馈决策信息，包括方案的执行进度、机构运行机制、人员活动状况、决策方案的可行性以及外界环境的影响等。

管理的层次性原理，要求任何一个层次都是直接对上一层次负责的，只接受上一层次的指令，防止系统内部层次混乱、层次之间的职责相互替代或超越层次等不良现象出现。

系统原理中还有目的性、相关性、环境适应性等原理，此处不再赘述。

第三节 人本原理

人本原理是一种以人为中心或者说以人为核心的管理思想。它要求将组织内的人际关系放在首位，将管理工作的重点放在激发职工的积极性和创造性方面，使人性得到最完美的发展。纵观人类管理实践和理论的发展史，人的问题始终是一个贯穿于管理活动各个阶段和各个方面的最基本的问题，各种管理实践、管理理念的差异和管理理论的区别，归根到底来自对人在管理中的地位、作用的不同认识。在西方管理理论发展历史中，主要存在五种人性假设："工具人""经济人""社会人""自动人""管理人"，因此可以看出随着社会的发展和进步，管理理论和实践已经越来越重视人的能动性的发挥，从而形成了以人为中心的现代管理理念。

一、人本原理的含义

人本原理的现代管理含义是，作为一种特殊社会活动的管理，它总是由人去实现的，因此倡导以人为本的管理。现代管理中的人，既是管理者，又是被管理者，管理既是由人进行的，同时又是对人的管理。人始终应当居于管理的中心地位并发挥主导作用。因此应立足于人,通过做好人的工作,创造相应的环境和条件,始终最大限度地沿着组织目标轨道发挥人的主动性和创造性,调动人的积极性这个根本途径,去实现管理资源的合理运筹,做好整个管理工作,从而实现管理系统整体功能优化和目标优化。由此可见,人本管理强调人的重要性,强调由人进行的管理和对人的管理,把人的因素提到了根本性的地位。这对于只重视物或事的事本管理而言,无疑是一个巨大的进步。

二、人本原理的主要观点

具体讲,人本原理的主要观点可以归纳为以下四个方面。

(一)尊重人——员工是企业的主体

生产资料和劳动力是企业经营的基本因素,随着时代的发展和进步,人们通过对劳动力的研究对提供劳动服务的劳动者的作用也开始重视起来。从以泰罗为代表的认为劳动者只是机器附属物的管理理论到以梅奥提出的社会人的假说,到现代以人为本的管理思想的建立,可以说,员工逐渐成为企业的核心和主体。

(二)依靠人——有效管理的关键是员工参与

实现有效管理有两条完全不同的途径:一条是高度集权,从严办事,依靠严格的管理和铁的纪律重奖重罚,取得组织目标统一、行动一致,从而实现较高的工作效率;另一条是适度分权,民主治理,依靠科学管理和员工参与,使个人利益与企业利益紧密结合,使企业的全体员工为了共同的目标而自觉地努力奋斗,从而实现工作高效率。不同的时代背景,人的要求也就不同,在农业社会和工业社会前期,人的物质需要并不能得到充分满足,时常受到饥饿和战争的威胁,获得物质生活的满足就成为人的基本需求,所以把人当做管理的客体,以严格的规章制度和纪律加以约束的方法就能取得极大的效率。进入后工业社会之后,人们的物质需求已经得到了极大的满足,这时人们对感情的需求,对自我实现的需求就变得极为迫切,如果继续沿用旧的管理办法显然不能最大限度地调动员工的积极性,因此职工不再作为管理的客体,而是成为管理的主体,这样更能发挥员工的主观能动性,从而取得更有效的管理结果。

正是由于企业全体职工的共同努力,才使企业各项资源(包括劳动力本身)得到最合理的利用,才使企业生产经营活动得以正常进行,才创造出了产品、利润和财富。所以,企业全体员工都有权参与企业管理。企业职工的一部分(经营者和管理人员)的职责就是管理。同时,要特别重视非专职管理的职工(普通工人、职员和技术人员)参与企业管理的问题。从事非专职管理的职工参与企业管理有三种最基本的形式:

(1)通过职工代表大会选举一定比例的代表参加管委会或董事会(最高决策机构);

(2)职工代表大会选举代表参加监事会(最高监督机构),应占多数名额;

(3)广泛参加日常生产经营活动,如质量设备成本、现场管理等。

(三)发展人——现代管理的核心是使人性得到最完美的发展

人性本善还是恶,这两种相互对立的观点都可在社会生活中找到支持或反对的论据与事例。这个事实本身就表明，世界上并不存在绝对善或恶的人性。人性是受到后天环境影响而形成的，因而也是可以塑造和改变的。管理者在管理过程中应引导和促进人性的发展，人和管理者都会在管理过程中影响下属人性的发展，正所谓"上梁不正下梁歪，中梁不正倒下来"。同时，管理者行为本身又是管理者人性的反映，只有管理者的人性达到比较完善的境界，才能使组织内员工的人性得到完美的发展。所以管理者在制定规章制度和管理方法时，除了要考虑其获得的经济利益，还要考虑它会给员工的精神带来怎样的影响。

（四）为了人——管理是为人服务的

管理是为人服务的，企业的管理一方面要服务于企业的员工，保证他们的物质收益和精神发展，另一方面要服务于企业外部的广大客户和消费者。

在计划经济时代，企业的生产是以国家的统一调配为指导，按照国家的计划任务进行生产，因此也就不存在销售环节。随着我国经济体制改革的不断深入，国有企业被投向市场，同样要面对市场的竞争和原则，是否能够提供市场需要的产品和服务就成为一个企业能否生存和发展的关键。消费者是市场的主体，因此对消费者的需求和喜好进行调查和研究，进而设计和生产出符合消费者需求的产品就成为企业研究的主要课题。

企业为用户服务体现在多个方面。第一，企业必须树立为客户提供满意的服务是企业根本的理念。通过对市场的调查，对消费者的消费倾向和消费习惯作出正确的评估，从而设计出符合市场需求的产品。第二，企业应该在生产和管理中努力降低各项费用，提高设备和材料的使用效率，加快资金的周转，以最大限度地降低生产成本。同时企业还要设计合理的质量管理和监督体系，为客户提供质优价廉的产品和服务。第三，企业应该重视售后的反馈，在提供优质高效的售后服务的同时，也对问题产品进行分析和总结，找出问题的关键，进而加以监督和改进。第四，客户的需求是变化的，产品也有其生命周期，因此企业应该密切注意市场的变化，以创新的思维来分析市场的需求，保证企业的生机和活力。

第四节 责任原理

一、责任原理的概念

要实现高效的管理，就必须在合理分工的基础上明确规定这些部门和个人必须承担的与此相应的责任。这里的责任，不是一个抽象的概念，而是在数量、质量、时间、效益等方面都有的严格的规范，它主要包括经济责任、政治责任、法律责任等多个方面。具体责任表现为规章、条例、目标、定额等等。

二、责任原理的应用

在管理中贯彻责任原理要求注意以下四点。

（一）合理分工

责任的确定必须以合理的分工为基础。因为在合理分工基础上确定每个人的职位，明确规定各职位应担负的任务，就是职责。没有分工，会造成责任模糊，管理混乱；分工过细，又会使人长期从事单调呆板、枯燥乏味的工作，会影响人的积极性和创造性，导致工作效率低下。合理分工，就是既要探索和采用先进的流水线生产，又要扩大和丰富工作方式，以达到保证高效率工作的同时又激发人的劳动积极性和创造性的目的。

（二）明确责任

合理分工是明确责任的基础。因为分工只是对工作和职权范围做了形式上的划分，而对工作的数量、质量、完成时间、效益等的要求尚不能完全体现。所以必须在分工的基础上，通过适当方式明确规定部门和个人的职责。

首先，职责界限要清楚，在实际工作中，工作职位离实体成果越近，职责越容易明确；工作职位离实体成果越远，职责越容易模糊。应按照与实体成果联系的密切程度，划分出直接责任与间接责任，实时责任和事后责任。

其次，职责内容要具体，并要作出明文规定。只有这样，才便于执行与检查、考核。

再次，职责中要包括横向联系的内容。在规定某个岗位工作职责的同时必须规定同其他单位、个人协同配合的要求，只有这样，才能提高组织整体的功效。

最后，职责一定要落实到每个人，只有这样，才能做到事事有人负责。没有分工的共同负责，实际上是职责不清、无人负责，其结果必然导致管理上的混乱。

（三）职位设计和权限授权合理

列宁说过："管理的基本原则是——一定的人对所管的一定的工作完全负责。"要做到完全负责基本上取决于下列三个因素。

1. 权限

明确了职责，就要授予相应的权力。实行任何管理都要借助于一定的权力。管理总离不开人、财、物的使用。如果没有一定的人权、物权、财权，任何人都不可能对任何工作实行真正的管理。职责和权限虽然很难从数量上画等号，但有责无权，责大权小，许多事情都得请示上级，由上级决策、上级批准，当上级过多地对下级分内的工作发指示、做批示的时候，实际上等于宣告此事下级不必完全负责。所以，明智的上级必须克制自己的权力欲，要把下级完成职责所必需的权限全部委授给下级，由他去独立决策，自己只在必要时给予适当的帮助和支持。只有这样，才可能使下级具备履行职务责任的条件。

2. 利益

权限的合理委授，只是完全负责所需的必要条件之一。完全负责就意味着责任者要承担全部风险。而任何管理者在承担风险时，都自觉不自觉地要对风险与收益进行权衡，然后才决定是否值得去承担这种风险。为什么有时上级放权，下级反而不要，宁可捧"铁饭碗"吃"大锅饭"？原因就是在于风险与收益不均衡，没有足够的利益可图。当然，这种利益，不仅仅是物质利益，也包括精神上的满足感。

3. 能力

这是完全负责的关键因素。管理不仅是一门科学,也是一门艺术。管理者既要有生产、技术、经济、社会、管理、心理等各方面的科学知识,又需要具有处理人际关系的组织才能,还要有一定的实践经验。科学知识、组织才能和实践经验这三者构成了管理能力。在一定时期,每个人的时间和精力有限,管理能力也是有限的,并且每个人的能力并不相同,因此,每个人所能承担的职责也是不一样的。有的人能挑二百斤,有的人只能挑五十斤。只能挑五十斤的人硬要他挑二百斤,其结果只能是:或者依靠上级,遇事多多请示,多多汇报;或者主要依靠下级,遇事就商量和研究;或者凑合应付,遇事上推下卸,让别人去干。这样,也不可能完全负责。

职责和权限、利益、能力之间存在着一种等边三角形的关系(如图3-1所示)。职责、权限、利益是三角形的三个边,它们是相等的。能力是等边三角形的高,根据具体情况,它可以略小于职责。这使得工作富有挑战性。管理者将能力与其所承担的职责相比,总是感到能力不够。这种压力能促使管理者自觉地学习新知识,注意发挥智囊的作用,在使用权力时也会慎重些,获得利益时还会产生更大的动力,努力把自己的工作做好。但是能力也不可过小,以免引起"挑不起"职责的后果。

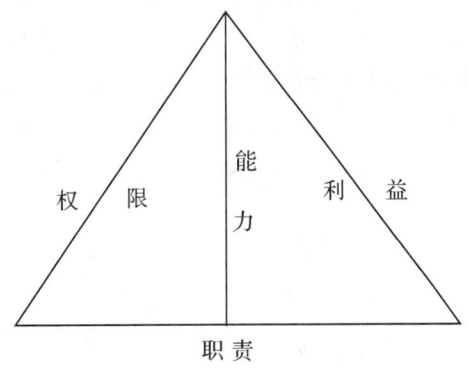

图3-1 责权利三角定理示意图

(四)检查、监督有力,奖惩公正、及时

责任是组织对个人的约束力。在责任确定后,必须有相应的监督,以便及时纠正错误和疏漏,进一步改进和完善责任制度。同时,应在准确考核的前提下,根据每个人的工作表现及其业绩公正而及时地给予奖励和惩罚,及时引导组织成员的行为向符合组织需要的方向发展。当然,这里的检查、考核、奖惩工作应该尽可能地规范化、制度化。

第五节 能级原理

一、能级原理的概念

"能级"一词是从物理学中借用过来的概念，原意是指原子由原子核和核外绕核运转的电子构成，电子由于具有不同的能量，就按照各自不同的轨道围绕原子核运转，即能量不同的电子处于不同的相应能级。这种物理现象在现代管理中同样存在。管理学认为，管理活动中组织及其成员同样具有类似的能级结构。因此，管理的能级结构是指为了实施有效的管理，必须在组织中建立一个合理的能级结构，并按照一定的标准，将管理的对象置于相应的能级结构中。

二、能级原理的运用

在管理活动中运用能级原理，重点在于如何使人的能量得到最大限度的发挥。首先，需要从组织结构上划分好合理的层次结构，然后经过科学有效地评估组织、成员的能力后，对其运行能级进行划分，最后通过建立完善的人事管理制度去选人用人，做到人尽其才。正确地运用能级原理要求注意以下两点。

（一）科学、合理地确定组织的能级结构

如图 3-2 所示，是几种组织能级结构的几何形态示意图。

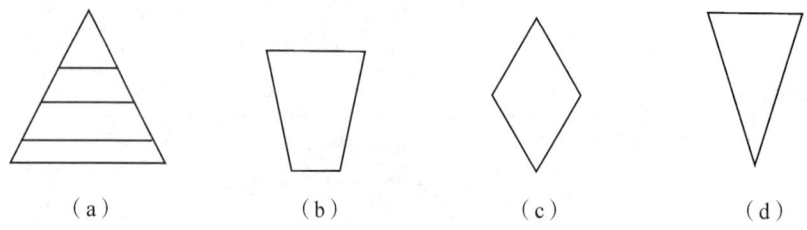

图 3-2　组织能级结构的几种形态示意图

在图 3-2 (a) 中，结构图为一个四层级的正三角结构图。第一层为经营层，负责大政方针的制定。第二层是管理层，它是在企业战略指导下，进行各种具体政策的制定。第三层是执行层，是贯彻执行各种管理指令。第四层是操作层，从事具体的操作，完成具体工作任务。由此可见，管理组织的正三角形态属于稳态能级结构。要求其经营管理层令行统一、政出一门，执行操作层有章可循、有理可依，能满足管理智力和权力在质上递增，在量上递减的原则，符合现代管理的"投入——产出"法则，可做到以最小投入实现最大的产出，是现代管理较理想的能级结构形态。

图 3-2 (b) 为梯形结构组织。从形态上看，梯形态有利于广泛发扬民主，防止个人专断。因为经营层的人数越多，牵制力量也就越大。但是这种管理形态容易造成绝对平均主义，容易造成管理的多头领导，使决策效率低下，甚至会出现决策者之间

进行权力争夺的危险，因此明智的领导者绝不热衷于设置"牵制力量"，而是将工作重心放到优化决策人的素质和管理体制上。

图 3-2（c）所示为菱形结构组织，可以分解为两个三角形。它由于能级跃迁造成了中间管理层的恶性膨胀，其直接后果必然是管理机构臃肿，管理功效降低和管理原则失效。

图 3-2（d）所示为倒三角形结构组织，从直观上看就不稳定，这种能级结构反映了组织高层人员云集、基层人员奇缺的现象。经营管理层的这种饱和状态，很可能是由于系统要素无原则地能级跃迁造成的。那些跃迁入经营层而不具备决策素质的要素，基本上对管理组织的实践无功，甚至做负功。即使那些跃迁入经营管理层的要素都具备高超的决策素质，但如果他们势必造成管理组织向倒三角形演进，那也是十分有害的。在这种情况下，管理领导者应采取果断的措施，或者重新整合该组织的能级结构，或者坚决阻止这种恶性跃迁。

（二）按层次需要选人用人，使各种人才处于相应的能级

由于各种层次对人才能级的要求不同，所以不同能级的人就应该安排在相应的职位上。大材小用会浪费人才，小材大用会贻误工作。垃圾是未被利用的财富，只有混乱的管理，没有无用的人才。被放错能级的人就好比垃圾一样等于被人抛弃。按能级配置人员要注意以下四点。

1. 能级与职级配置，使能者有其位

在组织内部建立起为分别行政管理人员和技术专业人员设置的两个相对独立、平等的晋级升迁制度，形成与行政职务岗位能级阶梯相对应的业务能力。

2. 能级与岗位配置，使能者有其岗

这就要求将人的能力与岗位结合，根据人的能力大小和特长，将其安排到最适合的岗位上，且在每种岗位上都力求形成一种最佳的能级结构。

3. 能级与待遇配置，使能者有其利

也就是为不同能级的人考虑相应的政治经济待遇，使权、责、利相一致，从而形成一种在其位、谋其政、行其权、尽其责、取其酬、获其荣、失职受到惩处的管理制度。

4. 能级与能级交叉配置，实现能力优化组合

即要求通过合理的分工，在同一类岗位中，力求达到能级互补、能别互补和优缺点互补，尽量安排互补性人才搭配，从而保证组织中能力合力的最大化。

第六节　效益原理

获取效益是一个组织存在的根本，也是管理的终极目标，前面讲过的熵增定律也说明一个组织必须以获得效益作为其生存和发展的保证。

效益原理的基本含义为：现代管理的基本目标在于获得最佳管理效益，即创造出更多的经济效益，实现更好的社会效益，这就要求各项管理活动都要始终围绕系统的

整体优化目标，通过不断地提高效率，使投入的人力、财力、物力、信息、时间等资源得以充分、合理、有效的利用，从而产出最佳的管理效益。

一、效果、效率、效益

效益是与效果和效率既相互联系，又相互区别的概念。

效果，是指由投入经过转换而产出的有用成果，其中有的是有效益的，有的是无效益的。例如，有的企业生产的产品虽然质量合格，但它不符合社会需要，在市场上卖不出去，积压在仓库里，最后甚至变成废弃物。这些产品是不具有效益的。因此只有那些为社会所接受的效果，才是有效益的。

效率，通常是指单位时间内所取得的效果的数量，反映了劳动时间的利用状况，与效益有一定的联系。但在实践中，效益与效率并不一定一致。例如，企业花费巨额投资增添技术设备来提高生产率，如果实际结果使单位产品生产的物化劳动消耗的增量超过了活劳动的减量，从而导致生产成本增加，就会出现效率提高而效益降低的现象。

效益，是有效产出与其投入之间的一种比例关系，可从社会和经济这两个不同角度去考察，将效益划分为社会效益和经济效益。经济效益指管理系统所表现出来的内在价值，它是效益的核心内容；社会效益是指管理系统对环境的价值，包括对环境的经济、政治、生态、法律、伦理等价值。两者既有联系又有区别。经济效益是讲求社会效益的基础，而讲求社会效益又是促进经济效益提高的重要条件。二者的区别主要表现在：经济效益较社会效益直接，可用若干经济指标来计算和考核；而社会效益则难以计量，必须借助于其他形式来间接考核。管理应把讲求经济效益和社会效益有机结合起来。管理效益实际上是经济效益和社会效益二者的有机统一。

二、效益的评价

效益的评价没有一个绝对的标准。不同的主体和不同的角度看待问题的结果都是不一样的。不同的评价标准和方法，得出的结论也会不同，有时甚至相反。有效的管理首先要求对效益的评价尽可能公正和客观，因为评价的结果直接影响组织对效益的追求和获得，结果越是公正和客观，组织对效益追求的积极性就越高，动力也越大，客观上产生的效益也就越多。

三、效益原理的应用

获取效益是管理的根本目的，管理就是对效益的不断追求。实现最佳管理效益的影响因素很多，但至少应注意以下几点。

（一）追求局部效益必须与追求全局效益协调一致

全局效益是一个比局部效益更为重要的问题。如果全局效益很差，局部效益的提高就难以持久。当然，局部效益也是全局效益的基础，没有局部效益的提高，全局效益的提高便难以实现。局部效益与全局效益既是统一的，有时又是矛盾的。因此，当局部效益与全局效益发生冲突时，管理者必须把全局效益放在首位，做到局部服从整体。

（二）管理者应追求长期、稳定的高效益

面对激烈的市场竞争，如果企业只满足于眼前的经济效益，而不对企业的长期发展作出正确的规划，其结果只会是被湮没和淘汰。如"太阳神""巨人""三株""秦池"等昙花一现的品牌，就是违背这一思想的牺牲品。现代化的企业应根据市场的需要和发展变化作出正确的判断，以新品种、高质量、低成本迎接新挑战，从技术、市场、产品、人才等多方面进行改进，从而获得企业发展的动力，才能保证企业有长期稳定的高效益，才能使企业得到长足的发展。

（三）要求经济效益与社会效益并重

一方面，管理要重视经济效益，因为经济效益是管理效益表现得最直接的形态。任何一个企业都是为了追求一定程度的经济效益才进行投入产出活动的。另一方面，管理也不能无视社会效益。如不能为赢利而忽视环境保护，要积极地、义不容辞地处理"三废"，保护环境；不能为了经济利益生产假冒伪劣产品，进行不正当竞争；不能私自生产、出售或走私黄、赌、毒产品等。

总之，现代管理要求在全面提高经济效益和社会效益的基础上，实现系统的最佳管理效益，这正是管理效益原理的实质和核心内容。

课后案例

知识分子太难管了

有一个实力较强的应用科学研究所，所长是一位对社会作出较大贡献的专家，他是在"让科技人员走上领导岗位"的背景下，被委任为所长的，没有领导工作的经历。他上任后，在科研经费划分、职称评定、干部提升等问题上，实行"论资排辈"的政策；在成果及物质奖励等问题上则搞平均主义；科研项目及经费只等上级下拨。广大的中青年科技人员由于收入低且无事可做纷纷到外面从事第二职业，利用所里的设备和技术捞私利，所里人心涣散。

上级部门了解情况后，聘任了一位成绩显著的家用电器厂的厂长担任所长，该厂长是一位转业军人，是当地号称整治落后单位的铁腕人物。新所长一上任，立即实施一系列新的规章制度，包括"坐班制"，并把中青年科技人员集中起来进行"军训"，以提高其纪律性；在提升干部、奖励等问题上，向"老实、听话、遵守规章制度"的人倾斜。这样一来，涣散的状况有所改变，但大家还是无事可做，在办公室看看报纸，谈谈天，要求调离的人员不断增加，员工与所长之间也经常出现矛盾。一年后，该所长便辞职而去并留下了"知识分子太难管了"的感叹。

上级部门进行仔细的分析和研究后，又派一位市科委副主任前来担任所长。该所长上任后，首先进行周密的调查，然后在上级的支持下，进行了一系列有针对性的改革，把一批有才能、思想好、有开拓精神的人提升到管理工作岗位，权力下放到科室、课题组；奖励、评职称实行按贡献大小排序的原则；提倡"求实、创新"的工作作风；在完成指定科研任务的同时，大搞横向联合，制定优惠政策，面向市场。从此，研究所的面貌焕然一新，原来的一些不正常现象自然消失。科研成果、经济效益成倍增长，成了远近闻名的科研先进单位。

讨论题：

1. 案例中体现了哪些管理的基本原理？
2. 怎样才是有效的管理？

复习思考题

1. 什么是管理的基本原理？它具有什么特征？
2. 什么是系统？管理者可以从系统原理中得到哪些启示？
3. 何谓人本原理？如何实现"以人为中心"的管理？
4. 什么是责任原理？在管理中贯彻责任原理要注意哪些要点？
5. 何谓效果、效率和效益？管理者如何追求最佳管理效益？

第四章 管理的基本方法

　　管理的各种原理必须借助恰当的管理方法才能在管理实践中发挥作用。管理方法是管理理论的延伸和具体化、实践化，是管理者为了实现既定目标而采用的措施、手段。方法如同跨河之桥、渡水之舟。管理方法是否得当，关系到"事倍功半"还是"事半功倍"，甚至事业的成败。管理方法是一门科学，内容极其丰富，重要的是管理者应根据具体情况，善于寻找或制造"桥"或"船"的方法。本章着重介绍管理实践中常用的法律方法、行政方法、经济方法及教育方法的主要特征及其正确运用。

第一节 管理方法概述

一、管理方法的概念和分类

　　管理方法是指在管理过程中，为提高管理功效和实现管理目标而采取的各种方式、方法和措施的总和。

　　管理方法是管理理论的具体延伸，是实现管理目标的途径和手段，贯穿于管理活动整个过程中，其正确性、系统性和合理性直接影响和制约管理行为的有效性。

　　随着社会的进步发展，管理方法也是发展和变化的，呈现多样性，但管理方法又是管理原理的具体延伸，又呈现稳定性，可以按照不同的标准进行分类。

　　（一）按管理对象的范围分类

　　可分为宏观管理方法（如国民经济管理）、中观管理方法（如部门、地区经济管理）和微观管理方法（如企业管理）三类。

　　（二）按管理方法的精确程度分类

　　可分为定性方法和定量方法两类。定性方法是指对事件、业务的特性和变化趋势进行分析判断，制定相应对策和措施的管理方法。定量方法是指对事件、业务作尽可能精确的数量描述，并通过数量分析，制定相应对策和管理方法。科学愈发展，定量分析的作用愈广泛，因此，在管理中应当充分重视定量方法。

（三）按管理方法的作用分类

可分为生产力组织方法、生产关系调节方法和上层建筑调整方法三类。生产力组织方法是指采用技术定额、生产流水线设计、生产力布局等方法，将生产力的诸因素科学地结合起来，形成现实的生产力。生产关系调节方法是指采用财务包干、经济核算制、产品定价等方法，调节人们之间的经济关系，促使社会再生产过程顺利进行。上层建筑调整方法是指采用思想教育、民主管理、立法、司法等方法，使上层建筑适应经济基础的需要。

（四）按管理者的决策方式分类

可分为专制方法、民主方法、民主集中制方法三类。专制方法是指从个人或集团的利益出发，实行独断决策，不接受群众的建议和监督，强迫下属组织及其成员执行命令的管理方法。民主方法是指从整体利益出发，广泛听取群众意见，组织全体成员参与制定决策，并在执行中接受群众监督的管理方法。民主集中制方法是指在广泛征求群众意见的基础上形成决策，授权给主管人员去贯彻执行的管理方法。社会主义管理不应采取专制方法，而应采取民主集中制的方法，既要有广泛的群众基础，又要有集中统一的领导。

（五）按管理信息沟通的特征分类

可分为权威性沟通管理方法、利益性沟通管理方法和真理性沟通管理方法三类。权威性沟通是指通过令行禁止的方式沟通信息，以强制性权威进行管理的方法，主要有行政方法和法律方法等。利益性沟通是指根据利益原则沟通信息，以共同利益为基础进行管理的方法，主要有经济方法和咨询方法等。真理性沟通是指通过信息内容的真理性进行沟通，使受信人自觉地按照发信人的意向行动的管理方法，主要有教育方法和数学方法等。

（六）按管理方法的层次和适用程度分类

可分为哲学方法、一般方法和具体方法三类。哲学方法规定着人们的思维方式并指导人们如何观察和认识世界。马克思主义的唯物辩证法是观察事物、处理问题最根本的方法，是社会主义的理论。管理中常用的社会调查法、动态法、平衡法、系统论方法等，都是属于认识范畴的方法。一般的管理方法是在哲学方法指导下产生的，它在一定的范围内具有通用性。通常管理中运用的行政方法、法律方法、经济方法、教育方法、数学方法等，都是一般方法。具体方法是指解决各种问题的具体方法，它处于管理方法体系中的最低层次，是直接作用于管理对象上的方法和措施，只能针对某一问题采用，如劳动、物资、销售等方面的具体管理方法等不能原封不动地用于解决另一问题。

二、管理方法的作用

管理理论是由原理和方法组成的有机体。任何管理原理都必须具体化，并通过某种管理方法在实践中发挥作用。只有采取正确的管理方法，才能把各方面的积极性调动起来，使人力、物力、财力得到合理有效的利用，才能保证社会主义建设事业顺利发展。管理方法的作用可以归纳为以下几点：

首先，通过管理方法的运用，可以使管理者按照客观规律办事，保证管理活动的顺利进行。科学的管理方法反映了客观规律的要求。一个成功的管理者，应在深入了解管理活动的客观规律，分析其作用机制的同时，寻求实现客观规律要求的管理方法。如果只凭个人的经验或单纯依靠行政命令进行管理，必然会违背客观规律的要求，管理工作就不能顺利开展和达到好的效果。

其次，管理方法对执行管理职能，实现对管理过程的控制起保证作用，是管理者行使管理职能的手段。也就是说，管理职能不能离开管理方法而孤立存在，必须通过管理方法这个媒介作用于被管理系统，才能实现管理职能，从而保证管理过程的正常进行。

再次，正确地选择管理方法，可以贯彻党和国家的意志，体现生产资料所有者的利益和愿望。管理方法是为统治阶级的利益服务的，在社会主义社会，管理方法的选择和运用理所当然地要符合社会主义的生产目的，符合党和国家制定的路线、方针和政策。

第二节　法律方法

一、法律方法的概念和实质

法律方法是指使用国家强制力来保证各项法律、法令、条例的执行，以实现广大人民群众的利益为根本目标，调整社会经济的整体活动和各个单位所发生的各种关系，以保证社会各项经济活动正常稳定的发展。由于社会关系的复杂性和多样性，法律规范的形式和内容也极为丰富，法学上根据法律所调整的社会关系的不同将其分为各个不同的法律部门，并形成相互关系相互协调的统一的法律体系。管理的法律方法，既包括国家正式颁布的法，也包括各级政府机构和各个管理系统所制定的具有法律效力的各种社会规范。

法律方法的实质是实现和维护广大人民群众的利益，代表他们对社会经济、政治、文化活动实行强制性的统一管理。

二、法律方法的特点

（一）规范性

宪法、法律和法规都有各自规定的内容和相应的解释，彼此之间不允许互相冲突，法规应服从法律，法律应服从宪法。法律和法规是所有组织和个人行动的统一的准则，对他们具有同等的约束力。

（二）强制性

由国家权力机关或各级管理机构所制定和颁布的法律、法规，一经制定，就要强制执行。各个企业、单位以至每位公民都必须毫无例外地遵守，否则，将受到法律制裁。

（三）稳定性

法律和法规的制定必须严格按照法律规定的程序和规范进行。一旦制定或颁布出来，就具有相对的稳定性。法律和法规不能因人而异，不允许滥加修改。

（四）抽象性

法律和法规所约束的对象，是抽象的、一般的人，而不是具体的、特定的人。

三、法律方法的作用

法律方法的作用有以下几点：

（1）保护合法权益，惩治违法行为，抵制腐败现象，维护生产程序，使生产经营活动能正常进行。

（2）有利于组织、机构、岗位划分，权责规定，信息沟通，关系调节规范化，增强管理系统的整体效能和稳定性。

（3）将各种管理方法的运用纳入法制轨道，保证其作用的发挥和管理职能的实现。

四、法律方法的正确运用

（一）法律规范的制定必须符合客观事物的发展规律

法律方法，是通过上层建筑作用于经济基础的管理方法，是起促进作用还是阻碍作用，取决于法律规范是否符合客观发展规律。因此，法律规范的制定，不可超越阶段和脱离现实的各种条件，必须防止主观性和随意性，必须及时废除和修改过时的、不适合客观事物发展要求的法律规范。

（二）保持法律规范的稳定性和连续性

法律规范具有相对的稳定性和连续性，才能取信于民。朝令夕改，随意中断废弃，法律规范就会失去威信，不起作用，甚至产生不良后果。

（三）树立法律规范的权威性

有法可依，有法必依，执法必严，违法必究，这是运用法律方法必须遵守的原则。立法不当，执法不严都会影响经济法律的威信，妨害法律方法作用的发挥。

（四）其他方法结合运用

法律是上层建筑中属于法的一部分，它只是在有限的范围内发挥作用。在法律方法作用范围之外，还有大量的经济关系和社会关系需要其他方法来管理和调整。所以，法律方法应该和管理的其他方法综合使用，才能达到最有效的结果。

第三节 行政方法

一、行政方法的概念和实质

行政方法是指依靠行政组织的权威，运用命令、规定、指示条例等行政手段，按照行政系统的职权有层次地进行的管理方法。

行政方法的实质是通过行政机构中的职务和职位来进行管理，它特别强调职责、职权、职位，而并非个人的能力或特权。各个部门或单位建立行政机构来进行管理，而因为组织的层次性决定了各个层级之间有着不同的职权和职责，各个层级获得信息的不对等使更高层级具有权威性。上级指挥下级行动，而下级必须服从上级，这是由彼此的行政层级决定的。

二、行政方法的特征

（一）权威性

运用行政方法进行管理，起主要作用的是权威。这是因为行政方法的有效性和所发出的指令的接受率及上下级之间的沟通效果，在很大程度上取决于管理者的权威。管理者的权威越高，他所发出的指令接受率就越高，上下级沟通效果就越好。提高管理者的权威是提高行政方法有效性的首要前提和重要措施，但是管理者权威的提高，一方面是靠职位所带来权利来强化权威，另一方面是靠自身在管理活动中表现出来的良好领导素质、才能，而不是靠自我吹嘘或他人吹捧来提高的。

（二）强制性

行政方法既然是通过行政命令、指示、规定来对管理对象进行指挥和控制的，因而必然具有强制性。但是行政方法与法律方法的强制性不同。从强制性程度来看，法律的强制程度高，它通过国家机器执行，并规定了人们的行为规范；行政方法的强制程度则相对低一些，它主要要求人们在思想上和行动上服从统一意志，强调原则上的高度统一，但允许人们在方法上的灵活多样。从制约范围上看，法律方法的强制性对管理系统的子系统和任何人都是一致的；行政方法的强制性，一般只对特定部门和特定对象才有效。

（三）垂直性

行政方法是通过行政系统、层次来对子系统进行管理的。行政命令通常是通过纵向直线逐层传达执行，而且下级服从顶头上司，下一层只听上一层的指挥，对横向传来的命令、规定等可以基本上不予理睬。因此，行政方法的垂直性是行政指令得以统一执行的根本保证。

（四）具体性

行政方法不同于法律、思想政治等方法，它较为具体。行政方法的具体性，一方面表现在从行政命令发布的对象到命令的内容都是具体的；另一方面表现在行政方法在实施的具体方式方法上是因为对象、目的和时间的变化而变化的。所以，任何行政措施往往是在某一特定的时间内对某一特定对象起作用，具有明确的指向性和一定的时效性。

三、行政方法的作用

行政方法的特征决定了行政方法不同于其他管理方法的一些作用，主要表现在以下几个方面：

（1）行政方法的权威性和强制性保证了组织的高度统一，各项指令任务能够高效地贯彻和执行，从而对全局形成有效的控制。

（2）行政方法的运用有利于管理职能的发挥和管理目标的实现。管理的决策、组织、领导、激励和创新等职能要有效地发挥作用，就必须依靠行政机关的权威来进行组织和指挥，必须通过行政组织和行政手段来调整好各个方面之间的相互关系，并解决好其中出现的矛盾。

（3）行政方法是实施其他各种管理方法的必要手段。在管理活动中，经济方法、法律方法、教育方法等要发挥作用，必须通过行政方法高效统一地贯彻和执行，才能发挥其作用。

（4）行政方法的运用有利于灵活处理特殊问题。行政方法的具体性保证了面对管理活动中出现的新情况、新问题时，能及时发出有针对性的行政命令，制定规章制度，采取行政措施，使问题得到及时有效的解决。一般不会导致"一刀切"状况的出现，会因人、因事、因时、因地灵活多样地加以正确处理。

四、行政方法的正确运用

行政方法的特点决定了它对管理活动的重要作用，但如何正确地加以运用，克服其局限性就成为一个需要研究的问题。

（一）行政方法的管理效果直接受领导者水平制约

由于行政方法强调领导的权威性，行政命令的效果，管理的好坏，很大程度上取决于行政领导者的素质和水平。高素质的领导者往往能正确运用行政方法，提高管理功效；反之，如果领导者无德、少才，他的话无人听，他的命令难以执行，就无法搞好管理工作和实现管理目标，所以行政方法的运用对领导者各方面的素质提出了很高的要求。

（二）管理者必须充分认识行政方法的本质是服务

行政方法必须以服务为目的，这样一方面可以避免管理者的权力膨胀，为所欲为，另一方面也是符合管理规律和市场需要的。

（三）行政方法中对信息的运用

第一，从总体布局和统一协调的角度来考虑，要求管理者必须及时地掌握组织内外部有用的信息，以求快速准确地做出决策。第二，在下级执行上级的指令和任务时，要快速准确地获得上级提供的信息，就需要一个行之有效的信息管理系统。

此外，行政方法的运用借助了职位的权威，因此对行政下级来说，有较强的单向强制性，很少遭到下级的抵制。但是这种依靠职位的权威性，单向强制地发布命令的状况可能导致漠视下级的观点和意见，助长官僚主义作风，不利于充分调动各方面的积极性。所以，不能单纯依靠行政方法，要在客观规律的基础上，把行政方法和管理的其他方法有机结合起来。

第四节 经济方法

一、经济方法的内容和实质

经济方法是根据客观经济规律，运用经济手段来调节各方面不同的经济利益关系，以提高经济效益和社会效益的一种方法。这里所说的经济手段包括价格、税收、信贷、工资等。不同的领域，必须采取不同的经济手段，才能收到良好的效果。

（一）宏观管理中经济手段

它是指国家运用价格、税收、信贷等经济措施，引导企业接受国家的计划性指导，把微观经济活动纳入国家宏观经济计划的轨道之中。

1. 价格

价格是商品价值的货币表现。在社会主义市场经济中，价格主要应通过市场供求自发地形成，但一定程度上，也可以由国家作为经济杠杆来加以运用。价格杠杆运用的范围是一些实行价格管制的产品、劳务和部分实行指导性计划管理的产品和劳务。价格的升降，会直接影响生产企业和消费者的经济利益，从而影响他们的生产和消费行为。国家运用价格杠杆调节市场供给与需要，改变市场供求信息，从而改变生产要素在国民经济各部门之间的分配比例，调整企业的生产经营方向和规模，使之符合客观目标。

2. 税收

税收是国家取得经济收入的主要来源，也是国家管理社会生活的手段之一。国家根据宏观经济发展的需要，合理制定不同的税种和税率，来调节生产和流通，调节一部分企业的利润水平，控制经济的过快增长，使社会经济的内部结构发展趋势、活动规模趋于合理。

3. 信贷

信贷是银行存款、贷款等信用活动的总称。信贷杠杆是国家通过中央银行来调节信贷规模和货币供应量的一种形式。信贷对经济的调节，主要是通过两条途径来实现的：一条是规定和调整贷款投向、条件和数量及偿还期，引导信贷资金流向国民经济需要发展的部门和企业；另一条是调整利率来引导各种经济主体的筹资或投资行为以及生产经济行为，同国家的宏观经济政策来相适应。信贷杠杆的调节作用主要是：运用信贷投放，调节货币流通，促进市场的供求平衡；运用信贷杠杆，通过对资金的分配，调节产品结构和产业结构；运用信贷杠杆，促进企业加强经济核算，提高经济效益。

（二）微观管理中的经济手段

微观管理中的经济手段主要指企业运用工资、奖惩等经济措施，把职工的个人利益同本人工作绩效的大小、企业效益的好坏联系起来，促使他们做好本职工作，并积极参与企业的生产管理活动。

1. 工资

工资是劳动力价值或价格的转化形式。社会主义工资也不例外。这一经济手段直接涉及企业和劳动者个人的利益，正确使用它，对于调动企业的经营积极性和职工个人的劳动积极性，有着直接的促进作用。职工工资应该与企业经济效益挂钩，并且与职工个人贡献挂钩。现阶段，我们要坚持和完善以按劳分配为主体，多种分配方式并存的制度，坚持效率优先、兼顾公平的原则；保护合法收入，取缔非法收入，打击、调节城乡之间、地区之间、行业之间、不同社会群体之间的分配关系，使工资真正起到调动人的积极性的作用。

2. 奖金和罚款

奖金是根据职工对组织所做额外贡献的大小，用货币形式支付给职工的奖励。同工资一样，应该把奖金同职工的劳动成果和企业的经济效益直接联系起来，以达到鼓励先进，调动职工的积极性，促进企业生产持续而稳定发展的目的。如果企业经营有方，经济效益高，盈利多，超额劳动的职工就应该享受较高的奖金；反之，职工所得较少，甚至得不到奖金。罚款是指对违反企业或部门规章制度，影响正常的生产经营活动和对未完成劳动定额的职工所给予的经济惩罚。企业应根据自身的实际情况，制定正确的奖惩措施，正确发挥奖金与罚款这一经济手段的作用，最重要的是奖惩时，该奖就奖，该罚就罚，奖惩分明。

经济方法的实质是正确贯彻物质利益原则，把国家、集体、个人三者利益正确地结合起来，最大限度地调动各方面的积极性、主动性、创造性和责任感，促进经济发展和社会进步。

二、经济方法的特征

与其他管理方法相比，经济方法有以下特征。

（一）利益性

利益性是经济方法的最基本的特征，指经济方法应符合物质利益原则，利用经济手段管理经济，核心是把经济责任和物质利益有效地结合起来，即要把劳动集体及个人的利益与工作成果相联系。

（二）非直接性

非直接性是指依靠经济手段和经济方式，通过经济利益的得失来指挥、调节、控制经济活动，而不是依靠权威、强制性命令直接干预经济活动。它是以承认各管理对象的工作和经济权力为前提的，即对各项经济手段和方式作出何种内容和何种形式的反应，采取何种经济活动，有他们自己的决定权。

（三）灵活性

灵活性是指经济方法的具体措施和做法可以因时、因地、因人制宜，随机应变，根据外部环境和操作对象的不同，以不同的方式方法加以应对。

（四）平等性

经济方法承认被管理的组织或个人都有平等获取经济利益的权利。社会按照统一的价值尺度来计算和分配经济成果；各种经济手段的运用对于相同情况的被管理者起同样的效力，不允许有特殊。

三、经济方法的作用

经济方法的作用主要有以下几点：

（1）有利于促使各级组织主动地利用自身的条件，挖掘潜力，适应环境的变化，灵活开展生产经营活动，提高经济效益。

（2）有利于激励员工从物质利益上关心组织目标的实现，保证生产任务的完成。

（3）便于分权。利用经济方法可给各级组织较多的自主权，使他们的积极性得到发挥，使领导机关减少主观主义和官僚主义，提高工作效率。

（4）有利于提高信息接受率。由于经济方法直接建立在物质利益原则基础之上，与管理对象的切身利益息息相关，有利于提高他们对信息接受的自觉性，从而提高信息接受率。

四、经济方法的正确运用

经济方法的正确运用要注意以下两个问题：

（1）经济方法要同其他管理方法结合起来运用，不能以经济方法作为调动人们积极性的唯一方法，这是由生产力发展水平，人们的觉悟程度及其需要的多层次性、差异性所决定的。单纯地运用经济方法和滥用经济方法，将削弱这种方法对促进生产发展的作用，甚至在某些情况下会产生反作用。

（2）注意人们的物质需要和精神需要。随着社会生产力的发展和人们生活水平的提高，人们对精神方面的需求将日益加强，物质的激励作用将有所减弱。

第五节 教育方法

一、教育方法的实质和内容

教育方法是指通过传授、宣传、启发、诱导等方式，提高人们的思想认识和科学文化水平，发挥人的主观能动作用，加强社会主义精神文明建设。管理的人本原理指出管理活动是以人为中心的，因此，如何提高人的素质，积极调动人的主观能动性就成为教育方法的主要任务。在管理中运用教育方法，是增强经济组织的活力，贯彻执行党和国家的各项政策，完成经营管理任务的重要保证。

教育的目的既然是提高人的素质，教育的内容也就涉及与人素质完善的各个方面。

（一）人生观及价值观

要教育组织成员树立为人类解放和社会进步奋斗献身的远大理想，大公无私、先人后己、全心全意为人民服务的共产主义精神，自觉抵制损公肥私、损人利己、金钱至上、以权谋私、贪图享乐等剥削阶级腐朽思想的侵蚀。这种教育单凭教条式的空洞说教，收效甚微。应当结合具体生动的实例、案例、典型，通过讨论的方法进行。

（二）爱国主义和集体主义教育

爱国主义教育不仅仅是思想政治教育和单调的历史回顾，而是通过对我国悠久文化的学习，对我国近百年受到帝国主义列强的侵略的历史的学习，对我国革命先烈们不屈不挠的革命精神的学习而产生的民族自豪感和危机感，以进行爱国主义教育，要引导人们正确认识我们国家的历史和现状，特别是近百年中国人民为谋求民族解放而英勇斗争的历史，了解中华民族近百年的苦难史和革命斗争史，从而更加热爱和珍惜社会主义的今天，更加发奋为祖国繁荣昌盛而献身。集体主义是共产主义道德的基本原则，它要求人们置集体利益于个人利益之上。进行集体主义教育，要着重引导干部群众正确处理国家、集体、个人之间的利益关系，在集体生活中发扬团结、友爱、互助精神，热爱集体、关心集体。

（三）民主、法制教育

管理的人本原理告诉我们必须全心全意依靠企业广大职工办好企业，不仅企业领导层在进行企业管理决策时要充分考虑到本企业职工的利益，而且还应当通过各种方式吸收职工参与企业管理。同时还要对职工进行正确行使民主权利的教育。民主体现在职工有权对企业的经营活动进行监督，有权维护自己的合法权益，有权对企业管理工作提出批评建议，也有权参与企业管理。但应当实事求是地承认，由于信息和能力的限制，参与的程度和方式是有限度和有条件的，切不可自以为是"主人"就存有不切实际的乌托邦式的空想。社会主义在扩大社会主义民主的同时，还应大力加强社会主义法制，才能规范和约束人们的行动，才能保证社会主义企业生产经营活动的正常进行，才能使职工的根本利益得到保障。

（四）科学文化教育

科学技术是第一生产力。普及和提高科学文化知识是提高职工思想道德觉悟水平的重要条件，也是企业进行生产经营活动的重要条件。在当今的新技术革命浪潮中，科学技术越来越成为推动企业生产发展、提高企业竞争力的重要力量。

（五）组织文化建设

组织文化是组织员工在较长时期的生产经营实践中逐步形成的共有价值观、信念、行为准则及具有相应特色的行为方式、物质表现的总称。它是组织员工内在的思想观念与外在的行为方式和物质表现的统一。要通过建设组织文化来创造促进职工素质不断完善的精神环境。

二、教育方法的特点

（一）长期性

思想意识的提高，正确的人生观、价值观的建立，科学文化知识的积累，都需要较长的时间，而不是一朝一夕能做到的。

（二）间接性

教育方法不直接干预人的经济活动，也不直接干预经营单位经济利益的分配。它对人们的具体经济行为没有约束力。它先作用于人，通过提高人的素质而作用于经济活动，是一种间接的管理方法。

（三）启发性

教育方法不是强制，而是通过真理性激励，启发人们自觉指向组织的目标并采取行动。

（四）广泛性

教育方法广泛地用于管理的各个方面和各个环节，贯穿于管理工作过程的始终，并包含每个成员。

（五）灵活性

教育方法因人、因时、因事而异，方式方法比较灵活。

三、教育方法的作用

教育方法的作用有以下几点：

（1）教育方法是提高人的素质，从而也是提高各级管理者素质的根本手段。

（2）教育方法是其他管理方法发挥作用的先导和前提，任何其他管理方法的实施都离不开宣传教育。它还能解决其他管理方法所不能解决的问题。

（3）教育方法是激励人的动机，培养人的责任感和纪律性，调动人的积极性的重要手段。人的认识水平、科学文化水平一旦提高，正确的人生观、价值观一经确立，就会成为长期起作用的因素。

（4）教育方法有利于实现各级组织的现代化，能不断提高职工的科学文化水平，适应新技术革命的需要，为各级组织的现代化创造条件。

四、教育方法的正确运用

正确运用教育方法要注意以下几点。

（一）教育方法的形式和内容要有科学性

要尊重、培养、关心、爱护人，不能强加于人；要坚持从实际出发，适应需要，恰如其分地选择和安排内容；要排除粗制滥造、违情悖理的东西。

（二）讲究方式方法

要坚持不懈，长期进行，逐渐积累，不能操之过急。具体做法因人、因事、因时而异，采取多种多样的方式。

（三）不能脱离各项具体的生产经营活动，孤立地运用教育方法

要把它同解决实际问题，提高工作效率，增进物质利益联系起来。

此外，精神不是万能的，教育方法在管理中的作用范围是有限的，既不能调节人们的经济利益，又不能规定人们的经济行为规范，因此，必须与其他管理方法结合起来使用，才能达到预期目的。

课后案例

"王老师真像变了一个人！"

王老师是一位大学美术系毕业的本科生，业务能力较强。但是他的主要精力没有

放在美术教学上，而是一门心思搞创作，想早日举办个人画展。再加上他时常把学校的作画材料捎带回家，归为己有。因此，学校、家长、同事的意见很大，都认为他不适合担任教师工作。对此，学校办公会议做出决定：要求上级把王老师调离学校，在调离之前不安排工作，停发奖金。可王老师不愿离开学校，到处告状。人事部门也正式通知，由于种种原因，王老师不能调出学校，由学校在内部消化。

刚调来的林校长经过深入细致的调查研究认为：王老师调不走已成定局，我们必须实事求是地安排他的工作。如果把他继续挂起来，整天无所事事，对于学校是个潜在的不稳定因素，会给学校产生很大的内耗，对教师本人也是不负责的态度。对待王老师应该避其所短，用其所长，努力做好变消极因素为积极因素的转化工作。根据学校的宣传工作一直缺少一个懂行的人具体负责统筹和安排的情况，校长建议并通过校行政会决定，先让王老师负责这项工作以观后效，并具体研究落实了对王老师加强思想教育和严格管理的细节问题。

之后，林校长及时找王老师谈话，肯定了他业务能力强、乐于教师工作的闪光点，对他师德方面存在的问题进行了尖锐的批评和严肃的教育，并郑重地告诉他，学校决定由他具体负责全校的宣传工作。

为了取得全校教师的支持，林校长在全校教职工大会上详细地说明了重新安排王老师工作的有关情况，并作了"端正教育思想，注重师德修养"的专题报告，使教职工受到了生动具体的思想教育。

重新安排工作后，王老师的工作热情倍增。他主动开设了"怎样办好黑板报"的选修课，为全校24个班级培训宣传骨干；他所设计、布置的宣传橱窗和黑板报也多次获奖。教师们都惊叹地说："王老师真像变了一个人！"

讨论题：

本案例中林校长的做法有什么可取之处？

复习思考题

1. 管理的法律方法的内容和实质是什么？有何特点和作用？
2. 管理的行政方法的内容和实质是什么？有何特点和作用？
3. 管理的经济方法的内容和实质是什么？有何特点？如何正确运用？
4. 管理的教育方法的内容和实质是什么？如何正确运用？

第五章 决　　策

决策不仅贯穿于我们生活的方方面面，也贯穿于组织经营管理全过程，可以说无时不有，无处不在。随着竞争的加剧，决策在组织管理中变得越来越重要，已成为组织管理的核心问题，决策的正确与否决定着组织的兴衰成败。决策是管理者的基本职能和主要的管理内容。诺贝尔经济学奖得主西蒙认为，"管理就是决策"。本章着重介绍有关决策的基本理论和基本方法。

第一节　决策概述

一、决策的概念

许多管理学家都探讨过决策的定义，虽然出于不同的背景和角度，说法各不相同，但基本内涵大体一致。所谓决策就是组织或个人为了达到预期目标而从若干个备选方案中选择合理方案的分析判断过程。在这个概念中需要强调三点：

（1）决策是为了达到一个既定的目的；

（2）要有两个以上的备选方案；

（3）不能简单地把决策理解为选择与决定方案那一瞬间的活动，而应理解为一个发现问题、认识问题、分析问题、解决问题的连续过程。

二、决策的特征

在管理实践过程中，决策的表现形式多种多样，但也有共同的特征，可以概括为以下几点。

（一）要求有具体而明确的决策目标

决策就是选择方案，如果连决策的目标都无法确定，那么在对各种方案进行评价时就没有一个确定的标准，当然也就更谈不上选择方案了。

（二）要求以了解和掌握信息为基础

一个合理的决策必须是要以充分了解和掌握各种信息为

前提的，即通过对组织的外部环境和内部情况的调查分析，根据实际需要选择切实可行的方案。千万不要在问题不明、条件不清、要求模糊的情况下，急急忙忙地作出选择。

（三）要求有两个以上的备选方案

由于各个方案的提出背景和看问题的角度不一样，在决策时准备两个或两个以上的备选方案，就可以根据组织的内外环境进行比较，以便选择出最能满足组织实际需求的那一个。

（四）要求对方案进行综合分析和评估

每个可能实现组织目标的方案，都会对目标的实现发挥某种积极作用，当然也可能产生消极的影响。因此，在决策时就必须对每个可行方案进行综合分析和评价，也就是进行可行性研究。可行性研究是决策的重要环节。在这一环节中，不但要求对技术上的可行性进行分析，还要考虑社会、政治、道德等各方面的因素，使决策结果的负作用缩小到允许的范围内。这样，通过可行性研究，可以确定出每个方案的经济效果和可能带来的潜在问题，从而比较各个方案的优劣。

（五）追求的是最可能的优化效应

决策所确定的可行方案，是在组织的现有条件和组织成员现有的认识能力制约下提出来的。在不同的阶段，组织的内外环境和决策者的能力是不相同的，这样，所提出的可行方案的多寡和质量就会有所差异。而且，人们对于客观事物的认识是一个不断深化的过程，明天的认识比起今天的认识往往要深刻得多。所以，对于组织的任何一个目标，都很难肯定最优方案就在现有方案中，而决策者所追求的，应当是在当前情况下最可能或最合适的方案，而不是最优方案。

三、决策的类型

按照不同的标准，决策可分为多种类型。

（一）按决策的范围分类，有战略决策和战术决策

战略决策侧重于对组织方向的确定和引导，往往与长期计划相关；而战术决策侧重于对某一管理活动的具体方案作出选择，往往与中短期计划相联系。

（二）按决策对象的内容分类，有常规决策和非常规决策

常规决策是指决策是重复的、例行的，呈现出程序化的状态，在管理活动中可以制定出一套固定程序来处理这些决策；非常规决策表现为决策的新颖性、例外性和不可预见性。决策时无章可循，多与战略决策相关。

（三）按决策的依据分类，有经验决策和科学决策

经验决策的依据是当过去的事情再次出现时，凭经验做出的决策便是合理的；科学决策则侧重于实验和研究，在科学分析的基础上进行决策。

（四）按决策中变量之间的关系分类，有肯定型决策和风险型决策

肯定型决策是指决策的对象、决策的方法和决策的执行方式都是肯定的，决策的执行结果也是可以预期的，多与常规决策相关；风险型决策是指决策的对象是偶然发生的、新颖的，决策的方法和决策的执行结果都是模糊的，无法预期的。

一般来说，越是组织的高层管理人员，所作出的决策越倾向于战略的、非常规的、科学的、风险型的决策；越是组织的基层管理人员，所作出的决策越倾向于战术的、常规的、经验的、肯定型的决策。

四、决策的程序

决策是一个科学的过程，决策的程序包括观察（分析问题、确定目标）、假设（设计方案）、分析（评价方案）及验证（实施方案、方案调整）的过程，如图5-1所示。

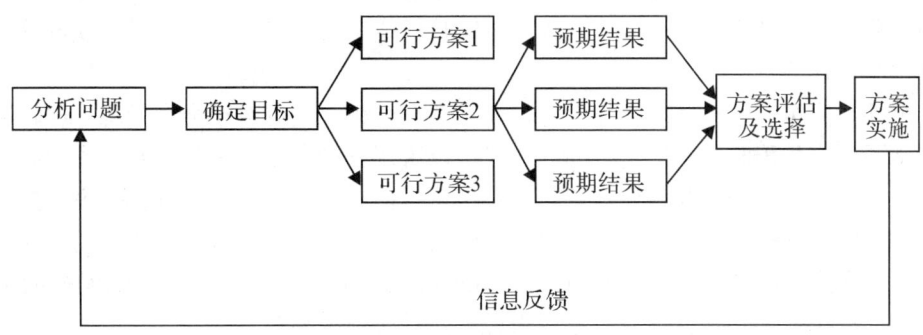

图5-1　决策的过程

（一）调查研究、分析资料、找出问题

找出决策者期望解决的问题，是决策的程序中最重要也是最容易被忽视的一环。这一阶段的关键在于明确决策者要解决的问题。包括：希望解决的问题是什么？它的关键因素是什么？必须在什么时间解决它？为什么要解决这一问题？为解决这一问题愿付出多大代价？

在找出问题的过程中，很容易犯的错误是将问题的表现视为问题的本身，或针对某些问题的细枝末节寻找解决方法。在这种情况下，即使是科学的决策技术也无助于问题的有效解决。例如，在某工厂生产进度安排中，问题表现为生产无法满足需求，大量订货延期，大量额外成本增加。就问题的外在表现来看，扩大生产能力似乎是唯一的解决方法。但是，通过分析发现，不能及时送货的原因出在营销部门。由于营销部门承诺，无论订单大小，都将准时把货物送达客户，生产部门被迫常常为小客户或特殊产品的生产打断正常进度。把营销方式改变后，生产部门的问题也就解决了。在很大一部分管理问题中，正确的发现问题会大大缩短解决问题所需的时间。

在发现问题的过程中，可以使用"关键因素"分析技术。关键因素即在做出任何行动之前，必须改变、转移和消除的因素。通过发现这一关键因素，我们就可以透过问题的表象把握真正的问题所在。另外，确定决策的时机也是十分重要的。应在适当的时机进行决策，无论是先于或滞后于决策能产生实效的时机，都无法实现有效的决策。

(二) 目标的确定

合理的目标是合理决策的前提。决策目标的形成、目标的大小与决策者对目标的认识都会影响到决策的顺利进行。精确的目标作为一个重要的决策依据，往往会使决策过程更经济更有效。

在确定目标的过程中，首先必须把要解决问题的性质、机构、症结及其原因分析清楚，这样才能有针对性地确定出合理的决策目标。同时，决策目标也必须十分明确，目标过分抽象或模棱两可、含糊不清，决策将无从遵循，决策目标的实现程度也难以衡量。因此，在管理实践中，决策目标的确定过程通常表现为：通过决策希望产生哪些成果？完成哪些工作？要纠正哪些问题？要得到哪些利益？要避免哪些事情？要减少哪些坏的结果？……一个合理的决策目标应该是可以衡量其成果、规定其时间和确定其责任的。

另外，决策的目标往往不止一个，而且多个目标之间有时还会有矛盾，这就给决策带来了一定的困难。解决这个问题一般可以采用三种办法：一是把要解决的问题尽可能地集中起来，以减少目标数量；二是把目标依重要程度的不同进行排序，把重要程度高的目标先行安排决策，以减少目标间的矛盾；三是进行目标间的协调，即以总目标为基准进行协调。在协调中往往采用服从大局的原则，因为在顾此失彼的情况下，降低甚至放弃某些目标，对全局来说可能是必要的和明智的。

(三) 找出所有可行方案

根据目标和相关信息，拟定可行方案，并要求其整体详尽性和相互排斥性相结合，以避免方案选择过程中的偏差。整体详尽性是指拟定的各种备选方案应尽量包括所有可能找到的方案，因为方案的数量越多、质量越好，选择的余地就越大。相互排斥性是指在不同方案中只能选用一个方案。虽然从理论上讲，应集思广益，列举出尽可能多的可行方案，但在实际工作中，要考虑所有的解决方法可能既不切实际，也不合理。通常情况下，如果某些解决方法之间并无显著不同，无需分别独立处理，而资源和成本限制也决定了备选方案的数量的话，可以先拟定一批备选方案，并初选淘汰一些，补充修改一下，再行选择，这样可以大大提高决策效率。

分析者对于最有潜力的方案，应依照下列原则进行检查：其一，主要分析工作应致力于最有效的几个方案上；其二，用在分析上的总费用不可超出它的预期收益。另外，在拟定备选方案的过程中，还应考虑可能出现的意外变动，并对主要的参数及可能出现的误差和变动进行敏感性分析。

(四) 确立衡量效益的标准，测算每个方案的预期结果

衡量效益的标准实际上决定了最后的分析结果，但这一标准在很大程度上取决于决策者的主观判断。因此，在不同的决策者之间，最佳方案的选择很可能因衡量效益的标准不同而不同。例如，对某种新产品价格的确定，有的决策者可能较多地考虑企业的盈利，而将价格定得比较高；而有的决策者可能更多地考虑企业的长远利益，谋求长期的发展，而制定低价的策略。

在确立了衡量效益的标准之后，就可以对每个方案的预期结果继续测量，以供方案评价和选择之用。在管理决策中，主要是通过对成本与收益的测算来对各个方案进

行衡量。成本是方案实施过程中所需消耗的资源、资金、人员、设备等,收益则是某些行动的结果产生的价值。在衡量待选择方案的整体价值时,成本与收益都要考虑。

(五)方案评估及方案选择

方案的评估即根据确立的决策目标、衡量效益的标准以及预期的结果等,分别对各方案进行衡量。在管理决策问题中,方案评估的标准包括方案的作用、效果、利益、意义等,应具有技术可能性和经济合理性。

方案的选择则是就每一个方案的结果进行比较,选出最可能实现决策预期目标或期望收益最大的方案,作为初步最佳方案。在复杂的决策问题中,评估所有的可行方案并从中选取最佳方案,需要花费大量的时间和精力,而决策者由于认识能力、情报资料等限制,也不可能做到对所有可供选择的方案及其未来后果无所不知。因此,在对方案进行选择时宜采用"有限合理原则"。为提高方案评估的效率,较为常见的方法是:强调各方案的差异性,考虑每一种可行方案,并在预算的可用资源的近似范围内,选取能产生最大效益的方案。

(六)实施决策方案

方案的实施是决策过程中至关重要的一步。在方案选定以后,就可制定实施方案的具体措施和政策。在方案的实施过程中应做好以下工作:

(1)制定相应的具体措施,保证方案的正确执行;

(2)确保所有的人都能充分接受和彻底了解有关决策方案的各项指令;

(3)运用目标管理方法把决策目标层层分解,落实到每一个执行单位和个人;

(4)建立重要的工作报告制度,以便决策者能随时了解方案进展,及时调整行动。

(七)追踪调查方案实施对目标的保证程度

执行一个大规模的决策方案通常需要较长的时间,在这段时间中,情况可能会发生变化。因此,在进行方案计划的设置及解决不确定性问题时,方案应不断加以变化和完善。同样,连续性活动过程由于涉及多阶段控制,对其进行定期的分析也是必要的。这是在变动的环境中获取最优结果的唯一途径。另一方面,由于外部环境和内部条件的不断变动,也需要通过不断修正方案来消除不确定性,重新定义新的情况,建立新的分析程序。具体来说,组织的职能部门应对各层次、各岗位履行职责情况进行检查监督,及时掌握执行进度,检查有无偏离目标的现象存在,及时将信息反馈到决策机构。而决策者则依据职能部门反馈的信息,及时追踪决策的实施情况,对局部目标与既定目标相偏离的地方应采取措施进行调整,以保证既定目标的实现;对客观条件发生重大变化,原决策目标确实无法实现的,则要重新寻找问题,确定新的目标,重新制定可行的决策方案并进行评估和选择。

以上七个步骤构成了决策的制定、实施、调整的全过程。研究决策的程序,主要是给决策者提供大致的思路,使之掌握科学的决策过程需要经过的几个阶段,不要随意跳过某些必要的阶段,以减少决策的随意性,避免决策的盲目性。同时,也应强调在实际决策中,不能将这些步骤看成死板的公式,有时过分拘泥于步骤反而会影响决策的效率。这一方面是由于决策过程往往存在着大大小小的反馈,另一方面是因为人的思考和认识过程是呈螺旋形上升的，新的思想可以在任何时候突然出现，且就一般而言，决策并不是完全脱离过去的，都有其历史联系性，所以决策也是一种经验的积累过程。利用这种经验，往往可以使决策者"跳过"很多步骤，直接设想出满意的方案来，从而提高决策的效率。

第二节 决策理论简介

许多管理理论都试图从不同的角度阐释管理决策问题。其中，主要可以分为三个流派。

一、古典决策理论

古典决策理论又称规范决策理论，是基于"经济人"假设提出来的，主要盛行于20世纪50年代以前。古典决策理论认为，应该从经济的角度来看待决策问题，即决策的目的在于为组织获取最大的经济利益。

古典决策理论的主要内容是：

（1）决策者必须全面掌握有关决策环境的信息情报；

（2）决策者要充分了解有关备选方案的情况；

（3）决策者应建立一个合理的自上而下的执行命令的组织体系；

（4）决策者进行决策的目的始终都是在于使本组织获取最大的经济利益。

古典决策理论假设，作为决策者的管理者是完全理性的，决策环境条件的稳定与否是可以被改变的，在决策者充分了解有关信息情报的情况下，是完全可以作出完成组织目标的最佳决策的。古典决策理论忽视了非经济因素在决策中的作用，这种理论不一定能指导实际的决策活动，从而逐渐被更为全面的行为决策理论代替。

二、行为决策理论

行为决策理论的发展始于20世纪50年代。对古典决策理论的"经济人"假设发难的第一人是赫伯特·A·西蒙，他在《管理行为》一书中指出，理性的和经济的标准都无法确切地说明管理的决策过程，进而提出"有限理性"标准和"满意度"原则。其他学者对决策者行为作了进一步的研究，他们在研究中也发现，影响决策者进行决策的不仅有经济因素，还有其个人的行为表现，如态度、情感、经验和动机等。

行为决策理论的主要内容是：

（1）人的理性介于完全理性和非理性之间，即人是有限理性的，这是因为在高度不确定和极其复杂的现实决策环境中，人的知识、想象力和计算力是有限的。

（2）决策者在识别和发现问题中容易受知觉上的偏差的影响，而在对未来的状况作出判断时，直觉的运用往往多于逻辑分析方法的运用。所谓知觉上的偏差，是指由于认知能力的有限，决策者仅把问题的部分信息当做认知对象。

（3）由于受决策时间和可利用资源的限制，决策者即使充分了解和掌握有关决策环境的信息情报，也只能做到尽量了解各种备选方案的情况，而不可能做到全部了解，决策者选择的理性是相对的。

（4）在风险型决策中，与经济利益的考虑相比，决策者对待风险的态度起着更为重要的作用。决策者往往厌恶风险，倾向于接受风险较小的方案，尽管风险较大的方案可能带来较为可观的收益。

（5）决策者在决策中往往只求满意的结果，而不愿费力寻求最佳方案。导致这一现象的原因有多种：

第一，决策者不注意调动自己和别人继续进行研究的积极性，只满足于在现有的可行方案中进行选择。

第二，决策者本身缺乏有关能力，在有些情况下，决策者出于个人对某些因素的考虑而作出自己的选择。

第三，评估所有的方案并选择其中的最佳方案，需要花费大量的时间和金钱，这可能得不偿失。

行为决策理论抨击了把决策视为定量方法和固定步骤的片面性，主张把决策视为一种文化现象。例如，威廉·大内（William Ouchi）在其对美日两国企业在决策方面的差异所进行的比较研究中发现，东西方文化的差异是导致这种决策差异的一种不容忽视的原因，从而开创了决策的跨文化比较研究。

除了西蒙的"有限理性"模式，林德布洛姆的"渐进决策"模式也对"完全理性"模式提出了挑战。林德布洛姆认为决策过程应是一个渐进过程，而不应大起大落（当然，这种渐进过程积累到一定程度也会形成一次变革），否则会危及组织内的稳定，给组织带来结构、心理倾向和习惯等的震荡和资金困难，也使决策者不可能了解和思考全部方案并弄清每种方案的结果（这是由于时间的紧迫和资源的匮乏）。因此，"按部就班、修修补补的渐进主义决策者或安于现状的人，似乎不是一位'叱咤风云'的英雄人物，而实际上是能够清醒地认识到自己是在与无边无际的宇宙进行搏斗的足智多谋的解决问题的决策者"。这说明，决策不能只遵守一种固定的程序，应根据组织内外环境的变化进行适时的调整和补充。

三、现代决策理论

继古典决策理论和行为决策理论之后，决策理论有了进一步的发展，即产生了现代决策理论。现代决策理论的核心内容是：决策贯穿于整个管理过程，决策程序就是整个管理过程。

组织是由作为决策者的个人及其下属、同事组成的系统。整个决策过程从研究组织的内外环境开始，继而确定组织目标、设计可达到该目标的各种可行方案、比较和评估这些方案进而进行方案选择（即作出择优决策），最后实施决策方案，并进行追踪检查和控制，以确保预定目标的实现。这种决策理论对决策的过程、决策的原则、程序化决策和非程序化决策、组织机构的建立同决策过程的联系等作了精辟的论述。

对当今的决策者来说，在决策过程中应广泛采用现代化的手段和规范化的程序，并以系统理论、运筹学和电子计算机为工具，辅之以行为科学的有关理论。这就是说，现代决策理论把古典决策理论和行为决策理论有机地结合起来，它所概括的一套科学行为准则和工作程序，既重视科学的理论、方法和手段的应用，又重视人的积极作用。

第三节 决策的方法

为了保证影响组织未来生存和发展的管理决策尽可能正确，必须利用科学的方法。决策方法可以分为两类：一类是定性决策方法，一类是定量决策方法。本书在此主要介绍几种常见的定性决策方法。

一、头脑风暴法

头脑风暴法是比较常用的集体决策方法，便于发表创造性意见，因此主要用于收集新设想。通常是将对解决某一问题有兴趣的人集合在一起，在完全不受约束的条件下，敞开思路，畅所欲言。

头脑风暴法的创始人英国心理学家奥斯本（A.F.Osborn）为该决策方法的实施提出了四项原则：

（1）对别人的建议不作任何评价，将相互讨论限制在最低限度内；

（2）建议越多越好，在这个阶段，参与者不要考虑自己建议的质量，想到什么就应该说出来；

（3）鼓励每个人独立思考，广开思路，想法越新颖、奇异越好；

（4）可以补充和完善已有的建议以使它更具说服力。

头脑风暴法的目的在于创造一种畅所欲言、自由思考的氛围，诱发创造性思维的共振和连锁反应，产生更多的创造性思维。这种方法的时间安排应在1~2小时，参加者以5~6人为宜。

二、德尔菲法

德尔菲法，也称为专家意见法，是由美国著名的兰德公司在20世纪40年代首创并用于预测和决策的方法。德尔菲法被用来听取有关专家对某一问题或机会的意见。由预测部门根据预测目标的性质，采用函询调查的方式向有关专家征询意见，然后将专家意见归纳整理，用匿名的形式反馈给各位专家，再次征求专家意见。如此经过多次反复，专家意见趋于一致，最后供决策者进行决策。

运用德尔菲技术的关键是：

（1）选择好专家，这主要取决于决策所涉及的问题或机会的性质；

（2）决定适当的专家人数，一般以10~50人较好；

（3）拟定好意见征询表，因为它的质量直接关系到决策的有效性。

三、名义小组技术

在集体决策中，如对问题的性质不完全了解且意见分歧严重，则可采用名义小组技术。在这种技术下，小组的成员互不通气，也不在一起讨论、协商，从而小组只是名义上的。这种名义上的小组可以有效地激发个人的创造力和想象力。在这种技术下，管理者先召集一些有专业知识的人，把要解决问题的关键内容告诉他们，并请他们独立思考，要求每个人尽可能地把自己的备选方案和意见写下来。然后再按次序让他们一个接一个地陈述自己的方案和意见。在此基础上，由小组成员对提出的全部备选方案进行投票，根据投票结果，赞成人数最多的备选方案即为所要的方案。当然，管理者最后仍有权决定是接受还是拒绝这一方案。

除上述三种方法外，还有诸如经营单位组合分析法、政策指导矩阵等有关活动方向决策的决策方法。有关活动方案的决策方法则可根据未来情况的可控程度分为确定型决策方法、风险型决策方法和不确定型决策方法，分别用线性规划、量本利分析法、决策树和小中取大法、大中取小法、最小最大后悔值法。

第四节　计划的编制与实施

计划过程是决策的组织落实过程。决策是计划的前提，计划是决策的逻辑延续。计划通过将组织在一定时期内的活动任务分解给组织的每个部门、环节和个人，从而不仅为这些部门、环节和个人在该时期的工作提供具体的依据，而且为决策目标的实现提供保证。

哈罗德·孔茨说过："计划工作是一座桥梁，它把我们所处的这岸和我们要去的彼岸连接起来，以克服这一天堑。"计划工作给组织提供了通向未来目标的明确道路，给组织、领导和控制等一系列管理工作提供了基础。

一、计划工作的性质

计划工作具有承上启下的作用。一方面，计划工作是决策的逻辑延续，为决策所选择的目标活动的实施提供了组织实施保证；另一方面，计划工作又是组织、领导、控制和创新等管理活动的基础，是组织内不同部门、不同成员行动的依据。因此，可以从以下四个方面来考察计划的性质。

（一）计划工作为组织目标的实现服务

任何组织任何时候都必须具有生存的价值、存在的使命。决策活动为组织确立了存在的使命和目标并且进行了实现方式的选择。计划工作把决策所确立的组织目标及其行动方式分解为不同时间段、组织内不同层次、不同部门、不同成员的目标及其行动安排。组织的各种计划及其各项计划工作都必须有助于完成组织的目标。

（二）计划工作是管理活动的基础

如果说决策工作确立了组织生存的使命和目标，描绘了组织的未来，那么计划工作就是一座桥梁，给组织提供了通向未来目标的明确道路，给组织、领导和控制等一系列管理工作提供了基础。

未来的不确定性和环境的变化使行动犹如大海航行，如果要时刻保持正确的航向，就必须明白自己所处的位置，明确自己行动的目标。这要求组织的主要领导人和一般成员都了解组织的目标和实现目标的行动安排。计划工作的目的就是使所有的行动保持同一方向，促使组织目标实现。

（三）计划工作具有普遍性和秩序性

计划工作是全体管理人员的一项职能。计划工作的特点、广度、内容由于管理人员所处的部门、层级的不同而有所不同，但是计划工作的普遍性中蕴含着一定的秩序。这种秩序随着不同组织的性质不同而有所不同。最主要的秩序表现为计划工作的纵向层次性和横向协作性。虽然所有管理人员都定计划，做计划工作，但第一线的基层管理人员的工作计划不同于高层管理人员制定的战略计划。在高级管理人员计划组织的总方向时，各级管理人员必须随后据此拟定各自的计划，从而保证实现组织的总目标。另外，实现组织的总目标不可能仅通过某一类型活动就可以完成，而需要多种多样的活动相互协作和相互补充才可以完成。在高级管理层计划组织的总方向时，各层级的管理人员必须随后制定相互协作的计划。

（四）计划工作要追求效率

可以用计划对组织的目标的贡献来衡量一个计划的效率。贡献是指扣除制定和实施这个计划所需要的费用和其他因素后，能得到的剩余。在计划所要完成的目标确定的情况下，同样可以用制定和实施计划的成本及其他连带成本（如计划实施带来的损失、计划执行的风险等）来衡量效率。如果计划能得到最大的剩余，或者如果计划按合理的代价实现目标，这样的计划是有效率的。特别要注意的是，在衡量代价时，不仅要用时间、金钱或者生产等来衡量，而且还要衡量个人和集体的满意程度。

实现目标有许多途径，我们必须从中选择尽可能好的方法，以最低的费用取得预期的成果，保持较高的效率，避免不必要的损失。计划工作强调协调、强调节约，其重大安排都经过经济和技术的可行性分析，可以使付出的代价尽可能合算。

二、计划的类型

在实际的管理活动中，人们根据不同的需要编制出各种各样的计划。为便于研究和指导实际工作，我们将计划按不同的标准进行分类。

（一）按企业职能分类

按企业职能分类，主要有生产计划、财务计划、安全计划、劳资计划、人员培训计划等。这类计划的制定技术和方法，是各类专项管理所要研究的内容。

（二）按计划制定者的层次分类

按计划制定者的层次分类，可分为战略计划、管理计划和作业计划。通常长期的战略性计划是由上层的管理人员制定的，而短期的管理计划和作业计划是由中层和基层管理人员制定的。

（三）按计划的内容分类

按计划的内容分类，可分为专项计划和综合计划。专项计划是指为完成某一特定任务而拟定的计划。综合计划是指对组织活动所做出的整体安排。综合计划与专项计划之间的关系是整体与局部的关系，专项计划是对综合计划中某些重要项目的安排，必须以综合计划为指导，避免同综合计划相脱节。

（四）按计划期的长短分类

按计划期的长短分类，可分为长期计划、中期计划和短期计划。一般来说，人们习惯于把一年或一年以下的计划称为短期计划，把一年以上到五年的计划称为中期计划，把五年以上的计划称为长期计划。这种划分不是绝对的。例如，一项航天项目的短期计划的实施可能需要五年以上的时间，而一家小型超市的短期计划可能只需用十几天。所以，尽管我们习惯上按上述的时间界限划分出长期、中期和短期计划，但具体到各期计划时，还应从组织活动本身的性质来说明。

（五）按计划的表现形式分类

美国管理学家哈罗德·孔茨和海因茨·韦里克根据计划从抽象到具体的表现形式，把计划分为一种层次体系，如图5-2所示。

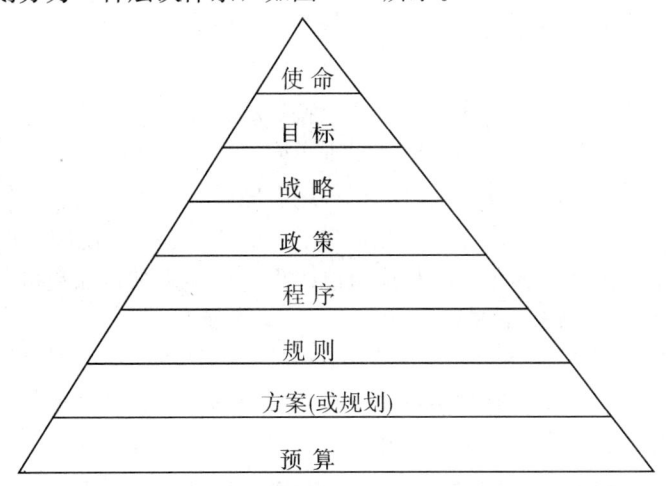

图5-2 按计划的表现形式分类的层次体系

1. 目的或使命

目的指明一定的组织机构在社会上应起的作用，所处的地位。它决定组织的性质，决定此组织区别于彼组织的标志。各种有组织的活动，如果要使它有意义的话，就必须有目的或使命。比如，学校的使命是教书育人，医院的使命是治病救人，研究院的使命是科学研究，法院的使命是解释和执行法律，企业的使命是生产和分配商品和服务。

2. 目标

组织的目的往往太抽象、太原则化，它需要进一步具体为组织在一定时期内的目标和各部门的目标。例如，科学研究是研究院的使命，研究院会将自己的使命进一步具体化，制定不同时期的目标和各部门的目标，如最近几年培养多少人才，研究多少项目等。

3. 战略

战略是一个组织为全面实现总目标而对主攻方向以及资源配置进行布置的总纲。其目的是通过制定一系列的主要目标和政策，去决定和传达一个组织期望自己成为什么样的组织。

4. 政策

政策是组织在决策或处理问题时用来指导和沟通思想与行动的方针和明文规定。政策是决策时考虑问题的指南，它允许对某些事情有酌情处理的自由，但又必须把这种自由限制在一定范围之内。自由处理的权限大小一方面取决于政策自身，另一方面取决于主管人员的管理艺术。

5. 程序

程序规定了处理问题的例行方法、步骤。它详细列出必须完成某类活动的切实方式，并按时间顺序对必要的活动进行排列。程序与战略不同，它是行动的指南，而非思想的指南。程序与政策也不相同，它没有给行动者自由处理的权力。

6. 规则

规则是根据具体情况决定采取或不采取某个特定的行动，它详细、明确地阐明必须行动或无须行动，没有酌情处理的余地。规则不同于程序，主要原因有：其一，规则指导行动但不说明时间顺序；其二，可以把程序看做是一系列的规则，但是一条规则可能是也可能不是程序的组成部分。比如，"禁止吸烟"是一条规则，但和程序没有任何联系；而一个规定为顾客服务的程序可能表现为一些规则，如在接到顾客需要服务的信息后30分钟内必须给予答复。

7. 方案（或规划）

规划是为实现组织的使命所必需的目标、政策、程序、规则、任务分配、执行步骤、资源配置以及其他要素的复合体。因此，若要规划工作的各个部分彼此协调，需要有严格的管理技能、系统的思维方式和严密的行动方法。

8. 预算

预算是计划的数字化，如企业中的财务收支预算。预算可以帮助组织的上层主管从现金流动、资金收支的角度，全面、细致地了解组织经营活动的规模、重点和预期成果。

三、计划的制定步骤

一般来讲，制定一项完整的计划需要经过八个步骤才能完成，即估量机会、确定目标、确定前提条件、开发可行方案、评估备选方案、选定方案、拟定派生计划和编制预算。

（一）估量机会

估量机会是指在实际的计划工作开始之前，一定要对组织的优势和核心竞争力有充分的了解和清楚的认识,根据组织的实际情况审视其在变动的环境中的发展机遇,扬长避短,把握机会,适应变化,为确定组织目标提供有效的支持。

(二) 确定目标

目标是组织行动的出发点和归宿,确定目标是计划工作中首要的、核心的内容。如果组织目标定错了,那么即使后续的工作做得非常努力,组织取得成功的机会也是十分渺茫的。确定组织目标,也就是要明确计划工作所服务的组织目标是什么,并对其进行注释,同时还要阐明和分析该目标的价值,并制定相应的衡量标准。因此,在确定组织目标时应该注意以下几个原则:

(1) 组织目标应该要能反映组织的整体发展战略。组织的战略为组织的发展指明了方向,具体的组织目标是对组织战略的落实。

(2) 组织目标应该是具体的。组织目标要尽可能地具体化,这样才能使计划的执行者准确地理解和达到自己所承担的组织目标,并且有助于管理者控制和考核组织目标的实施。

(3) 组织目标应该是组织成员经过努力能够实现的。这要求在确定组织目标时,要充分考虑组织的内外环境,清醒地认识到组织是否具备了实现该目标所需的条件和能力。

(4) 组织目标应该是具有挑战性的,这样才能激发组织成员的潜力,充分发挥成员的积极性和主动性。因此,在确定组织目标时,也应当明确规定实现组织目标的时间和目标应该达到的水平。

(5) 组织目标之间应该是相互协调的。由于组织追求的目标一般是多方面的,这既表现在目标的数量上,又表现为这些目标常常分属于不同的领域(如经济、社会)和不同的利益主体,因此,不同的目标之间会存在矛盾。这就要求管理者在确定组织目标时,应该在不同的目标之间进行协调和平衡,以保证组织整体利益的最大化。

(三) 确定前提条件

计划的前提条件,也就是计划的假定条件,它是执行计划的预期环境。计划方案的实施环境是编制计划时难以确定的,是一个不可能准确确定的因素,但它对计划方案的实施效果却有极其重大的影响。因此,在计划工作中必须要对组织未来的内外环境和所具备的条件进行分析和预测,清楚地认识到计划执行过程中可能面临的有利条件和不利条件,并根据综合判断的结果给出一个假设性的前提条件,也就是计划执行时的预期环境。

影响这一预期环境的因素很多,有可控的,也有不可控的。这就要求我们在拟定计划方案时必须明确方案实施的前提条件。因此,在管理实践中可以采取以下几个步骤,以保证计划前提条件的有效制定:

(1) 发掘备选的前提条件。由于对未来不可能做出完全肯定的预测,所以要尽可能地找出备选的前提条件,做到有备无患,才能提高计划的有效性。

(2) 通过比较,选择对计划影响最大的前提条件。计划的前提条件有多个,但就一个组织而言,有些前提条件并不是重要的或必要的。因此,管理者就必须认真地思考究竟哪些因素对完成计划具有重大的影响,然后集中研究和分析这些对计划影响重大的关键性前提条件。

（3）协调计划的前提条件，使计划能够彼此协调，从而有效地保证组织预期目标的实现。这要求各个计划的拟定者要先提出适用于部门的前提条件，然后汇集到总部，由总部进行分析、研究和协调。

（4）把前提条件的相关信息传达给有关人员，并向所有参与制定计划的管理人员进行详细说明，从而保证他们能有效地制定计划。

（四）开发可行方案

计划目标能否顺利实现，主要取决于计划方案。一般来说，组织实现其目标的途径不止一条，可能存在着多个方案可供选择，但通常只能选择其中一个进行实施。因此，我们必须集思广益、开拓进取、群策群力、大胆创新，主动发掘各种有效的途径和可行的方案，并对这些途径都作出透彻的描述，尽量避免遗漏好的方案或选错方案，然后对所有的方案进行初步的筛选，保留其中最有效的、最值得保留的方案做备选，以供重点研究、评价、分析和比较。

（五）评估备选方案

管理者必须以客观、科学的态度来对待每一个备选方案，要根据确定的组织目标和前提条件，对每一个备选方案进行全面、彻底的分析和比较。在比较时要注意以下三点：

（1）注意发现每一个备选方案的制约因素和隐患，对那些妨碍实现组织目标的制约因素认识得越深刻，选择方案时的效率也就越高。

（2）将每一个备选方案的预测结果和既定目标进行比较的时候，既要考虑有形的、可量化的因素，也要考虑那些无形的、不可量化的因素。

（3）在评价方案时，要采用总体效益的观点。

（六）选定方案

选定方案是在备选方案评价结果的基础上进行方案相互间分析、比较，然后作出最后的抉择。这一步骤是制定计划的关键。应该指出的是，为了使计划具有一定的灵活性，以利于在多变的环境下能有效地指导今后的工作，也许最终会选择两个甚至两个以上的实施方案。

（七）拟定派生计划

虽然选定了方案，但到此时计划仍不能说是完整的，还应该指导和帮助各个部门来制定支持组织整体行动计划的派生计划方案，如组织的融资计划、生产计划、采购计划、安全计划等。

（八）编制预算

计划工作的最后一步是编制预算，即将行动计划数字化、货币化。预算可以成为汇总各种计划的工具，它是衡量计划工作进度的重要标准。

在实际工作中，这八个步骤并不一定要全部做到，也不一定非要按照这个顺序来制定计划，应根据具体情况确定哪些步骤需要，哪些步骤可以省略，哪些步骤可以平行进行。

课后案例

宏光印刷厂在有效性和效率上竞争

宏光印刷厂主要从事报纸广告插页的印刷，这些广告是超级市场、杂货连锁店及廉价商店登载的。这项业务占该厂当前年销售额的70%。此外，该厂还从事专业印刷，大部分是优质的彩色广告、商品目录和百货公司的推销传单。插页业务对价格极为敏感，利润率低。专业印刷需要较高的技巧，且用户对价格不过分看重，因而利润率较高。

这个厂的厂长过去一贯追求销售额的增长，着重发展大量的、低利的插页业务。现在他想设法提高销售利润率，以增加盈利。

厂顾问向他介绍了"波特曲线"，这个概念描述了市场占有率与资金利润率之间的假定关系。根据这一曲线，有两类企业的资金利润率较好：①"讲求有效性"的市场经营者，他们通过产品、广告和服务，去开拓一个不大的但利润率较高的市场；②"高效率"的市场经营者，他们以价格做竞争的基础，用最低廉的成本和价格去争取尽量大的市场占有率。印刷厂实际上面临着两个不同的市场，插页业务无疑是效率型的市场，而专业印刷则更多地属于有效性的市场。由于工厂现有机器设备能力有限，要去贷款以扩大能力不容易且不一定合算，所以需要在插页业务和专业印刷之间作出选择。单搞插页业务或专业印刷，都将在未来一段时期内产生不同的后果，而丢掉了的业务是难以恢复的，要在二者之间作选择，就是工厂的一个战略决策。再者，如决定单搞专业印刷，那就意味着销售额及其增长率将显著下降，因为可能承接的专业印刷业务肯定不会有插页业务那么多。一贯注重增长的厂长对于有碍销售额增长的任何有意识的决策都是十分怀疑的。

讨论题：

1. 宏光印刷厂要在插页业务和专业印刷之间作出选择，需要在外部环境和内部条件的哪些方面进行调查研究、分析和预测？
2. 如果你是宏光印刷厂厂长，你将如何作出决策？
3. 宏光印刷厂有无其他途径去提高销售利润率，增加盈利？

复习思考题

1. 什么是决策？决策的特征有哪些？
2. 决策理论主要有哪些？
3. 决策过程包括哪几个阶段？
4. 常用的决策方法有哪些？
5. 理解计划的类型及其作用。
6. 制定一项完整的计划需要经过哪些步骤才能完成？

第六章 组　　织

　　组织是管理的一项重要职能，是贯彻执行管理决策职能的保证。当决策确定了组织目标及实现目标的途径后，管理的组织职能是对组织的资源进行配置，设计和维持一种合理的组织结构，使人们有效地工作，以确保组织目标的实现。组织是管理活动的载体，管理活动存在于组织活动中。组织结构合理与否，组织工作是否科学高效，对每一组织的生存发展有着重要的影响。

第一节　组织的概念与特征

一、组织的概念

　　组织一词有两层含义：第一层含义是指名词意义上的组织，主要是指组织形态，即按一定规则建立起来的人的集合体；第二层含义是指动词意义上的组织，主要是指组织工作，即对人的集合体中各个成员的角色安排，任务分派。这两层含义在组织职能中都会有所涉及，但主要是第二层含义，即动词意义上的组织。

二、组织的特征

　　在一个组织中，其构成要素除了人之外，还有物、财、信息等。但人是最主要的要素，是起决定作用的要素，组织工作也就是围绕组织中的人展开的。因此，管理学意义上的组织，具有以下几点特征。

　　（一）组织是一个职务结构或职权结构

　　在一个组织中，每个人都有特定的职责与权力，组织工作的主要任务也就在于明确这一职权结构以及根据组织内外环境的变化使之合理化。组织中的每一个成员不再是独立的、自己只对自己负责的个人，而是组织中的既定角色，承担着实现组织目标的任务。

（二）组织是一个责任系统，反映着上下级关系和横向沟通网络

在组织中，下级有向上级报告自己工作效果的义务和责任，上级有对下级的工作进行指导的责任，同级之间应进行必要的沟通。这些都是通过组织工作来完成的，在完成的过程中，也就形成了组织网络。

（三）组织工作要充分考虑非正式组织的影响

我们知道，非正式组织会对组织目标的实现造成影响。因此，在组织工作中，就需要维持组织目标与非正式组织目标的平衡，避免两者相互对立，并对非正式组织加以利用。

另外，组织按照不同的标准可以分为不同的类型。例如，按组织的目标、性质及基本任务的不同，可分为政治组织、经济组织、军事组织、学术组织、教育组织、宗教组织等；按组织的人数多少，可以分为大型组织和小型组织；按人员顺从程度，可分为强制型组织、功利型组织和正规组织；按利益受惠程度，可分为互利组织、服务组织、实惠组织和公益组织等。

第二节 组织设计

一、组织设计的影响因素

（一）组织的外部环境

任何一个组织都是生存在一定的环境当中的，组织的外部环境必然会对内部的结构设计产生一定程度的影响，这种影响主要体现在以下三个方面。

1. 对职务和部门设计的影响

组织是社会经济大系统中的一个子系统。组织与外部存在的其他社会子系统之间也存在分工问题。社会分工方式的不同决定了组织内部工作的内容，从而所需完成的任务、所需设立的职务和部门也就不一样。在我国，在旧的经济体制下，企业的任务仅是利用国家供给的各种生产要素制造产品。要素的配置按国家的规定拨给，产品的去向按国家组织的渠道流出。企业内部的机构设置主要偏重于围绕生产过程的组织。随着经济体制的改革，国家逐步把企业推向市场，使企业内部增加了要素供应和市场营销的工作内容，这就要求企业必须相应地设立或强化资源筹措和产品销售的部门。

2. 对各部门关系的影响

环境不同，完成组织中各项工作的难易程度以及对组织目标实现的影响程度亦不相同。同样在市场经济的体制中，对产品的需求大于供给时，企业关心的是如何增加产量、扩大生产规模、增加新的生产设备或车间，企业的生产部门就会显得非常重要，而相对要冷落销售部门和销售人员；而一旦市场供过于求，从卖方市场转变为买方市场，则营销职能会得到强化，营销部门会成为组织的中心。

3. 对组织结构总体特征的影响

外部环境是否稳定，对组织结构的要求也是不一样的。稳定环境中的经营，要求

设计出被称为"机械式管理系统"的稳固结构,管理部门与人员的职责界限分明,工作内容和程序经过详细的规定,各部门的权责关系固定,等级结构严密;而多变的环境则要求设计出"有机式管理系统"的灵活结构,各部门的权责关系和工作内容需要经常做适应性调整,等级关系不甚严密,组织设计中强调的是部门间的横向沟通而不是纵向的等级控制。

(二)技术

技术是将组织的输入变为输出的转化过程,它既包括制造业中的装配线和机器设备,也包括服务性组织中的各种转化过程。20世纪60年代初期,英国的琼·伍德沃德通过对英国一百余家制造企业的调查,发现企业结构和技术类型之间存在着明显的相关性,于是她得出结论:组织结构的特征与生产技术类型之间存在着一定的对应关系;组织的绩效和组织结构与技术之间的适应程度密切相关。

(三)组织的战略

影响组织设计的另一个重要的因素是组织的战略。不同的组织战略要求组织结构有相应的职能与任务与之适应,即战略影响着组织中职能、职位、职权等的设计。美国的艾尔弗雷德·钱德勒对美国100家大公司进行50年的考察后,得出结论:公司战略的变化优先于组织结构的变化并且导致组织结构的变化。因此,如果组织战略发生变化,就应该对组织的结构作出相应的调整。例如,若是组织追求探索战略,就必须以创新来求生存,有机式的组织结构能更好地适应这一战略,因为它很灵活,能保持最大的适应性。相反,防御者战略是寻求稳定性和效率性,这需要一种机械式的组织才能更好地适应。

(四)组织的规模

组织的规模对其结构具有明显的影响作用。一般来说,组织规模越大,工作专业化程度就越高,标准操作化程序和制度就越健全,组织多为机械式结构。但是,规模与结构之间并不是简单的线性关系,而是规模对结构的影响强度会逐渐减弱,即随着组织的扩大,规模的影响力相对显得越来越不重要。

(五)组织的生命周期

组织的规模并不是永远不变的。一般情况下,组织存在着一个四阶段的生命周期:第一个阶段是诞生;第二个阶段是青年阶段,其特征是全面的扩张和成长;第三个阶段为壮年阶段,是一个由成长逐渐转为稳定的阶段;第四个阶段是成熟阶段,组织在这个阶段中相当稳定,最终也许还会向衰落转化。

在生命周期的不同阶段,组织都应当做出相应的调整。一般来说,随着组织的成长,它将变得更大、更机械、更分权,计划的工作量将越大,专业化程度也将更高。

二、组织设计的原则

(一)目标一致原则

目标一致原则是指组织中每个部门或个人的贡献越是有利于实现组织目标,组织的结构设计就越是合理有效。组织结构的设计目的在于把人们承担的所有任务组织成一个体系,以便于他们为实现组织的目标而共同工作。在管理实践中,主要是通过把组织目标层层分解，落实到组织中的各个部门直至个人，来统一组织各部门和个人的活动。

（二）统一指挥原则

统一指挥原则是指在组织中每个人只接受一个上级的命令和指挥，并对他负责。根据这条原则，组织中的每个人都需要知道他应该向谁负责，哪些人应该对他负责，在指挥和命令上，应实行"一元化"。如果需要两个或两个以上的领导者同时指挥的话，那么他们必须在下达命令之前达成一致，这样下级才不会无所适从。强调该原则的目的，是为了避免"多头领导"，避免出现"大家都负责，大家又都不负责"的现象。

（三）分工明晰原则

分工明晰原则是指每个人对自己所承担工作的责任、权力以及由此带来多少利益的明白了解。分工明晰，一方面是对每个员工而言，这有助于员工对业务性质、自己所从事工作的职责及其能获得的利益等都有一个明晰的认识；另一方面是对员工团体而言的，每一员工的责、权、利等方面的信息都应该成为准公共知识，即每个员工对其他员工的责、权、利均有清楚的了解，这样，员工就可依据明晰的责、权、利关系来从事企业中程序化的工作，从而提高工作的效率。

（四）责权一致原则

责权一致原则是指在委以责任的同时，必须委以自主完成任务所必需的权力。权力不可太大也不可太小，必须与职责相适应。有权无责必然会造成瞎指挥、滥用权力和官僚主义，而有责无权会束缚管理人员的积极性和主动性，导致任务无法完成。

（五）集权与分权相结合的原则

集权与分权相结合的原则是指根据组织的实际需要来处理组织结构中职权的集权与分权的关系，处理得越适中，就越有利于组织的有效运行。所谓集权，就是一个组织的决定权大部分集中在上层；所谓分权，是指将决定权根据职务的需要分配到组织的各个层次。在不同的组织设计中，应该既注重集权也注重分权。权力太集中容易形成独裁，权力太分散则搞不好管理，因此，如何将这二者很好地结合起来是至关重要的。

（六）稳定性与适应性相结合的原则

稳定性与适应性相结合的原则是指组织设计时越是能在组织结构的稳定性与适应性之间取得平衡，就越能保证组织的正常运行。外部环境和内部条件的变化，必然会影响组织目标的实现程度，为此，组织必须针对这些变化在结构上做出适应地调整。但是，组织结构的过多调整变化，也会对组织的稳定运行产生不利影响。管理人员应在稳定与变化之间寻求一种平衡，既保证组织结构的适应性，又有利于组织目标的实现。

三、纵向设计——管理宽度的确定与管理层次的划分

（一）管理宽度

管理宽度又称管理幅度或管理跨度，指一名主管人员可有效管理的直接下属的人

数。现代管理学研究表明，一个主管直接管理的下属的人数是有限的，一旦超过了这个限度，管理效率就会下降。

不同的管理者的管理宽度可能有很大差别，决定其管理宽度的因素有以下三项。

1. 管理者与其下属双方的能力

不同管理者的管理能力是不同的，其管理的宽度也就有重大差别。能力强的管理者在不降低组织有效性的前提下，能够比相同管理层次、相同工作的其他管理者管辖更多的下属。同样道理，如果下级的理解能力强，素质高，具有主动性和自觉性，管理者管理起来就要觉得轻松一些，所花的精力要少一些，相应的管理宽度就要大些；反之，管理宽度就要小些。

2. 管理任务的性质

管理者要完成的任务性质越复杂，涉及面越广，管理者的精力能力耗费就越大，其管理宽度就相应要小一些。在一个组织中，通常的情形是，高层管理者要完成的是涉及方向性或战略性的任务，直接管辖的下属人数不宜过多。基层管理者要完成的是执行性任务，并且多是程序性的，比较简单，其管辖人数也就可以多一些。

3. 授权

适当的授权可减少上级主管的监督时间和精力，使管辖人数增加。同时，权责划分明确，有助于提高各级管理人员的办事效率，也可以增大管理宽度。

（二）管理层次

管理层次是从组织最高一级管理组织到最低一级管理组织的各个组织等级。在一个组织中，管理层次的多少，应根据组织规模的大小和组织任务量的多少而定。规模较大而任务量较多的组织，其层次可多些，否则层次可少些。一般来说，管理层次分为上层、中层与下层，各个层次都有明确的分工。上层的主要职能是从整体利益出发，对组织实行统一指挥和综合管理，并明确组织目标和制定方针政策，故又称战略决策层。中层的主要职能是将组织的总目标层层分解，为各职能部门制定具体的管理目标，按部门分配资源，评价生产经营结果和制定纠正偏离目标的措施等，故又称经营管理层。下层的主要职能是按照规定的计划和程序来进行操作，故又称执行管理层。

管理层次与管理宽度之间有着密切的联系。当组织规模一定时，较大的宽度意味着较少的层次，较小的宽度意味着较多的层次，管理宽度与管理层次成反比。

这样，按照管理宽度与管理层次，形成两种结构：扁平结构和高耸结构。所谓扁平结构，就是管理层次少而管理宽度大的结构；相应的，高耸结构就是管理层次多而管理宽度小的结构。扁平结构与高耸结构各有利弊。

1. 扁平结构的优缺点

扁平结构有利于缩短上下级之间的距离，密切上下级之间的关系，信息的纵向流通比较快，管理费用较低。但是，由于不能严密地监督下属，上下级协调较差；同时，管理宽度的加大，也增加了同级间相互沟通的困难。

2. 高耸结构的优缺点

高耸结构的优点是管理严密，分工细致明确，上下级易于协调。但是，随着管理层次的增加，从事管理的人员也越来越多，彼此之间的协调工作就会急剧增加，所消耗的时间与精力也自然增加。同时，管理层次增加，会使上下级之间的交流受阻，高层管理者所要求实现的目标，所制定的政策与计划，不是下级不能理解，就是层层传到基层后变了样。

因此，一般来说，为了达到组织结构的有效性，应尽可能地减少管理层次。

四、横向设计——部门的划分

（一）部门的含义

部门是指组织中的管理人员为完成规定的任务而有权管辖的一个特殊的领域。

"部门"在不同的组织中有不同的称呼。在企业中称为分公司、部和处；在军队中称为师、团、营、连；在政府单位则称部、局、处、科等。部门划分的目的，在于明确组织中各项任务的分配与责任的归属，以求分工合理，职责分明，有效地达到组织的目标。

（二）部门划分的原则

1. 力求维持最少

组织结构是由管理层次、部门结合而成的。组织结构要求精简，部门必须力求最少，但这是以有效地实现组织目标为前提的。

2. 部门结构应具有弹性

首先，应根据完成任务和组织目标的需要，定期审查组织中任何一个部门存在的必要性。其次，可以根据内外环境和任务的要求，设立临时部门或工作小组来解决临时出现的问题。

3. 划清各部门的权力与责任

划清各部门的权力与责任，这是最为根本的一条原则。现实生活中出现的部门之间互相"踢皮球"，推诿责任，其根本原因是部门之间的权责不清，工作内容不明。

4. 检查部门与业务部门分开设立

检查部门与业务部门要分开设立，也就是说，考核、检查业务部门的人员不应隶属于受其检查评价的部门，这样就避免了检查人员的"偏心"，真正发挥检查部门的作用。

（三）部门划分的方法

1. 按人数划分

按照人数的多寡来划分部门是最原始、最简单的划分方法，军队中的师、团、营、排即为此种划分方法。这种划分方法考虑的仅仅是人力，因此，在现代高度专业化的社会里有逐渐被淘汰的趋势。

2. 按时间划分

按时间划分方法适用于组织的基层，是在正常的工作日不能满足工作需要时所采用的一种划分部门的方法。例如，企业按早、中、晚三班编制进行生产。按时间划分部门也是一种古老的划分方法。

3. 按职能划分

按职能划分是最普遍的一种部门划分方法。它是以工作或任务的性质为基础来划分部门的,并按这些工作或任务在组织中的重要程度,分为主要职能部门和从属派生部门。一般来说,企业的主要职能部门是生产、工程、质量、销售或财务等部门。主要职能部门位于组织的首要一级,在主要职能部门之内再划分次要职能部门。如在生产部门中,可分为生产计划、工程设计、生产工艺、采购、加工、综合生产等分部门。

按职能划分部门的优点是能够发挥专业职能,帮助管理者把注意力集中在组织目标的制定和宏观控制等方面,有利于总目标的实现。但是,也正是由于各职能部门的专业化,使得职能部门的专业人员的工作领域和视野都只局限在本专业、本部门之内,这就给部门之间的相互协调带来了很大的困难。

4. 按产品划分

按产品划分是一种按照组织向社会提供的产品的不同来划分部门的方法。这种划分方法是随着科学技术的发展,为了适应新产品的产生而出现的。如现代企业中的医药事业部、通讯事业部或器械分公司、电子仪表分公司即属于这种按产品划分的部门。

按产品划分部门使得部门的管理者把注意力集中在产品上,有利于产品的研发和增长,有利于发挥专业人员的技能和知识,同时也有利于部门内的协调。但是,这种划分方法会造成产品部门的独立性强而整体性差,增加了高层主管人员协调、控制的难度。

5. 按地区划分

按地理位置来划分部门,其目的是为了调动地方、区域的积极性,谋求生产经营与当地的政治、经济、文化等相融合。如某些大型企业中的西南分公司、华北分公司、东南分公司等就是按照这种方法进行划分的。

按地区划分部门有利于促进各部门的积极性,取得地区经营的经济效益,有利于培养具备全面管理能力的人才。但是,这会造成地区部门之间不易协调,也增加了高层主管人员的控制难度。

6. 按服务对象划分

按服务对象划分是按照组织的服务对象的类型来划分部门。例如在商店中,按服务对象的类型划分为老年用品部、妇女用品部和儿童用品部等。

以上是组织在实现目标的过程中划分部门的一些基本方法。应该指出的是,划分部门本身并不是目的,它是为了促进组织目标的实现而对业务工作的一种安排手段。

总的来说,部门划分解决了因管理宽度的限制而制约组织规模扩大的问题,同时把业务工作安排到各个部门中去,有利于组织目标的实现。但是,由于业务工作的划分不可避免地会带来部门间不协调的问题,因此,在划分部门时必须考虑到这种不协调所带来的消极后果。

第三节　组织结构的类型

组织结构是组织内部各层次、各部分关系的模式化表现。它表明了组织各部分的排列顺序、空间位置、聚散状态、联系方式以及各要素之间的相互关系，与组织的复杂程度、组织的规范程度以及组织的集权分权程度有着密切的关系。

组织结构是组织的"框架"，而"框架"是否合理完善，很大程度上决定了组织目标能否顺利实现。由于组织的内外环境不同，组织的结构类型也不尽相同。目前，组织结构的基本类型有以下几种。

一、直线型组织结构

直线型组织结构（如图6-1所示）是一种出现得最早、形式最简单的组织结构类型。在这种结构类型中，组织职位按照系统直线排列，职权和命令从上到下直线纵向贯穿于组织之中。其特点是：

（1）组织中各级主管对自己的下级拥有直接管理的一切职权；

（2）组织中每一个人都只接受一个最近的直接上级的指挥，并且仅对该上级报告工作。

直线型组织结构的优点是形式简单、权力集中、命令统一、责任与权限分明。缺点是所有的管理职能都由一人承担，在组织规模较大的情况下，业务比较复杂；而当这位全能管理者离职时，很难找到一个具备全面知识和技能的人去替代他。此外，在这种结构中，每个部门基本上只关心本部门的工作，部门与部门之间的协调比较差。因此，直线型组织结构应用范围有限，一般只适合生产技术和工艺过程简单、产品单一、管理简单的小型企业。

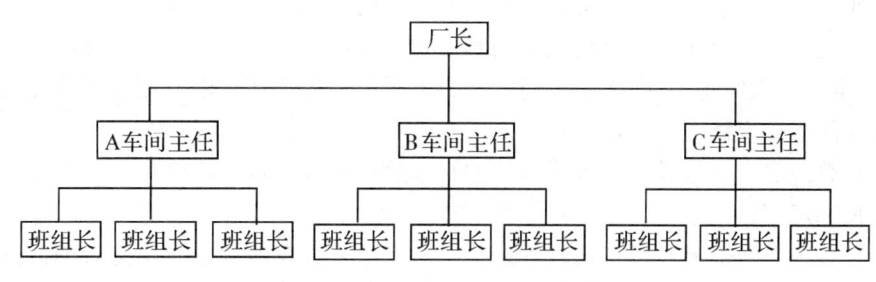

图6-1　直线型组织结构示意图

二、职能型组织结构

随着组织规模的不断扩大，管理变得越来越复杂，管理者需要将具体的、专业性的管理委托给职能型组织机构进行。职能型组织结构（如图6-2所示）的特点是采用职能分工的方法来实行专业化管理，即在上层主管下面设立职能机构，把相应的管理职责和权力交给这些机构，各职能机构在自己的业务范围内有权向其下级单位下达命令和指示。

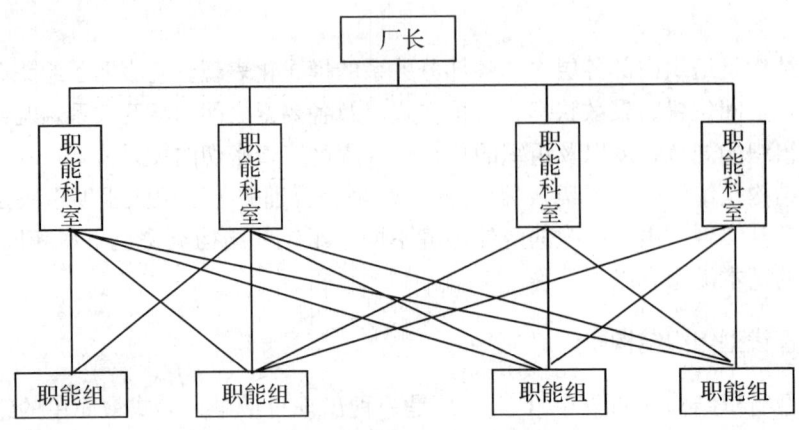

图 6-2 职能型组织结构示意图

职能型组织结构的优点在于能够充分发挥职能机构的专业管理作用，适应了现代管理分工较细的特点。但其缺点也很明显：这种组织结构由于实行多头领导，妨碍了管理活动中必要的集中领导和统一指挥，容易造成管理混乱；同时，各职能机构往往从本部门的业务出发考虑工作，不能很好地配合，横向联系差；此外，由于过于强调专业化，容易使管理人员忽视本专业以外的知识，不利于培养高层管理者。事实上在实际工作中，并不存在纯粹的职能型组织结构。

三、事业部型组织结构

事业部型组织结构（如图 6-3 所示）是指根据企业生产的产品、地区、市场的不同而成立各个事业部，每个事业部都有其独立的权力和责任、独立的经济利益、独立的产品或独立的市场，是企业独立的利益责任单位。这种组织结构最突出的特点是"集中决策，分散经营"，即在总公司的领导下进行分权管理，由事业部分散经营。

事业部型组织结构的优点是：

（1）组织的高层领导者摆脱了具体的日常管理事务，从而能够集中精力做好战略决策和长远规划；

（2）各个事业部独立经营，权力较大，有利于发挥事业部的自主性和创造性，有利于培养事业部管理者总揽全局的工作能力；

（3）在高层管理者的统一规划下，各个事业部不仅注重短期利益，而且对组织的长期发展计划也十分关心，同时各事业部的利益与整个组织的利益也能保持协调一致。

事业部型组织结构的缺点是由于各事业部的独立性较强，容易导致组织高层管理者的控制力下降，造成组织的整体能力下降。除此之外，它还会产生管理部门增加、机构设置重复、管理成本上升等问题。

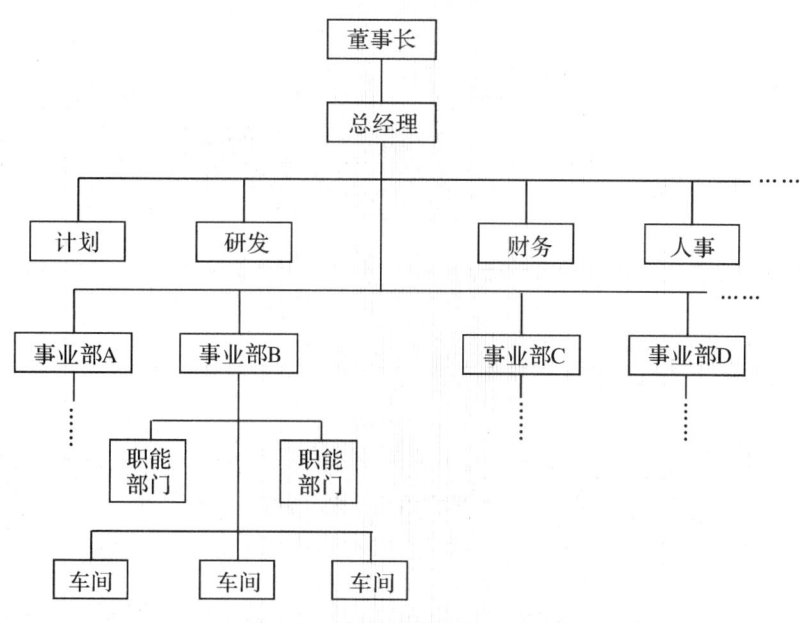

图 6-3　事业部型组织结构示意图

这种组织结构形式适用于企业规模较大，产品种类较多，各种产品之间的工艺差别较大，市场变化较快，要求适应性比较强的大型企业或跨国公司。

四、矩阵型组织结构

矩阵型组织结构（如图 6-4 所示）是在组织结构上，既有按职能划分的垂直领导系统，又有按项目划分的横向领导系统。矩阵型组织结构是从专门从事某项工作的工作小组形式发展而来的一种组织结构，是为了适应在一个组织内同时有几个项目需要完成，每个项目又需要具有不同专长的人在一起工作才能完成这一特殊的要求。

矩阵型组织结构的优点是：机动灵活，适应性强。由于矩阵结构是按照完成某一特定任务的要求，把具有各种专长的有关人员调集在一起组成项目组，不仅加强了不同部门之间的配合和信息交流，而且能够集思广益，获得成功的机会较大。此外，采用矩阵型组织结构还有利于把管理中的垂直联系和水平联系更好地结合起来，加强了各职能部门之间以及职能部门与任务之间的协调。

矩阵型组织结构的最大缺点是项目负责人的责任大于权力。因为参加项目的人员来自各个职能部门，其一般隶属关系仍在原部门，而仅仅是临时参加该项目，所以项目负责人对他们工作的好坏，没有足够的激励和惩治手段。另外，矩阵型组织结构所造成的双重指挥也是一大缺陷，由于项目负责人和职能部门负责人都对参加该项目的人有指挥权，若两个部门的意见不统一，就会使项目组成员感到无所适从。

矩阵结构适用于产品品种多且变化大的组织，特别适用于以开发和实验项目为主的行业，如军工、航天工业、高科技产业等。采用这种组织结构，选好项目负责人很重要。

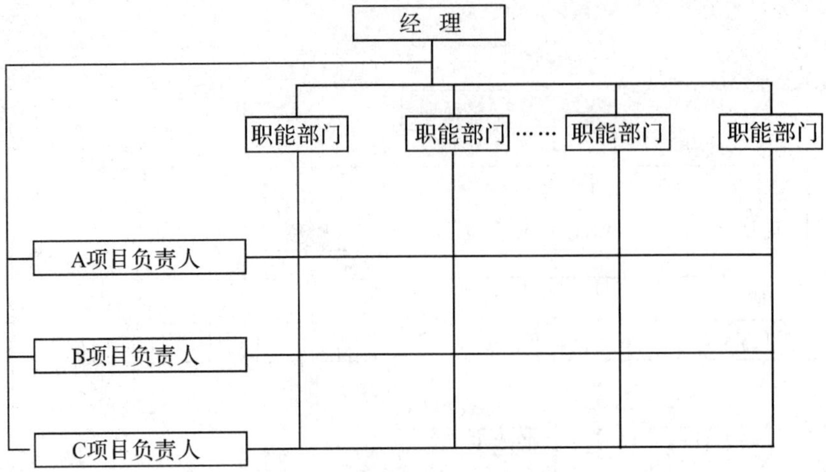

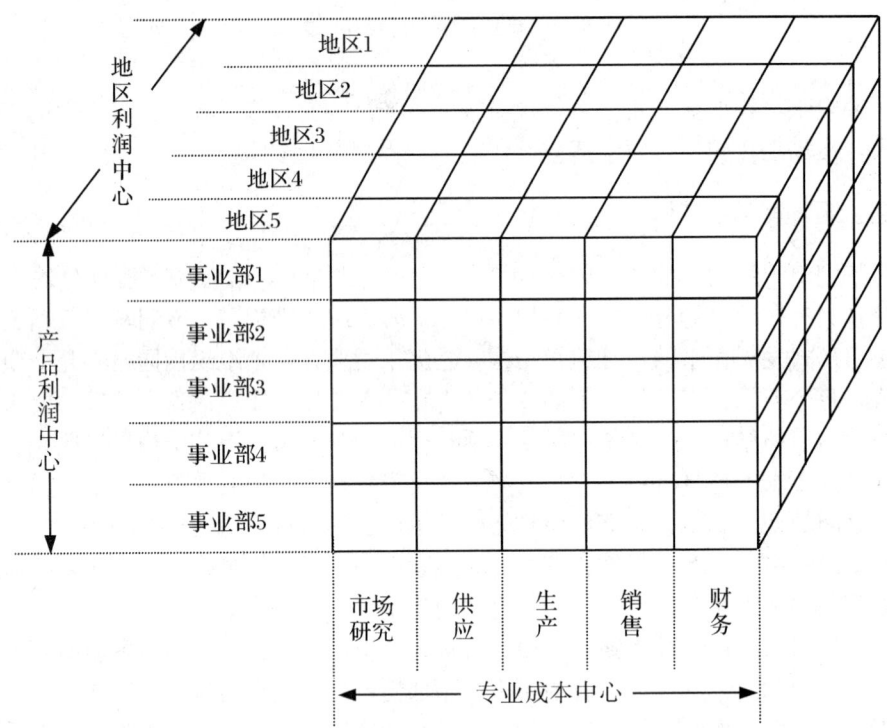

图 6-4 矩阵型组织结构示意图

图 6-5 多维立体型组织结构示意图

五、多维立体型组织结构

多维立体型组织结构（如图 6-5 所示）是由职能型、矩阵型、事业部型和地区、时间结合为一体所构成的复杂组织结构。这种组织结构主要包括三类管理机构：一是按产品划分的事业部，是产品利润中心；二是按职能划分的专业参谋机构，是专业成本中心；三是按地区划分的管理机构，是地区利润中心。

多维立体型组织结构的特点是，组织的决策不能由这三类机构的任何一方单独做出，而必须由三方的管理者进行协商。因此，这种组织结构具有其独特的优点，那就是多维立体型组织结构能够促使三方面的机构都从整个组织的全局来考虑问题，从而减少了三类机构之间的矛盾，即使三者之间产生摩擦和矛盾，也比较容易化解和协调。这种组织结构的缺点是三类机构之间相互牵制，各机构的自主权受到限制，容易使其管理者的积极性和创造性受到影响。

多维立体型组织结构适用于产品开发多样、跨地区经营的跨国公司或跨地区公司，可以为这些企业在不同行业、不同地区增强市场竞争力提供组织保证。

第四节　组织的职权配置

职权是经由一定的正式程序赋予某一职位的一种权力。所有主管人员想要通过他所率领的隶属人员去完成某项工作，就必须拥有包括指挥、命令等在内的各种必须具备的权力。在组织内，最基本的信息沟通就是通过职权来实现的。通过职权关系上传下达，使下级按指令行事，上级得到及时反馈的信息，从而作出合理的决策，进行有效的控制。

同职权共存的是职责。正如法约尔所说，职责与职权是孪生子，职责是职权的必然结果和必要补充。作为一个主管人员，当处于某一职位，担负一定职务时，必然要尽一定的义务。这种占有某职位、担任某职务时应履行的义务，即为职责。职权、职责都是针对同一任务而言的。例如，当医院院长为达到某一目标把某任务分配给内科主任时，必须把执行这一任务的权力授予他，使权责共存一体，这样内科主任才可能顺利执行这一任务。需要强调的是，权责应该相等，职责不应小于也不应大于所授予的职权。

一、职权的类型

根据职权权力基础的不同，许多组织的管理者在运用职权时，将其分为三种类型：直线职权、参谋职权、职能职权。

（一）直线职权

直线职权是某项职位或某部门所拥有的包括做出决策、发布命令等的权力，也就是通常所说的指挥权。

每一管理层的管理者都具有这种职权，只不过随管理层次的不同，其职权的大小、范围不同而已。例如厂长对车间主任拥有直线职权，车间主任对班组长拥有直线职权。这样，从组织的上层到下层的主管人员之间，便形成了一条标准的命令链，命令的指向由上到下。直线职权通常是经过授权而形成的，主要是以合法权为基础。

（二）参谋职权

参谋职权是直线管理者的参谋或幕僚所拥有的辅助性职权，这是一种顾问性或服务性的职权。拥有参谋职权的管理者可以向直线管理者提出建议或提供服务，但其本身不具有指挥权或决策权。

虽然参谋职权是一种辅助性职权，但是当一个组织的规模扩大到一定程度，直线职权已经不能应付组织所面临的各种复杂问题时，参谋的角色就是不可缺少的。并且，随着组织规模的扩大，这一角色的作用会逐渐加强，以便于直线管理活动的实施和开展。

参谋的形式有个人与专业之分。前者是参谋人员，他是直线人员的咨询人员，主要任务是协助直线人员执行职责。后者是专业参谋，常常表现为一个独立的机构或部门，也就是通常所说的"智囊团"。

（三）职能职权

职能职权是指由参谋人员所拥有的原属于直线管理者的那部分权力。在组织规模较小、管理职能相对集中的情形下，参谋人员拥有的就只是建议权；随着组织规模的扩大，许多管理职能日益专业化和独立化，由于管理者缺乏某些方面的专业知识，对方针政策的解释也存在差异，为了提高管理效率，管理者会将一部分职权授予参谋人员，这一部分职权就是职能职权。

在组织中，职能职权是很普遍的，它对于组织行为的实施是十分必要的。职能职权是部门职能划分与分权的结果，是建立在合法权和专家权的双重基础之上的。因此，职能职权一旦形成，就要力求做到职权的明确化，即明确指出哪些职能职权该由哪些人来行使，从而避免职权的混乱和矛盾的产生。此外，在设置职能职权时一定要慎重，只有在职能职权提供的服务是组织所必需的，且有足够业务量的情况下，才需要考虑职能部门的设置。

二、集权与分权

（一）集权与分权的含义

组织不同部门拥有的权力范围不同，会导致部门之间、部门与最高指挥者之间以及部门与下属单位之间的关系不同，从而造成组织结构的不同。例如，同是按产品划分设立的管理单位，既可以是单纯的生产车间，也可以是一个具有相当自主权的分权化经营单位（事业部甚至分公司）。这涉及组织的集权与分权问题。集权意味着决策权在很大程度上向处于较高管理层次的职位集中；分权则意味着决策权在很大程度上分散到处于较低管理层次的职位上。

集权与分权是相对的概念，在现实中，不存在绝对的集权和分权。绝对的集权意味着职权全部集中到一个人手中，没有下层管理人员，这实际上等于组织是不存在的；职权的绝对分散，意味着没有上层的主管人员，组织也是不能存在的。集权和分权同时也是两个彼此相对、相互依存的概念。说一个组织是集权的或是分权的，这意味着或者是同它的过去比较，或者是同其他的组织比较。

集权或分权不能简单地用"好"或"坏"来加以判断。在成功的企业中，既有许多被认为是相对分权的企业，也有许多被认为是相对集权的企业。因此，并不存在一个普遍的标准，可以使管理者据之以判断应当分权到什么程度，或者应当集权到什么程度。在管理过程中，有层次的组织结构的建立，就已经存在着某种程度的分权。而为了使组织结构有效地运行，还必须确定分权的程度。

（二）集权与分权的标志和特点

1. 衡量集权与分权程度的标志

一般来说，集权或分权的程度，常常根据各管理层次拥有的决策权的情况来确定。

（1）决策的数目。基层决策数目越多，其分权程度越高；反之，上层决策数目越多，其集权程度就越高。

（2）决策的重要性及其影响面。若较低管理层做出的决策事关重大，影响面广，就可认为分权程度较高；相反，若较低管理层做出的决策无关紧要，则集权程度较高。

（3）决策审批手续的简繁。在根本不需要审批决策的情况下，分权的程度就非常高；在作出决策后还必须呈报上级领导作出审批的情况下，职权的分散程度就要低一些。较低管理层在作出决策时请示的人越少，分权的程度就越高。

2. 集权制与分权制的特点

按集权与分权程度的不同，可形成两种领导方式：集权制与分权制。

（1）集权制组织的特点。集权制指组织的管理权限较多地集中在组织的最高管理层。其特点是：①经营决策权大多集中在高层，中下层管理人员只有日常事务的决策权限；②对下级的控制较多，下级在作出决策前必须请示上级；③统一规划，统一经营；④统一核算。

（2）分权制组织的特点。分权制就是把管理权限适当分散在组织的中下层。其特点是：①中下层有较多的经营决策权；②对下级的控制较少，往往以完成规定的目标为限；③在统一规划下可独立经营；④实行独立核算，有一定的财务支配权。

（三）影响集权与分权的因素

影响集权与分权的因素很多，其中主要包括以下几点。

1. 决策的重要性

决策的重要性是影响集权与分权程度的最重要的因素。衡量决策重要性的标志，除了所涉及的金额之外，还有诸如企业的前景、企业的声誉、对员工士气的影响等其他因素。一般来说，越是重要的决策，就越有可能由较高层次的管理者掌管。这并不完全是由于高层管理者更高明，更有能力，很大程度上是出于由谁来承担责任的考虑。授权并不意味着可以授出责任，管理者必须为他们的下属所做的决策负责。正是由于这个原因，高层管理者一般不会把关键性决策的职权授予下属。

2. 组织的规模

组织规模越大，需要作出的决策就越多，需要作出决策的场所也越多，协调起来也就越困难。这种情况必然会降低决策的速度，导致决策的成本很高。要克服这些问题，就必须分散权力。一般认为，为了克服规模过大而造成的不经济性，根据产品、地域或流通渠道来进行组织结构划分是比较有利的。

3. 组织的历史

一个组织形成的方式常常决定着其集权或分权的程度。如果组织是在较小规模的基础上发展起来的，则会显示出鲜明的集权化倾向。因为组织较小时，大部分决策都是由最高主管直接制定和组织实施的，决策权的独揽可能已成为习惯。在这样的组织中，即使事业不断发展、扩大，最高主管仍愿意保留大部分权力。因为一旦失去这些权力，主管便可能产生失去控制的感觉。而通过兼并或收购形成的企业则经常表现出权力分散的倾向。但有些情况下，企业并购也可能会导致职权的集中。这往往是因为占支配地位的企业急于接管，或者希望尽快获得合并经营的经济效果。

4. 组织的变动程度

组织变动的快慢与激烈的程度也会影响职权的集中与分散。例如，一个迅速成长的企业，面临着许多因扩张而产生的问题，其高层主管往往倾向于授权给下属，并愿意承担由此而带来的风险。而在一些非常成熟且稳定的组织中，则存在着一种集权或再集权的趋势。例如，许多银行、保险公司和铁路企业中，决策的权力往往是比较集中的。

5. 高层管理者对一致性的方针政策的偏好

有些高层管理者将组织的方针政策的一致性看得很重，他们希望在质量、价格、服务等方面对顾客一视同仁，希望对供应商采取一致的政策。于是，他们往往赞同较高程度的集权，因为这样做是达到政策一致性的最简单的途径。

6. 对授权的控制手段

是否有合适的控制手段也是影响职权分散程度的一个重要因素。如果没有适当的反馈，如果不能了解所授出的职权运用是否得当，那么不管多么优秀的管理者都无法进行有效的授权。

7. 外界环境的影响

以上讨论的大多是组织内部的因素，组织的外部环境也影响着组织中职权的分散程度。其中影响较大的因素包括法律、政策、宏观经济体制等。

三、授权

（一）授权的概念

授权是指上级委授给下属一定的权力，使下级在一定的监督之下，有相当的自主权、行动权。授权者对被授权者有指挥监督权，被授权者对授权者负有报告与完成任务的责任。

授权可以说是组织规模扩大的结果。随着组织的扩张，没有人能够承担实现组织目标所必需的一切任务，也没有人能够行使所有的决策权力。管理者把自己的部分决策权或工作责任委授给下属，这对于组织的有效运行是十分必要的。

（二）授权的作用

授权具有以下几种积极作用。

1. 授权有利于管理者从繁杂的日常事务中解脱出来，集中精力抓大事

如果一个管理者事无巨细，一概亲自过问、亲自处理，必然使自己陷入众多的日常事务的泥潭之中，耗费过多的时间和精力。相应的，管理者授权给他人的任务越多，他从更高一级管理者那里得到的机会和接受的责任也会越多。因此，一个优秀的管理者应当是能够充分授权，超脱于一般的日常事务管理，从而可以集中时间和精力处理好组织的重大问题。

2. 授权有利于调动下属的积极性

在管理过程中，调动人们工作积极性的手段除了物质利益奖励之外，另一个重要的手段就是授予权力，使其发挥管理才干。当下属接受责任并能够作出决断时，会觉得自己得到了上级的信任，获得情感上的满足；下属通过努力，取得成果，也会产生自我实现感。所以说，通过授权，调动下属的工作积极性，是一种重要的管理方法。

3. 授权有助于培养下级管理人员

管理水平的提高需要实践，而管理实践必须有权。通过授权，被授权的管理者有职有权，在管理实践中，通过自身的努力就会逐步提高管理水平。对有才干、有发展前途的管理人员，可以通过有意识地委以重任、授予权责，使其在管理实践的第一线、在复杂困难的环境中得到锻炼和提高，成为一个有效的管理者。

4. 授权有利于加速决策的制定

当下属在做决定之前不得不向他的上级主管汇报，而该主管又可能向他的上级汇报时，就会浪费很多宝贵的时间，错失许多良机。

（三）有效授权的原则

授权本身也是一种管理权力的运用艺术。做好授权工作并不是一件轻而易举的事，我们在日常的管理实践中常常见到的情形是：要么只相信自己，怀疑下属的能力，不愿授权；要么名义上授权了，实际上时时干预，下属的权力有名无实；要么是授权不当，不应授予的权力下放之后导致失控，结果不得不再将权力收回，反反复复，造成损失。要做好授权工作，应注意以下几条原则。

1. 重要原则

授予下级的权限，应是该层次中比较重要的权限。如果下级发现上级的授权只是一些无关紧要的小事，就会失去积极性。

2. 明确原则

授权时，必须向下级明确所授事项的责任、目标及权力范围，让他们知道自己对什么资源有管辖权和利用权，对什么样的结果负责，使之在规定的范围内有最大限度的自主权。否则，被授权者在工作中就会感到无所适从，势必贻误工作。

3. 权责对等原则

权力与责任总是相伴随的，授权的同时也就是落实责任，授予的权力越大，相应的责任也就越大。权责对等对授权者来说是必须遵守的准则。

4. 适度原则

评价授权效果的一个重要因素就是授权的程度。授权过少，往往造成领导者的工作太多，下属的积极性受到挫伤；而授权过度，又可能造成工作杂乱无章，甚至失去控制。授权要做到下授的权力刚好够下属完成任务，不可无原则地放权。

5. 不可越级授权原则

越级授权是高层管理者把本来属于中间管理层的权力直接授予下级。这样做，等于否定了中间管理层的作用，会干涉中间管理层的工作，打击中间管理层的积极性。因此，授权必须逐级进行，上级只能向由自己直接领导、指挥的下级授权，不能越级授权。

（四）有效授权的步骤

有效授权最基本的前提是管理者愿意给下属为完成任务所需要的自由选择权，使他们可以选择自己认可的方法或方案，而不必完全按照上级的指示行事。

要实现有效授权，除了遵循授权的基本前提外，还要有系统地按照下列步骤进行。

1. 决定哪项工作可以并且需要授权

管理者的工作中有些适宜授权，有些不适宜，对此要注意区分。计划、组织、领导、控制等管理工作最好不要授权。向下授权的主要是一些日常性的业务工作。当然，一些能力要求较高而又富有挑战性的任务也可以委派给下属，这有利于下属的成长和发展。

2. 决定谁是被授权人

在决定由哪个下属来承担任务时，管理者需要考虑：做好这项工作需要什么样的技术、知识和能力？谁具备这些条件？谁有兴趣做这项工作？谁有充足的时间？管理者应当选择那些既有能力胜任，又有工作意愿的人进行授权。

3. 明确完成任务的权力和责任

授权时，必须向下级明确所授事项的责任、目标及权力范围，让他们知道自己对什么资源有管辖权和利用权，对什么样的结果负责，使之在规定的范围内有最大限度的自主权。否则，被授权者在工作中会感到无所适从，势必贻误工作。

4. 排除被授权人的工作障碍

在授权之前，一定要知道授权会影响到哪些人，避免出现被授权人在执行任务时其他人不予合作的情况。同时，要有技巧地提醒被授权人在完成任务的过程中可能遇到的困难及注意事项，使其对可能出现的困难有充分的心理准备。

5. 追踪和控制

管理者应建立能够显示下属执行授权工作情况的反馈制度，以便了解工作进度，并在必要时提出建议或作出调整。但在选择反馈制度时，一定要选择一个适当的标准，如果控制得过紧，真正意义上的授权就无法实现了。

6. 评估绩效

当下属完成所交付的工作时，管理者要对其绩效进行验收和评估，对表现突出、成绩优异者要给予奖励，对成绩不理想者要帮助其总结经验。

第五节 组织文化

组织文化概念最早出现于美国,是美国的一些管理学家在总结日本管理经验之后提出来的。美国学术界认识到,一个成功的组织不能仅仅注重组织结构、规章制度等管理"硬件",更要注重人员的价值观、行为规范、道德准则、工作作风等管理"软件",即组织文化的建设。组织的成功或失败经常归因于组织文化。组织文化是被组织成员共同接受的价值观念、思维方式、工作作风、行为准则等群体意识的总称。组织通过培养、塑造这种文化,来影响成员的工作态度,引导实现组织目标。因此,根据外在环境的变化适时变革组织文化常被视为组织成功的基础。

一、组织文化的本质

(一)组织文化的概念

正如每个人都有其独特的个性一样,组织也具有自己的个性。每个组织都有自己特定的环境条件和历史传统,从而也就形成自己独特的哲学信仰、意识形态、价值取向和行为方式,于是每个组织也都具有自己特定的组织文化。

组织文化是指组织在长期的实践活动中所形成的并且为组织成员普遍认可和遵循的具有本组织特色的价值观念、团体意识、行为规范和思维模式的总和。

(二)组织文化的特征

1. 个体的独特性

每个组织都有其独特的组织文化,这是由不同的国家和民族、不同的地域、不同的时代背景以及不同的行业特点所形成的。如美国的组织文化强调能力主义、个人奋斗和不断进取;日本文化深受儒家文化的影响,强调团队合作、家族精神。

2. 相对稳定性和连续性

组织文化是组织在长期的发展中逐渐积累而成的,具有较强的稳定性和连续性,能长期对组织员工的行为产生影响,不会因组织结构的改变、战略的转移或产品与服务的调整而变化。

3. 融合继承性

每个组织都是在特定的文化背景下形成的,必然会接受和继承这个国家和民族的文化传统和价值体系。但是,组织文化在发展过程中,也必须注意吸收其他组织的优秀文化,融合世界上最新的文明结果,不断地充实和发展自我。也正是这种融合继承性使得组织文化能够更加适应时代的要求,并且形成历史性与时代性相统一的组织文化。

4. 软约束性

组织文化之所以对组织的经营管理起作用,主要不是靠规章制度之类的硬约束,而主要是靠其核心价值观对员工的熏陶、感染和引导,使组织员工产生对组织目标、行为准则及价值观念的"认同感",自觉地按照组织的共同价值观和行为准则去工作。

二、组织文化的结构与内容

(一) 组织文化的结构

组织文化的结构可分为物质层、制度层和精神层三个层次。

1. 物质层

物质层是组织文化抽象内容的物质体的外在显现,是组织文化最直观的部分,是人们最易于感知的部分,包括企业面貌、产品的外观和包装、技术和工艺设备特性、纪念物等。

2. 制度层

制度层是组织文化的中间层,又称组织文化的里层,是指组织有特色的各种规章制度、道德规范和行为准则的总和,也包括组织机构中的分工协作关系。

3. 精神层

精神层又称组织文化的深层,是指组织的领导和员工共同信守的基本信念、价值标准、职业道德及精神风貌。它是组织文化的核心和灵魂,是形成组织文化的物质层和制度层的基础和原因。

(二) 组织文化的内容

组织文化的内容包括组织的价值观、组织精神、伦理规范和组织素养四个部分。

1. 组织的价值观

组织的价值观就是组织内部管理层和全体员工对该组织的生产、经营、服务等活动以及指导这些活动的一般看法或基本观点。它包括组织存在的意义和目的、组织中各项规章制度的必要性与作用、组织中各层级和各部门的各种不同岗位上的人们的行为与组织利益之间的关系,等等。每一个组织的价值观都会有不同的层次和内容,成功的组织总是会不断地创造和更新组织的信念,不断地追求新的、更高的目标。

2. 组织精神

组织精神是指组织经过共同努力奋斗和长期培养所逐步形成的,认识和看待事物的共同心理趋势、价值趋向和主导意识。组织精神是一个组织的精神支柱,是组织文化的核心,它反映了组织成员对组织的特征、形象、地位等的理解和认同,也包含了对组织未来发展和命运所抱有的理想和希望。组织精神反映了一个组织的基本素养和精神风貌,成为凝聚组织成员共同奋斗的精神源泉。

3. 伦理规范

伦理规范是指从道德意义上考虑,由社会向人们提出并应当遵守的行为准则,它通过社会公众舆论规范人们的行为。组织文化内容结构中的伦理规范既体现组织自下而上环境中社会文化的一般性要求,又体现着本组织各项管理的特殊需求。因此,如果高层主管不能设定并维持高标准的伦理规范,那么正式的伦理准则和相关的培训计划将会流于形式。

4. 组织素养

组织素养包括组织中各层级员工的基本思想、科技和文化教育水平工作能力、精力以及身体状况,等等。其中,基本思想素养的水平越高,组织中的管理哲学、敬业精神、价值观念、道德修养的基础就越深厚，组织文化的内容也就越充实丰富。可以想象，当一个行为或一项选择不容易判定对与错时，基本思想素养水平较高的组织容易帮助管理者做出正确决策。组织文化必须包含组织运作成功所必要的组织素养。

三、组织文化的功能与塑造途径

（一）组织文化的功能

1. 整合功能

整合功能是指通过员工的认同感和归属感及成员之间的协作关系使组织有机地整合在一起。

组织文化通过培育组织成员的认同感和归属感，建立起成员与组织之间的相互信任和依存关系，使个人的行为、思想、感情、信念、习惯以及沟通方式与整个组织有机整合在一起，形成相对稳固的文化氛围，凝聚成一种无形合力，以此激发出组织成员的主观能动性，并为组织的共同目标而努力。

2. 适应功能

适应功能是用组织的价值观念来改造员工，以适应环境因素的变化。

组织文化能从根本上改变员工的旧有价值观念，建立起新的价值观念，使之适应组织外部环境的变化要求。

3. 导向功能

导向功能是指组织文化是一种理性约束，可以引导组织和个人的行为和活动。

4. 发展功能

发展功能是在发展过程中形成的组织文化，也在发展过程中不断地更新和优化。

5. 持续功能

持续功能是组织文化一旦形成，就有历史的继承性，就会具有持续性，就不会因为组织战略和领导人员的变更而消失。

（二）组织文化的塑造途径

组织文化的塑造是个长期的过程，同时也是组织发展过程中的一项艰巨、细致的系统工程。

1. 选择合适的组织价值观标准

组织价值观是整个组织文化的核心，选择正确的组织价值观是塑造良好组织文化的首要战略问题。选择组织价值观要立足于本组织的具体特点，根据自己的目的、环境要求和组成方式等特点选择适合自身发展的组织文化模式。

组织价值标准要正确、明晰、科学，具有鲜明特点；要体现组织的宗旨、管理战略和发展方向；要切实被本组织员工认可和接纳，使之与本组织员工的基本素质相和谐。

2. 强化职工的认同感

首先，利用一切宣传媒体，宣传组织文化的内容和精要，提高知晓度，创造浓厚的环境氛围；其次，培养和树立典型，榜样和英雄人物是组织精神和组织文化的人格化身与形象缩影，能够以其特有的感召力和影响力为组织成员提供可以仿效的具体榜样；最后，加强相关培训教育，有目的的培训与教育，能够使组织成员系统地接受组织的价值观并强化员工的认同感。

3. 提炼定格

组织价值观的形成不是一蹴而就的，必须经过分析、归纳和提炼方能定格。

4. 巩固落实

通过建立奖优罚劣的规章制度促使成员逐步进而自觉主动地按照组织文化和组织标准去行事。组织领导应发挥率先垂范的作用。其本人的模范行为、以身作则是一种无声的号召和导向，会对组织成员产生强大的示范效应。

5. 在发展中不断丰富和完善

组织文化的建设是一个认识与实践不断深化的过程，因此需要不失时机地调整、更新、丰富和发展。

第六节　组织变革

组织变革指组织面对外部环境和内部条件的变化而进行改革和适应的过程。组织是存在于一定环境中的生命体。没有一个组织能永远保持不变，其原因或是由于组织自身的矛盾和缺陷而显得效率不高，或是由于外界环境变化而使得自身难以适应。一个积极向上的组织必须时刻评估自己的组织效率，掌握组织自身的发展规律，敏锐地洞察外界环境的变化，扬长避短，不断完善自我，有计划地、主动地寻求各种变革，以求得生存和发展。

一、组织变革的种类

根据不同的标准，组织变革可以分为以下几种类别。

（一）按领导者的控制程度，可分为主动的变革与被动的变革

主动的变革是有计划的变革，是管理者洞察到环境中可能给组织带来的机遇与挑战，考虑到未来发展的趋势与变化，以长远发展的眼光，主动地制定对组织进行变革的计划并分阶段逐步实施。

被动的变革是指管理者缺乏长远的战略观念，当环境发生变动时，要么显得束手无策，要么在环境的逼迫下被动匆匆地作出对组织进行变革的决定。

重大的、成功的变革都是主动的、有计划的改革。

（二）按工作的重点，可分为以人为中心、以组织为中心、以技术为中心三种变革

在以人为中心的变革方式中，管理人员首先致力于改变人员的态度、价值观念和需求的种类与层次，通过转变人员的工作态度促使人们修正自己的行为，从而达到改进工作绩效的目的。但以人为中心的改革往往费时较多，改革成本太高，故有人认为不如先改变组织结构和技术环境，再来改变人的行为。

在以技术为中心的变革方式中，管理人员通过改变从原料的投入到转变为产品的整个过程中所使用的技术来促使人们的工作内容、工作顺序和工艺程序发生改变，以达到影响人的行为、提高工作绩效的目的。改进技术意味着运用各种新技术去提高工作效率。技术变革有两个方面：一个是劳动密集型，另一个是资本密集型。不同类型的技术对组织结构和下级人员的工作行为会产生不同的影响，主要包括：第一，影响工作分工与工作内容；第二，影响下级的社会关系；第三，影响工作环境；第四，影响管理者所需要的技能；第五，影响工作的类型；第六，影响工资；第七，影响工作时间。因此，在考虑技术变革问题时，不仅要考虑新技术可能带来的效益，而且要考虑新技术可能对组织结构和下级行为所带来的影响。

以组织为中心的变革方式，并不侧重于对人的态度的转变，而是通过改变组织结构、沟通渠道、奖惩制度、管理政策与工作环境来实现变革。通过工作环境的改变，组织中的人会自动改变他们的行为。在这种方式的变革中，人们态度的转变似乎无关紧要，但是组织结构的任何变动必然会对人的态度产生影响，这种影响可能有助于，也可能有碍于组织结构的改变。

二、组织变革的原因

如果一个组织要能够生存、发展、壮大，并不断地趋于成熟，不断地取得成就，就必须依据外部环境及内部条件的变化而适时调整其目标与结构，不能一成不变。组织必须能够适应变化，否则就会快速地衰老甚至破产。因此，组织为适应内外环境及条件的变化，需要对组织的目标、结构及组成要素等适时而有效地进行各种调整和修正，即实行组织变革。

促使组织变革的主要原因可以分为外部原因和内部原因两个方面。

（一）组织变革的外部原因

外部的原因是指市场、资源、技术和环境的变化，这部分因素是管理者控制和把握不了的。市场的变化如顾客的收入、价值观念、偏好等发生变化，竞争者推出了新产品或产品增加了新功能，竞争对手加强了广告宣传、降低产品价格或改进售后服务，从而使本公司的产品不再具有吸引力。资源的变化包括人力资源、能源、资金、原材料供应的质量、数量及价格的变化。技术的变化如新工艺、新材料、新技术、新设备的出现，这些不仅会影响到产品，而且会出现新的职业和部门，会带来管理、责权分工和人与人关系的变化。社会环境的变化也会促使组织变革，它包括政治形势、经济形势、制度、投资、贸易、税收、产业政策与企业政策的变化。环境的变化特别是市场环境的变化是促使组织变革的最重要原因。

（二）组织变革的内部原因

组织变革的内部原因主要是指人的变化、组织运行和成长中的矛盾等。任何一个组织都存在着使这个组织成长的因素，同时也存在着使这个组织衰败的因素。如组织缺乏弹性，对外界环境的变化反应迟钝；管理者决策缓慢，决策质量不高或作不出决策；企业内部不协调，组织目标与个人目标之间、各部门目标之间出现分歧；职工的价值观念、工作态度发生变化，工作效率不高，不满与抱怨增加；新的领导者上任或原有领导者采用了新的思想观念，组织高层制定了新的战略和目标，员工队伍增加了新的成分或思想发生了变化。这些都促使管理者采取变革的措施,以保证组织的生存和发展。

三、组织变革中的变量

为了研究和设计组织变革的方法,首先要对组织系统本身加以研究。

美国管理学家李维特认为,组织是一个含有多种变量的系统,在此系统中,至少包含着四个最重要的变量,那就是任务、技术、结构与人员,如图6-6所示。

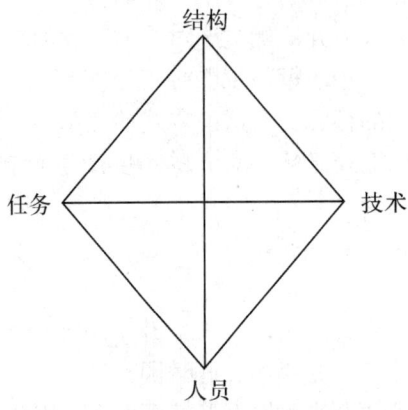

图 6-6　组织变革中的变量

(一)任务

组织的任务是指组织的运行目标和方向。当对组织的运行目标和方向进行调整时,组织的结构也要随之进行变革。在复杂的组织系统内,尚有许多亚层次任务存在,它们是为总任务服务的。这些亚层次任务实际上就是各个部门的具体工作任务和目标,这是决定各级部门结构设置的重要因素。

(二)技术

组织系统中的技术因素包括设备、建筑物、工作方法、新技术、新材料、新的质量标准和新的管理技术控制手段等。技术因素的变革,可以间接地促使组织任务的改变,或直接促进组织技术条件与制造方法的改进,从而影响到组织人员与组织结构。

(三)结构

组织的结构包括组织的职权系统、工作流程系统、协作系统、意见交流与信息反馈系统、人力资源管理等专业职能系统,以及集权的程度等。

(四)人员

人员是指组织成员的态度、动机、行为、技术文化素养、职业道德水准、人际关系、受激励的程度、组织文化与成员的价值观念等。组织中人的因素的变化,是引进组织变革的最复杂、最深刻、最难把握的因素之一。

李维特认为,这四个变量具有很强的依赖性和相关性,其中任何一个变量发生变化,都可能引起其他变量的变化。例如,技术的进步会要求人的素质提高,而人的素质的提高，又会反过来推动技术的进步、管理的改善、结构的优化和运行方式乃至运行方向的改变，从而使组织的任务与目标作出调整。

因此，组织的变革是一项复杂的系统工程，有时可能主要是针对其中的一个变量，有时是借助其中一个变量的变革来影响其他的变量，还有的时候可能是对组织系统中的几个变量同时实施变革。这就要求我们不能孤立地、简单地、片面地看待组织的变革，而应该有步骤、有计划、有系统地来进行，这既是管理科学化的要求，也是充分体现出组织变革的艺术所在。

四、组织变革的实施

任何一个涉及人的变革的过程都包括解冻、改变和固结三个过程。

（一）解冻

解冻就是要促使人们改变原有的态度和行为并消除那些支持这些态度和行为的因素，输给他们一些新观念。任何一个组织的内部都存在着力图保持现状、抵制变革的势力。因为人们在一个熟悉的环境中会感到舒适，受到的压力较小。而变革意味着有些人将会失去这种舒适感和预知感，所以他们要抵制。因此就要有一个解冻的过程作为实施改革的前奏，使人们认识到现实总是有缺点，是可以改进的，原有的某些观念随着环境的变化是应该更新的，不能满足于现状。解冻的目的是使人们对改革有所准备，将妨碍改革的因素减至最少，鼓励人们接受新的观念，乐意接受变革。

（二）改变

在人们经历了解冻过程，对变革做好了准备之后，具体的变革措施就可以开始实施。变革必须包含一个由现行的行为方式和组织结构向新的行为方式和组织结构转变的过程。正是在这个过程中，变革行动实地进行了。需要强调的是，人们往往倾向于认为变动的过程就是改革的全部，但是如果我们把变革视为一个三阶段的过程就应当认识到，根本性的变革只有在前有一个解冻过程，后有一个固结过程的条件下才能完成。

（三）固结

变动发生后，人和组织都有一种退回到原有习惯和行为模式之中的趋势。为了避免这种情况的发生，必须保证新的行为模式和组织结构能够不断得到加强和巩固，为此就要对继续保持新态度和新行为方式的职工予以支持和奖励。这种巩固和加强新的行为模式的过程称为固结。没有这一过程，变革只会是一种对组织和成员仅有短暂影响的活动。

具体来说，组织变革的实施可按照六个基本步骤来进行。

1. 发现问题征兆，认识变革的必要性

一个组织不成长可以生存，但不变革则难以生存。管理者不能只看到成绩、看到机遇、面向过去，而应更多地看到问题、看到挑战、面向未来；要有紧迫感、危机感和预见性，以变图兴，把握和创造未来。但管理者能够从哪里获得需要变革的信息呢？除了从外部环境变动的一般信息中发现对自己的有利或不利因素外，最重要的是从组织内部日常活动的反馈信息，如利润、销售额、市场占有率、质量、成本、员工士气等数据中发现异常情况。如果利润和市场占有率下降，则表明企业的竞争能力有所减弱，需要及早诊治与变革。切不可麻木，将不正常的情况视为正常。

2. 诊断问题

发现问题的征兆是比较容易的，但透过征兆诊断出问题的根源却是困难的。如果诊断问题时发生错误，就不可能正确地提出变革的措施，也不可能达到解决问题的目的。因此，在诊断问题步骤中必须回答以下问题：什么是有别于征兆的真正问题？改变什么可以解决这些问题？改变的结果是什么？如何衡量这些目标？诊断问题是保证整个变革过程正确进行的关键环节，在这一阶段必须将变革的目标具体化。目标可以用财务和生产数据表示，如利润、市场占有率、销售量、生产率、废品率，也可用对组织成员有意义的个人发展目标来表示，但目标必须明确、易懂、有挑战性。

3. 选择变革的方法

在讲组织变革的种类时我们已经知道，变革按工作重点可分为以人为中心、以技术为中心和以组织结构为中心。选择哪种变革方法应根据诊断出的问题的性质有针对性地进行。现实中的改革往往采用综合的方法，针对问题选择重点，相辅相成，配套进行。

4. 分析变革的限制条件

一项变革能否取得成功，除了正确地诊断问题与选择变革的方法外，还要分析变革会受到哪些条件的制约。一般来说，变革主要受三个因素的影响：

（1）领导的支持。变革是破旧立新，需要破除现有的妨碍生产和员工发展的规章制度。任何一项变革的计划，改革者若得不到上级和管理部门的支持和认可，其成功的可能性是很小的，所以改革者在采取一项变革之前应尽可能得到上级的支持，而领导者对下级的改革也应采取积极支持的态度。

（2）改革要综合配套进行。任何一项改革都不能孤立地进行，必须在政策、组织、结构、控制方法、工作制度、人们的行为习惯上作相应的改变。

（3）变革要求人们在思想和价值观念上做出相应地改变。如果变革和现有的组织文化相对立，那么改革的制定者必须对预期的阻挠采取预防措施，同时也要考虑社会和人们的承受能力，考虑周围条件的影响。不顾现实条件的变革只会把事情搞糟。

5. 正确地选择推行改革的策略和方式

（1）根据下级参与变革决策的程度可分为命令式、参与式和分权式。命令式是指由领导作出变革的决策，自上而下地发布命令，说明所要进行变革的内容和下级在贯彻这些变革中的职责。参与式是指让下级在不同程度上参与讨论、分析与选择改革的方案，汲取众人的智慧。分权式是指将决策权力交与下级，由下级对自己存在的问题进行讨论，自行提出解决问题的方案，并对方案最终负责。

（2）按变革解决问题的深度可分为计划性的变革和改良式的变革。计划性的变革是指对问题进行系统、广泛的研究，统筹全局，作出规划，然后有计划、有步骤地实施，将变革和政策、工作制度、管理方式的改进、人员的培训同时进行，让职工有充分的思想准备。改良式的变革是指对问题进行治疗，对局部问题进行修补。这是组织经常采用的一种变革方式，其优点是符合实际需要，对局部进行变革的阻力较小，比较稳妥。其缺点是缺乏整体和长远规划，头痛医头、脚痛医脚，带有随机和权宜的性质。

（3）按改革进行的步调可分为突破式和渐进式。突破式是领导以最大的决心和魄力对重大性的变革要求一步到位，定期完成。此种方式可以使问题在短期内获得解决，但由于时间仓促，考虑不周，而容易遇到较大的变革阻力。渐进式是利用足够的时间分步骤地逐步推进改革，在不知不觉中达到变革的目标。此种方式阻力较小，易于接受，但也很容易使变革持续的时间过长，成效不大。

以上讲的是几种分类的情况，说明推行改革的策略中有速度、广度、深度和参与程度的问题，至于选择哪种改革的策略，要依问题的性质、参与者以及各种不同的组织因素而定。

6. 实施变革计划

任何一项组织变革的决策都是为了实施。没有行动的实施等于没有决策。实施变革计划时要恰当地选择发起变革的时间和原因。除情况紧急，问题直接涉及组织的存亡应立即予以实施外，一般不宜选在业务繁忙的旺季。至于实施的范围，既可以在整个组织范围内贯彻，使其在很短的时间内成为既成事实，也可以在组织内逐级、逐部门、分阶段进行。成功的改革往往都采用分阶段、限制改革的范围以积累经验、逐步推开的做法。

组织变革是一种改变现状的努力。任何改变现状的做法都会或多或少地遇到变革对象的阻力与反抗。阻力首先来自于传统的价值观念和习惯势力，其次来自于人们对变革后果的担心。任何变革，都既有优点又有缺点，即使再好的改革方案也未必能自然带来良好的结果。从某种意义上说，变革也是一种利益和权力格局的再调整，变革中利益和权力受到威胁的人势必抗拒和阻挠改革。另外，变革也将导致工作技术与方法的改变，使某些人丧失原来的技术与经验的优势，产生失去工作或难以适应新的技术和工作的忧虑，从而抗拒变革。

变革总是要付出代价，没有人为变革作出牺牲，没有思想观念的革命，变革几乎是不可能实现的。不过我们也不能将阻力完全看成是消极的，它可以促使人们对变革方案考虑得更加周全，因此改革的推动者不应当压制抗拒的产生，而应当设法疏导，力求将变革的阻力降至最小，以赢得更多的人对改革的支持。其方法是：

（1）进行说服宣传，使更多的人正确了解变革的原因和目的及可能产生的绩效和好处，使人们对变革的意图有正确的理解。

（2）组织相关的人员参与变革方案的设计。如果变革的问题重要、复杂、涉及面广，光靠变革推动者是没有把握和能力制定出变革方案的，一定要邀请相关的部门和人员参与变革计划的设计，以便集思广益，使变革切实可行。

（3）对变革的有利因素和不利因素进行认真的分析，权衡利弊，对变革可能出现的新问题事先作妥善的处理，争取绝大多数人对改革的同情和支持。一般情况下，只有得到多数人同情和支持的变革才能取得成功。

（4）充分磋商与协调。当变革的方案可能影响到某些部门和群体的利益时，应事先找有关方面进行磋商与协调，尽可能使变革的方案兼顾各方面的利益。不要追求理想的改革方案，多数人可以接受的方案才是现实的变革方案。

（5）正确地选择变革的方式和策略，避免操之过急。妥善处理变革与稳定的关系，不作不停顿的改革，巩固一项改革成果后再展开另一项改革。

（6）实施变革时要及时收集可以衡量变革效果的指标信息。衡量变革的效果有些可用既定的衡量标准信息，有些要根据实际情况来确定指标信息。根据收集到的信息来评估和确定整个改革期间改革效果的发展趋势，及时对偏差采取纠正措施。

课后案例

金果子公司的组织结构设计

金果子公司是美国南部一家种植和销售黄橙和桃子两大类水果的家庭式农场企业，由老祖父格雷夫50年前开办，拥有一片肥沃的土地和明媚的阳光，特别适合种植这些水果。公司长期以来积累了丰富的水果存贮、运输和营销经验，能有效地向海内外市场提供保鲜、质好的水果。经过半个世纪以来的发展，公司已初具规模。老祖父十年前感到自己体衰，将公司的管理大权交给了儿子约翰逊。孙子卡尔前两年从农学院毕业后，回到农场担任了父亲的助手。

金果子公司大体上开展如下三个方面的活动：一是有相当一批工人和管理人员在田间劳动，负责种植和收获橙和桃；另一批人员从事发展研究，他们主要是高薪聘来的农业科学家，负责开发新的品种并设法提高产量水平；还有一类是从事市场营销活动，由一批经验丰富的销售人员组成，而且他们也像公司其他部门的员工一样，非常卖力地工作着。

约翰逊和卡尔对金果子公司的管理一直没有制定出什么正式的政策和规则，对工作程序和职务说明的规定也很有限。约翰逊相信，一旦人们对工作亲身了解后，他们就应当而且能够有效地开展工作。

不过，金果子公司目前规模已经发展得相当大了。约翰逊和儿子卡尔都感到有必要为公司建立起一种比较正规的组织结构。约翰逊请来了他年轻时的朋友，现在已成为一名享有一定知名度的管理咨询人员的布莱顿来帮助他们。布莱顿指出，他们可以有两种选择：一种是采取职能结构形式，另一种是按产品来设立产品事业部结构。这两类不同形式的组织设计如图1和图2所示。那么，该选取哪种组织结构设计呢？

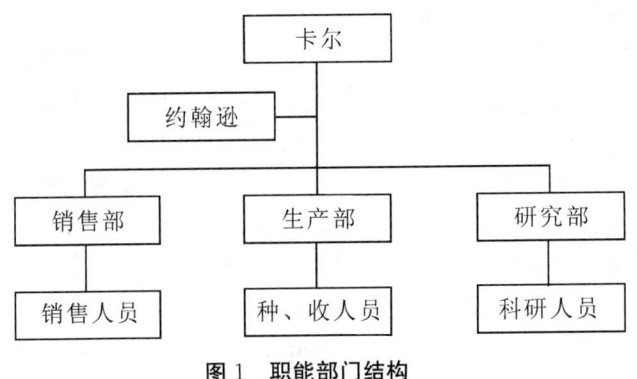

图1　职能部门结构

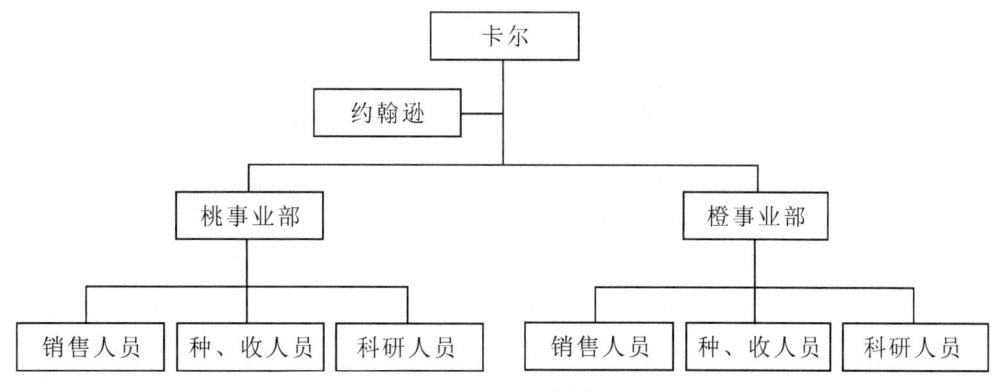

图 2　产品事业部结构

讨论题：

1. 职能部门结构和产品事业部结构各有什么优缺点和适用的条件？
2. 你认为，金果子公司在经营规模扩大到要求建立起正规化的组织结构时，职能部门结构形式还是产品事业部形式对它更为合适？为什么？

复习思考题

1. 组织设计时要考虑哪些因素的影响？
2. 什么是管理层次和管理幅度？如何确定有效的管理幅度和合理的管理层次？
3. 简述组织结构的基本类型。
4. 有效的管理要求适度的集权和分权，怎样才能使集权与分权合理的组合？
5. 怎样实施组织变革？
6. 组织文化的结构和内容包括哪些方面？

第七章 领　　导

在整个管理过程中，领导职能是联结决策、组织及控制等各项管理职能的纽带，是实现组织目标的关键。领导职能的功效就是对组织中的全体成员辅以指导与领导，进行沟通联络，运用恰当的激励手段，对下属施加影响力，把组织成员的个体目标和组织目标进行有效匹配。

第一节　领导的内涵

一、领导的概念

领导是管理的重要职能，是指对组织成员的行为进行引导和施加影响的活动过程，其目的是带领和指挥组织的全体成员同心协力地执行组织的计划，实现组织的目标。

需要注意的是，不要把领导和领导者混同起来。领导者是实施领导的人，或者说领导者是利用影响力带领组织成员达成组织目标的人。

二、领导的实质

领导的实质，就是管理者根据组织的目标和要求，在管理过程中运用有关的理论和方法以及沟通、激励等手段，对被领导者施加影响力，使之适应环境的变化，以统一思想、统一行动，保证组织目标的实现。在领导工作中，管理艺术得到了充分的体现。

既然领导的实质是对他人施加影响力，那么影响力来源于哪里呢？领导者的影响力主要来自两个方面：一是来自于职位权力。这种权力是由于领导者在组织中所处的位置是由上级和组织赋予的，这样的权力随职务的变动而变动，在职就有权，不在职就无权。人们往往出于压力不得不服从这种职位权力。二是来自于个人权力。这种权力不是因为领导者在组织中的位置的高低，而是由于领导者自身的某些特殊条件才具有的。例如，领导者具有高尚的品德，丰富的经验，卓越的工作能力，良好的人际关系等。这种权力不会随着职位的消失而消失，而且这种权力对人的影响是发自内心的，长远的。

职位权力可分为奖赏权、惩罚权和合法权，个人权力可分为模范权和专长权。

(1) 奖赏权。奖赏的权力是通过给予别人期望得到的东西来影响他人行为的能力。例如，主管人员向下属做出承诺：如果工作表现好或者能按时完成规定的工作目标，便可以获得额外奖金等。

(2) 惩罚权。惩罚的权力是通过惩罚来影响他人行为的能力，许多职位都授予主管处罚下属的权限。它来自于下级的恐惧感，即下级感到领导者有能力惩罚他，使他痛苦，使他不能满足某些需求。

(3) 合法权。合法的权力是指一般人都认为主管人员有权命令或指示下级的工作。它来自于下级的传统观念，即下级认为领导者有合法的权力影响他，他必须接受领导者的影响。

(4) 模范权。模范的权力是指利用别人对自己的认同来影响他人行为的能力。它来自下级对上级的信任，即下级相信领导者具有他所需要的智慧和品质，具有共同的愿望和利益，从而愿意模仿和跟从他。

(5) 专长权。专长权是指领导者通过提供别人需要的知识、经验或消息来影响他人行为的能力。例如他人会对拥有专业知识和丰富经验的人的建议言听计从。

三、领导的作用

在管理实践中，领导的作用表现在以下几个方面。

(一) 更有效、更协调地实现组织目标

计划的制定、组织机构的建立、进行人员配备以及实行有效的控制，各项管理工作都要靠人来完成。尽管科学技术迅速发展，电子计算机日趋普及，但离开了人，没有人来利用与操作，就不可能有管理活动的存在。而组织成员对目标的理解，对技术的掌握，对客观的认识，包括他们的个人知识、能力、信念等都有许多不同，从而在各自工作中采用不同方法，用不同标准进行衡量，这是十分自然的。领导的作用就在于引导组织中的全体人员有效地领会组织目标，使全体人员都充满信心。通过领导来协调组织中各部门、各级人员的各项活动，从而使全体人员步调一致地加快组织目标的实现。

(二) 调动人的积极性

组织的成员并不单纯地只对组织目标发生兴趣，他们也有自己的目标。领导工作就是要把人们的精力引向组织目标，并使他们热情地、满怀信心地为实现目标作出贡献。但是，不管是由于员工感到缺乏机会，还是因为缺乏对他们的激励，不管是由于客观条件的限制，还是因为主管人员的平庸，组织中的人们不一定都能以持续的热情与信心去工作。因此，领导的作用也就表现在调动全体人员的积极性，使其以高昂的士气和最大的努力，自觉地为组织作出贡献。

(三) 通过领导活动，把个人目标与组织目标相结合

人们在工作时都希望除货币收入外还能得到某些其他方面的收益。所以人们都愿

意在和睦的气氛里，有知己的同事，进行有趣味的活动，受到重视，有较大成功的机会等这样的环境中工作，这正是他们个人目标的部分表现。然而，在选择工作环境或条件时，他们不一定有这样的"自主权"，但他们又不能不参加工作。因此，一旦他们加入某个组织时，就会感到对实现个人目标有所影响，因为组织也有目标，有为保证实现目标而制定的规章、条例、纪律等。虽然组织成员在一般情况下不会去违反这些制度，但是当他们对组织目标缺乏理解甚至不理解时，他们对自己的工作，对整个组织的活动就必然会缺乏应有的关心。显然，这不利于组织目标的实现。在这种情况下，组织中的管理者就是要通过领导，去帮助组织成员理解组织目标，让他们看到自己在组织中所处的地位，看到对组织、对社会所承担的义务，让他们体察到个人与组织是紧密地联系在一起的，而不是站在一边的旁观者，从而使他们自觉地服从于组织目标，主动地放弃一些不切实际的要求。同时，主管者也要创造一种环境，在实现组织目标的同时，在条件允许的范围内，满足个人的需求，使人们对组织产生一种信任和依靠的感情，从而为加速实现组织目标而做出努力。

第二节　领导的原则

同其他管理职能一样，领导也有其一般规律，从中可以概括出以下基本原则。

一、指明目标原则

指明目标原则是指管理者越是能使全体成员明确理解组织的目标，则人们为实现组织目标所作的贡献就会越大。

使人充分理解组织的目标和任务，是领导工作的重要组成部分。这一工作越是有效，就越能使组织成员了解其组织的目标，明确自己的职责，从而为实现组织目标作出的贡献也越大。

二、协调目标原则

协调目标原则是指个人目标与组织目标若能取得协调一致，人们的行为就会趋向统一，从而实现组织目标的效率就会越高，效果就会越好。

从根本上说，对下级的领导就是要使下属尽可能地为组织作出贡献。人们参加工作是为了满足个人的某些需要，这些需要并不完全同组织目标相一致。如果个人和组织的目标相辅相成，如果大家都能信心十足、满腔热情、团结一致地去工作，就能够最有效地实现这些目标。所以，在领导下级时，管理者必须要注意利用个人的需要去实现集体目标。在阐明计划和委派任务时，协调个人与组织的目标，使人们能够发挥出忘我的献身精神，这将会使管理工作更为顺利。

三、命令一致原则

命令一致原则是指管理者在实现目标的过程中下达的各种命令越是一致，个人在执行命令中发生的矛盾就会越小，领导与被领导双方对最终成果的责任感也就越大。

命令一致原则强调的是一个人越是完全地只接受一个上级的领导，上下级之间发生的矛盾就会越少，从而使下级对其工作的责任感就会越强。人们只有在受同一个上级的指导下，才能更好地按领导的指示办事。然而，有时候为了提高一个组织或部门的全面工作效率，确实需要多方面指挥，这就必须强调命令的一致性，要体现出所做的一切工作都是为了促进组织目标的实现。管理者的领导行为不能因为下级部门或个人的不同而不同，更不能"朝令夕改"，使下级部门或人员无所适从，造成工作秩序混乱，从而影响目标的实现和给下属造成心理上的不愉快或不满。

四、直接管理原则

直接管理原则是指管理者同下级的直接接触越多，所掌握的各种情况就会越准确，从而使领导工作更加有效。

虽然一个管理者有可能使用一些客观的方法来评价和纠正下级的活动以保证计划的完成，但这不能代替面对面的接触。这不仅因为人们喜欢亲身感受上级对他们本人及其工作的关心，而且，客观地说，作为管理者若不经过亲身体会，则永远不能充分地掌握所需要的全部情况。通过面对面的接触，管理者往往能够用更好的方法对下级进行指导，同下级交换意见，特别是能够听取下级的意见或建议，以及体会存在的各种问题，从而更有效地采用适宜的工作方法。

五、沟通联络原则

沟通联络原则是指管理者与下属之间越是有效地、准确地、及时地沟通联络，整个组织就越是能成为一个真正的整体。

管理过程中所出现的大量的信息情报，包括组织外的信息情报，管理者必须自己或组织他人进行整理、分析，从而了解组织内外的动态与变化。进行沟通联络，就是为了适应变化和保持组织的稳定。所以，沟通联络是领导的重要手段。没有沟通，组织就无法进行任何活动。也正是通过沟通联络，领导者才能够向全体成员包括对环境施加个人的影响力，从而促使目标得以实现。

六、激励原则

激励原则是指管理者越是能够了解下属的需求和愿望并给予合理满足，就越能够调动下属的积极性，使之能为实现组织目标作出更大的贡献。

由于激励不是一个简单的因果关系，因此管理者对所采用的激励方案评价估计得越仔细，越是从随机制宜的观点来认识，越是把它与整个管理体制有机地结合起来，则激励方案的效果也将会越好。组织成员对受到的激励所作出的反应取决于他们的个性，对报酬和任务的看法与期望，以及他们所处的组织环境。因此，只笼统地去确定人们的需要，并以此建立对下属的激励方法，这往往是不能奏效的。必须充分地认识人，分析其个性特征以及心理动机和需求，必须考虑在一定的时间，一定的条件下的多种因素的交互作用，不可把激励看做是一种与其他因素无关的、独立的方法。

第三节 领导的有关理论

一、关于人性的理论

（一）四种人性假设

1. "经济人"假设

随着社会化大生产的发展，科学管理学说在19世纪末和20世纪初风行企业界。这一时期，企业界开始接受科学管理学说中关于工人是"经济人"的假设，开始意识到工人生产积极性对生产效率的重要影响。经济人假设的提出是对被管理者认识的深化，带动了管理方面的一场革新。科学管理理论认为，企业家的目的是获取最大限度的利润，而工人的目的是获得最多的工资收入。假如在能够判定工人工作效率比往常提高多少的前提下，给予工人一定量的工资激励，就会引导工人努力工作，服从指挥，接受管理。结果是工人增加了工资，而企业主们则增加了收入，也方便了管理。在"经济人"的假设下，企业管理变成了制定一个比较先进的工作标准，而这可以通过时间、动作分析来加以确认；选拔符合要求的工人并适当加以培训使之有可能达到工作标准，然后发展一套奖励措施（通常是经济手段）来调动工人们的工作积极性，使其服从指挥，从而提高生产效率。事实上，在劳动仍被作为谋生手段时，在收入水平不高而且对丰富的物质产品世界充满欲望时，人的行为背后确有经济动机。因此，"经济人"假设利用人的这一经济动机来引导和管理人们的行为，应该是一大创新。此外，20世纪初的美国是个人主义价值观占统治地位的时代，作为这种思潮的反映，科学管理实质是从企业家和工人双方都有的个人主义利益出发，来寻求他们双方都能满意的管理方法。

2. "社会人"假设

20世纪30年代的"霍桑实验"纠正了企业家认为员工"不过是一个经济动物"的偏见，证实了工资、作业条件、生产效率之间没有直接的相关关系，认为企业的员工不单纯是一个经济人而且是一个社会存在体，是"社会人"，并由此推出了一系列针对"社会人"的管理方式、方法，引发了管理的新革命。按照"社会人"的假设，在社会上活动的职工不是各自孤立的存在，而是作为某一集团或组织的一员的"社会人"，是社会的存在。"社会人"不仅要求在社会上寻求较好的收入以便改善经济条件、谋求较好的生活水准，而且作为人，他们还有七情六欲，还需要得到友谊、安定、归属感和尊重。这种"社会人"是作为集团或组织的一员而行动的，他们的行动以社会需要为出发点。由于人是社会人，有社会需求，因此如果组织能够满足员工的这种需求，使他们获得在组织工作方面的最大满足感，那么他们的情绪就会高涨，情绪越高，积极性也越高，生产效率也就越高。根据这一思路，"社会人"假设提出了对人管理的新的方案，其要点为：

（1）管理人员要有人际关系处理技能。管理人员仅仅具有技术技能、管理技能是不够的，还必须掌握观察企业内人际关系变化的能力以及及时处理人际关系的社会技能，从而照顾员工的情绪，调动他们的积极性。

（2）让职工参与决策。让职工共同参与企业生产经营和管理上的一些重大决策，这会增加职工对企业的认同感和归属感，同时也是对职工的尊重。这将改善企业的人际关系，提高员工的士气。

（3）上下沟通。传统的企业管理中，上司是管理的实施者，高高在上，事事正确；下级是管理的接受者，只得听从命令，听从安排。"社会人"方案则要求，管理者在决定或更改作业目标、标准和方法时，应注意上下沟通，向职工和下级作出为何这样做的说明，提供情况，并且动员大家自下而上地提建议，这样就能更好地做好协调工作。此外，企业还应建立上下之间的固定的沟通渠道，如创办公司刊物、召开会议、举办座谈会等。

（4）提案制度。职工的建议或意见是受到尊重还是被忽视，这是影响职工情绪的一个重要因素。因此，提案制度应在企业中广泛采用。

（5）面谈制度。心理学的有关研究表明，当一个人的心理受到压抑时，如果能够有机会让其宣泄，则可很好地调整他的心理状态和情绪。面谈制度就是建立一套规范，上级可通过下属参加工作、调动工作岗位、生日、考核、退职等一切机会同下属进行个别谈话，让他们自由、公开地讲出他们的不满和意见，平衡他们的心理和情绪，使之有家的感受。

"社会人"假设及其管理方案的提出是企业对人的价值的重新评估，从"经济人"到"社会人"，对人的看法更接近人的本来面目。与此相应的管理方案已不再把人单纯地看做是一个被动的接受者、一个经济动物，而是从人的各方面的社会需要出发，对人的行为加以引导。这种引导更多的是从协作的目的出发，这比科学管理的"经济人"方案进了一大步。然而这种方案的功利性依然很强，方案的出发点依然是作为管理主体的企业家或管理者。换句话说，方案本身只是为企业主、管理者们设计的，被管理者的角色依然是既定的。

3. "自我实现人"假设

"自我实现人"假设的提出，在很大程度上依赖于美国心理学家马斯洛的"需要层次理论"。"需要层次理论"认为，人的行为动机首先来自基本的需要，如生理的需要和安全的需要可以通过工资、福利设施等经济和物质的诱因得到满足。如果基本的需要得到满足，又会激发更高一层的需要，包括友谊、协作劳动、人与人的关系、爱情等社会需要。这些需要若得到满足，就会产生希望被尊敬、被晋级提拔等需要。最后才产生自我实现的需要，即在工作上能最大限度地发挥自己所具有的潜在能力的需要。因此，"自我实现人"是其他所有需要都基本得到满足而只追求自我实现需要的人。在当前的经济条件下，在人们的生活质量得到普遍提高的情况下，的确有一大批人开始追求自我价值的实现。既然现代企业中的员工可以被假定为是追求自我实现需求的人，那么现代企业在员工管理方面就必须构建全新的组织体系，设计全新的机制，给予良好的环境，允许这些员工在企业工作中发挥潜力，获得成就，实现自己的价值。有人可能要问，要实行这么大的变革，企业成本会不会很大，是不是合算？实际上，心理学、行为学早已证明，当人们在做自己十分感兴趣的事时，那种投入和效率才是真正一流的。然而，企业毕竟是一个投入产出的有机整体，在企业的既定目标下，企业员工的自我实现并不是海阔天空、漫无边际的，必须要有一定的约束。然而，如果对"自我实现人"的管理依然采取严格的命令约束，不给他任何自由驰骋的空间，那么他们就会感到不满，情绪就会低落，就会跳槽到他认为可以发挥其才能的地方去。因此，现代企业中聪明的管理者会通过适当分权，给予这些员工一个想象的空间、一个自主支配的领域，而其基本约束仅仅是为了目标的实现，实现目标的方式则任由这些员工去选择、去创造。可见，对"自我实现人"的管理关键在于合适的授权，在授权的同时明确员工的责任。合适的授权通常取决于以下三个基本要素：①这位员工所处工作岗位的特性，如工作岗位的层次、工作的复杂程度和工作的程序化程度等；②这位员工需作决策的范围大小，即决策涉及面的大小；③决策的频度，即这位员工在工作中需作决策的次数是否很多，显然，决策越频繁，授权就应该越大。

4."复杂人"假设

美国行为科学家埃德加·沙因在其1965年出版的《组织心理学》一书中提出了"复杂人"的概念。沙因认为，"经济人"假设、"社会人"假设和"自我实现人"假设并不是绝对的，它们在不同的环境下针对不同的人分别具有一定的合理性。而人的需要是复杂的，因此不能简单地相信或使用某一种假设。于是，他提出了"复杂人"假设。这一假设包括下面的观点：

（1）每个人都有不同的需要和不同的能力，工作的动机不仅是复杂的而且变动性很大。人的许多动机安排在各种重要的需求层次上，这种需求层次的构成不但因人而异，而且同一个人在不同的时间和不同的地点也是不一样的。

（2）一个人在组织中可以学到新的需求和动机，因此一个人在组织中表现出的动机模式是他原来的动机模式与组织经验交互的结果。

（3）人在不同的组织和不同的部门中可能有不同的动机模式。例如，一个人在正式组织中可能与别人不合群，但在非正式组织中可能与他人相处得很好。

（4）一个人是否感到心满意足、是否肯为组织出力，决定于他本身的动机构造和他同组织之间的相互关系。本人的工作能力和技术水平、动机的强弱以及与同事的相处状况都可能产生影响。

（5）人可以依自己的动机、能力及工作性质对不同的管理方式作出不同的反应。

按照"复杂人"假设，实际上不存在一种适合于任何时代和任何人的通用的管理方式和方法，管理必须是权变的，要根据不同人的不同需要和不同情况采取相应的管理方式。

（二）X、Y理论，超Y理论与Z理论

关于对人性的不同的看法和假设，引出了各种管理理论和方法。著名的X、Y理论是关于人的本性的另一种观点，即从考察管理者和其他人的关系这一基本问题着手，来探讨领导行为。后人又对这一理论作了检验和修正，并发展出了一些新的理论。

1. X 理论和 Y 理论

心理学家道格拉斯·麦格雷戈是马斯洛的学生，他认为管理人员对工人的行为有不同的假设，主要可分为两类，他分别用中性词 X、Y 来代表这两种不同的理论假设。

X 理论的假设要点有：

（1）大多数人生性都是懒惰的，他们尽可能地逃避工作。

（2）大多数人都没有什么远大抱负，不喜欢负什么责任，宁可让别人领导。

（3）大多数人都是以个人为中心，这会导致个人目标与组织目标相互矛盾，为了达到组织目标必须靠外力严加管制。

（4）大多数人都是缺乏理智的，不能克制自己，很容易受别人的影响。

（5）大多数人习惯于保守，反对变革，安于现状。

（6）大多数人都是为了满足基本的生理需要和安全需要才去工作，他们将选择那些在经济上获利最大的事去做。

（7）只有少数人能克制自己，这部分人应当担负起管理的责任。

基于以上假设，以 X 理论为指导思想的管理理论的要点是：

（1）企业的管理者应以利润为出发点来考虑对人、财、物等诸生产要素的利用。

（2）管理者对员工的工作要加以指导，控制并纠正其不适当的行为，使之符合组织的需要。

（3）管理者把人视为物，忽视人自身的特点和精神的需要，把金钱当做人们工作最主要的激励手段。

（4）制定严格的管理制度和法规，运用领导的权威和严密的控制来保证组织目标的实现。

（5）采取"胡萝卜加大棒"的管理方法。

基于 X 理论，麦格雷戈提出了与之完全相反的 Y 理论。Y 理论的假设要点有：

（1）一般人并不是天性就不喜欢工作的，工作中体力和脑力的消耗就像游戏和休息一样自然。工作可能是一种满足，因而人们愿意去做，也可能是一种处罚，因而只要可能人们就想逃避，到底怎样，要视环境而定。

（2）外来的控制和惩罚并不是促使人们为实现组织的目标而努力的唯一方法，它甚至对人是一种威胁和阻碍，并可能使人成熟的脚步放慢，人们愿意通过实行自我管理和自我控制来完成应当完成的目标。

（3）人的自我实现的要求和组织的要求之间是没有矛盾的，如果给人提供适当的机会，就能将个人目标和组织目标统一起来。

（4）一般人在适当的条件下，不仅学会了接受职责，而且还学会了谋求职责。逃避责任、缺乏抱负以及强调安全感通常是经验的结果，并不是人的本性。

（5）所谓的承诺与达到目标后获得的报酬是直接相关的，它是实现目标的报酬函数。

（6）大多数人，而不是少数人，在解决组织的困难与问题时，都能发挥出较高的想象力、聪明才智和创造性。但是在现代工业社会的生活条件下，一般人的智慧潜能只是部分地得到了发挥。

基于以上假设，以 Y 理论为指导思想的管理理论的要点是：

（1）企业的管理通过有效地综合运用人、财、物等要素来实现企业的经营目标。

（2）人的行为管理的任务在于给人安排具有吸引力和富有意义的工作，使个人需要和组织目标尽可能地统一起来。

（3）鼓励人们参与自身目标和组织目标的制定，把责任最大限度地交给工作者，希望他们能自觉地完成任务。

（4）外部的控制、操纵、说明、奖罚绝不是促进人们努力工作的唯一方法。应该用启发式代替命令式，用信任代替监督的方法来促使人们既为了组织目标也为了自己的目标而努力工作。

这两种假设显然有本质上的差别。X 理论是悲观的、静止的和僵硬的，认为控制主要来自外部，由上级强加给下属。相反，Y 理论是乐观的、动态的和灵活的，强调自我控制、自我发挥，并把个人需要和组织要求结合起来。毫无疑问，不同的假设将影响管理人员在执行管理职能和活动中的方法。X 理论代表了传统的管理哲学，即依靠外部控制和不断监督来进行管理。Y 理论强调人不是被动的，人是有动机的，会主动设法满足自己的需求，而满足了自我需求，就能充分发挥人的潜在能力。

2. 超 Y 理论

根据麦格雷戈的研究，显然 Y 理论较 X 理论更为优越。但有人对麦格雷戈的理论进行了验证，结果发现 Y 理论不一定处处都比 X 理论优越，采用 X 理论或 Y 理论的单位，都是既有效率高的，也有效率低的。到底在什么情况下采取何种理论或方式为好呢？管理学家莫尔斯和洛希试图以"超 Y 理论"来回答这个问题，其要点如下：

（1）人们加入组织，有着不同的需要和目的。有人需要明确的规章制度，不喜欢参与决策和承担责任；有人却需要更多的自治，希望承担更多的责任，有更多的发挥个人创造能力的机会。

（2）应采取适当的组织形式和领导方式使工作性质与从事工作的人的需要相结合。

（3）组织的目标、工作性质、职工的素质等对于组织结构和管理方式有很大的影响。所以，在进行组织结构和管理层次的划分、职工的培训和工作分配、工资报酬和程度控制时，应采取权变的方式，使之与工作性质和职工素质相适应。

（4）一个目标的实现可以激起职工的胜任感和满足感，使之为达到新的、更高的目标而努力。

3. Z 理论

在 1981 年，日裔美籍教授大内把美国型的企业组织和日本型的企业组织作了对比，并结合美、日企业的长处，设计了所谓 Z 型企业组织的模型，并相应地提出了"Z 理论"。其基本出发点是，以前的理论都是在假设管理部门和职工相分离甚至对立这一前提下提出来的，而 Z 理论则认为企业管理当局同职工是一致的，所以能把两者的积极性融为一体。其理论要点如下：

（1）采取长期雇佣制度。虽无正式规定，但基本上是终身雇佣（约占企业职工的

35％），或至少是长期的。即使在不景气时，企业一般也不解雇职工，而是通过减少职工工作时间、削减奖金津贴等来渡过难关，从而使职工的职业有保障，使职工更关心企业利益，职工流动率也比较低。

（2）缓慢地评价和提升。不要仓促地对职工的工作表现及业务能力作出评价，而是经过长时间的考察，对职工作出全面的评价，再予以提升。

（3）适度的专业化职业发展途径。培养职工"一专多能"，使他们既掌握必要的专业知识和技能，又注意多方面的能力培养。

（4）含蓄的控制机制。利用集体的压力等非正式控制，但检测手段必须明确而又正规。

（5）集体参与决策。在作出重大决策前，要统一思想。

（6）分工负责制。每人都应有明确的职责分工。

（7）对职工全面关心。上下级间应建立融洽的关系。

二、关于领导素质的理论——领导特性理论

有关领导素质的研究，在早期都把重点放在对领导特性的探索上。这种研究方法认为，领导者和非领导者的区别在于领导者具备了一些基本特征和个人素质。有人将领导者及其追随者的个人特征作了比较，归纳了有效领导应具备的特征和才能，并在此基础上形成了现代领导素质理论的一个主要学派——伟人学派。

分析有能力的领导者的个性特征是研究领导素质的最早方法。这一方法假设领导者和非领导者的差异在于领导者具有一些基本特性。如果这些特性能被确认，那么有发展前途的领导者也就能够被确认了。研究者从领导者的体魄、才智、性格和品德等方面作了归纳，提出成功的领导者的主要个人特征包括：聪明才智、明确果断、身材高大、口才好、吸引人、有自信等。爱德温·吉塞利和斯托格迪尔等人为这方面的研究作出了杰出的贡献。

1. 对管理才能的探索

吉塞利对领导素质的研究历时二十多年，写出了不少有关领导特性的论文，其代表作有《管理才能》、《管理才能探索》等。他对个人性格与管理成功的关系，按重要性进行了分类。他研究的十三种特性，以及各项特性在其管理才能中所体现的价值，表明了各种特性的相对重要性（见表7-1）。其中监督管理能力、职业成就、才智、自我实现、自信、决断性属于很重要的特性；对安全保障的需求、亲近工人、主动性、对高额金钱报酬的需求、对权力的需求和成熟程度属于次重要的特性；而性别特征则与管理的成功与否毫无关系。

2. 与领导有关的个人因素

在全面研究了关于有效领导应具备的素质之后，斯托格迪尔总结了同领导有关的个人因素，认为有以下五个方面：

（1）智力，包括判断力和运用语言的能力；

（2）学术与体育成就及若干体貌特征，如外貌、身高等；

（3）强烈的责任心和完成任务的内动力，如反应能力成熟、稳定和不断进取的干劲；

表 7-1　个人特性对管理的重要性

特　　性	重要性价值
监督管理能力	100
职业成就	76
才智	64
自我实现	63
自信	62
决断性	61
对安全保障的需求	54
亲近工人	47
主动性	34
对高额金钱报酬的需求	20
权力需求	10
成熟程度	5
男性——女性	0

（4）社交能力、适应各种社会群体的能力和处理事务的能力；

（5）对提高个人身份和社会经济地位的欲望，如有抱负、大胆主动的独创精神及自信心。

三、关于领导方式的理论

（一）领导行为的连续统一体理论

坦宁鲍姆和施密特在 1958 年 3~4 月份的《哈佛商业评价》上发表了《怎样选择领导模式》一文，提出了"领导行为连续统一体"理论。他们指出，领导行为是包含了各种领导方式的连续统一体，在独裁式的领导行为和民主式的领导行为这两种极端的领导方式中间，还有多种领导方式。他们在其模型中列举了七种有代表性的领导风格，如图 7-1 所示。

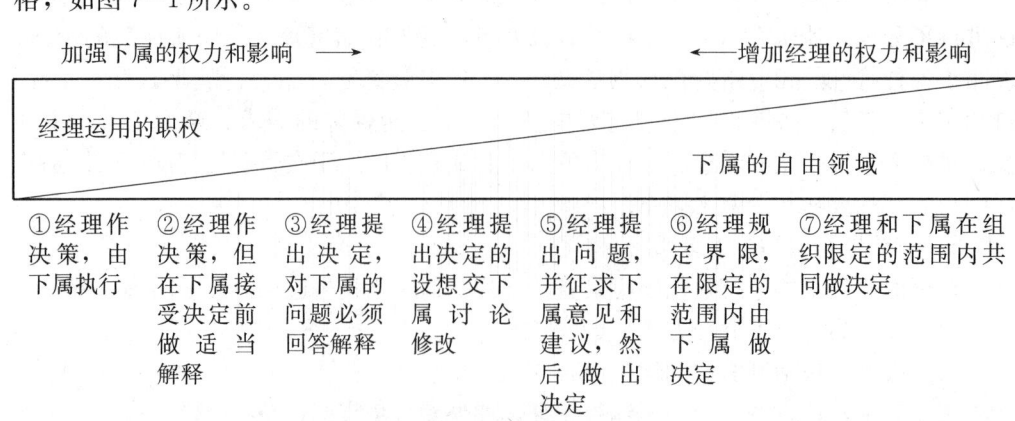

图 7-1　领导风格序贯图（连续统一体）

在组织中，有的管理人员运用职权作出各项决定，然后让下属接受这些决定；有的管理人员则相反，他们在规定的范围内和下属共同作出决定。但是，在连续统一体的两端都不是绝对的。领导的方式往往取决于三个主要因素，包括管理者（如他们的价值观系统以及对下属的信心）、下属成员（如他们对管理人员行为的期望）和他们所处的情境（如组织的价值观和传统）。

（二）管理方格理论

1. 领导行为四分图

从 1945 年开始，美国俄亥俄州立大学工商企业研究所在斯多格迪尔和沙特尔两位教授的领导下，对大型组织的领导行为作了一系列的深入研究。他们用高度概括的方法，通过对一千多种描述领导行为的因素进行筛选，最后归并为两类主要领导行为：一类为主导型，由领导确立组织目标和抓好组织，严格要求下属，确保其努力达到目标；另一类为关心型，领导和下属的相互关系体现为互相信任、互相尊重，上级关心并考虑下属的意见和感情，通过参与管理来调动他们的积极性。

主导型和关心型领导行为是两种不同的领导方式，它们互相结合可形成四种基本领导风格（如图 7-2 所示）。

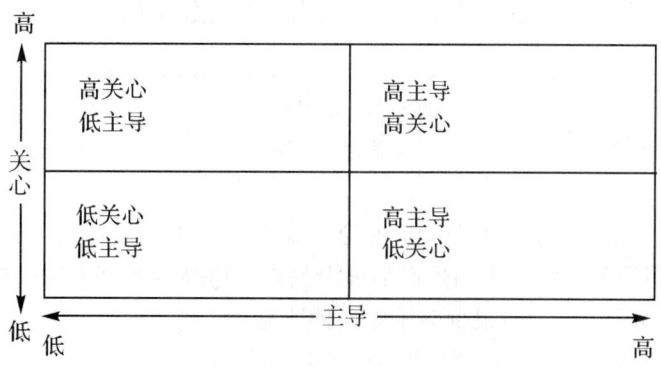

图 7-2 领导行为四分图

一位管理者可能是高主导兼高关心型，也可能是低主导兼低关心型，或此高彼低型。领导行为是这两类行为的具体组合。一个两方面都高的领导人，其工作效率及领导有效性必然较高。用四分图研究领导行为是从两个角度考察领导方式的首次尝试，为研究领导行为指出了一个新的途径。

2. 管理方格理论

管理方格理论是由美国德克萨斯大学的行为科学家罗伯特·布莱克和简·穆顿在 1964 年出版的《管理方格》（1978 年修订再版，改名为《新管理方格》）一书中提出的。

管理方格图是一张纵轴和横轴各 9 等分的方格图，纵轴表示领导者对人的关心程度（包含了对员工自尊的维护、基于信任而非基于服从来授予职责、提供良好的工作条件和保持良好的人际关系等），横轴表示领导者对生产的关心程度（包括政策决议的质量、程序与过程、研究工作的创造性、职能人员的服务质量、工作效率和产量），其中，第1格表示关心程度最小，第9格表示关心程度最大。这样就形成了一个有81种领导方式的管理方格图，如图7-3所示。

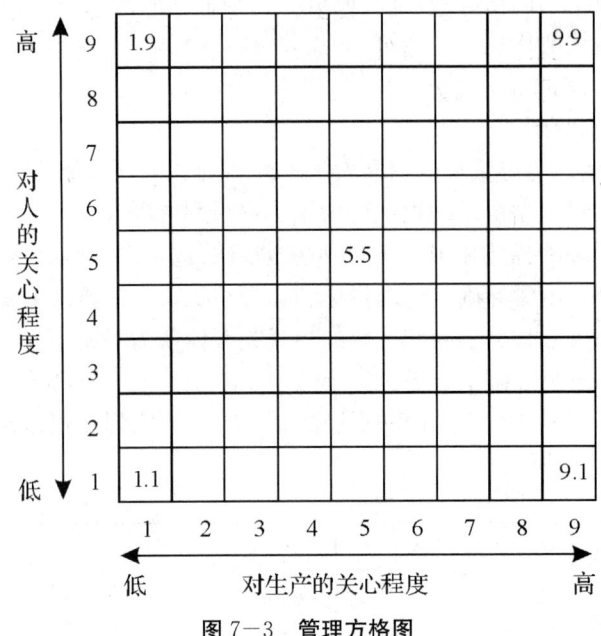

图7-3 管理方格图

布莱克和穆顿在管理方格图中列举了五种典型的领导方式。

1.1型为贫乏型管理，即对人和生产都很少关心，用最少的努力来完成任务和维持人际关系。但在现实中，一般很少会发生这种情况。

1.9型为俱乐部型管理，领导者特别注重支持和关怀员工，但不关心工作任务和效率。

5.5型为中间型管理，即对生产和人都有适度的关心，保持工作与满足人们需要二者的平衡，既以正常的效率完成任务，也保持一定的士气。

9.1型为任务型管理，即只重视生产任务的完成，而不重视人的因素。这是一种专制式的领导，强调有效地控制下属完成各项工作，下属只能奉命行事，员工容易失去进取精神，不愿创造性地工作，不能施展所有的才能。

9.9型为团队型管理，即对生产和人都极为关心，生产任务完成得好，职工关系和谐，士气很旺，职工个人目标和企业目标协调一致，全体成员齐心协力完成工作任务。

在上述五种领导类型中，1.9和9.1型是两种相反的极端类型，1.1和9.9型是另外两种相反的极端类型。布莱克和穆顿认为，把对生产的高度关心和对人的高度关心结合起来的9.9型领导方式效率最高，是管理者改进领导行为的目标模式。

四、关于领导权变理论

领导品质理论和领导行为理论有一个共同的缺陷,那就是忽略了环境因素的影响,从而造成理论和实际的脱节。权变理论认为不存在一种"普遍适用"的领导方式,领导工作强烈地受到领导者所处的客观环境的影响。或者说,领导和领导者是某种既定环境的产物。可以用函数关系来表示这种关系:

$$S = f(L, F, E)$$

上式中,S 代表领导方式,L 代表领导者特征,F 代表追随者的特征,E 代表环境,即领导方式是领导者特征、追随者特征和环境的函数。

领导者的特征主要指领导者的个人品质、价值观和工作经历。追随者的特征主要指追随者的个人品质、工作能力、价值观等。环境主要指工作特征、组织特征、社会状况、文化影响、心理因素等等。

比较有代表性的权变理论有菲德勒权变理论、赫西和布兰查德的领导生命周期理论以及罗伯特·豪斯的途径-目标理论。

（一）菲德勒权变理论

美国管理学家菲德勒在大量研究的基础上提出了有效领导的权变理论。他认为,任何形态的领导方式都可能有效,其有效性完全取决于领导方式与环境是否适应。

菲德勒提出对领导者的工作起关键影响作用的三个基本因素:职位权力、任务结构、领导者与被领导者的关系。

(1) 职位权力。职位权力指领导者所处的职位具有的权威和权力的大小,或者说领导的法定权、强制权、奖励权的大小。权力越大,群体成员遵从指导的程度越高,领导的环境也就越好;反之,则越差。

(2) 任务结构。任务结构是指任务的明确程度和部下对这些任务的负责程度。这些任务越明确,而且部下责任心越强,则领导环境越好;反之,则越差。

(3) 领导者与被领导者的关系,即上下级关系,是指群体成员爱戴、信任领导和乐于追随的程度。如果下级对上级越尊重,并且乐于追随,则上下级关系越好,领导环境也越好;反之,则越差。

菲德勒以一种被称为"你最不喜欢的同事"（LPC）的问卷来反映和测定领导者的领导风格。一个领导者如果对其最不喜欢的同事仍给予较高的评价,那么他是关心人（关系导向）的领导。如果对其最不喜欢的同事评价很低,则被认为是不是关心人而更多关心任务（任务导向）的领导。

菲德勒将三种情境因素组合成 8 种情况,如图 7-4 所示。

菲德勒认为,对于各种情境来说,只要领导风格能与之适应,都能取得良好的领导效果。他通过对各种情境下持不同领导方式（即 LPC 评分不一样）的领导者所取得组织绩效的实证调查的数据比较,证明了如下观点:在有利和不利的两种情境下（即图中第 1、2、3、8 类情境）,采用"任务导向型"领导方式效果比较好;对处于中间状态的情境（即图中的第 4、5、6、7 类情境）时,则适宜采用"关系导向型"领导方式。

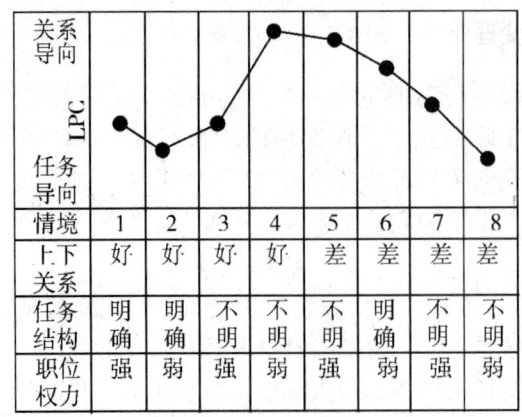

图 7-4 费德勒模型

(二) 领导生命周期理论

领导生命周期理论是由美国管理学者保罗·赫西（Paul Hersey）和肯尼斯·布兰查德（Kenneth Blanchard）提出的，是影响较大的一种领导权变理论。这一理论的特点是，不仅考虑领导者的风格，而且考虑到下属的"成熟度"。成熟度是人们有意愿和能力完成某项特定任务的程度。其基本观点是：如果将领导方式分为以工作为中心和以人际关系为中心这两种领导类型，则有效的领导方式应随着下属的逐渐成熟而不断调整工作型和关系型这两种领导方式的比例，如图 7-5 所示。M 代表成熟度，M1 表示低成熟度，M4 代表高成熟度。

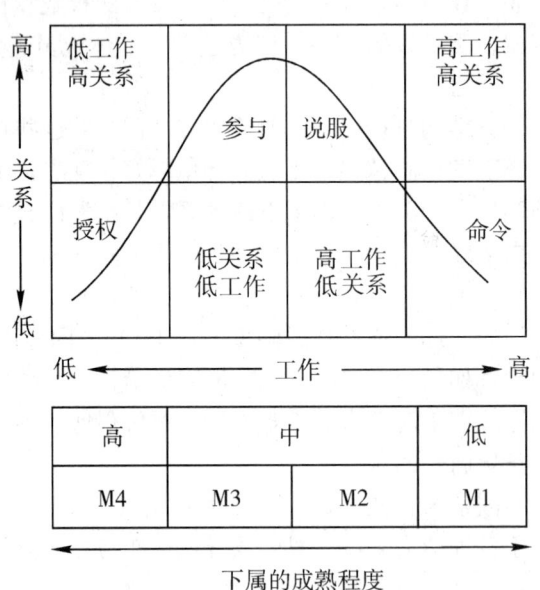

图 7-5 领导生命周期理论

(1) 命令式（高工作-低关系），适用于下属成熟度很低的情形。这时领导需要为被领导者确定工作任务，并以下命令的方式告诉他们做什么，怎么做，何时去做。

(2) 说服式（高工作－高关系），适用于下属成熟程度中等偏低的情形。这时领导者需要对工作任务做出决定，但要让被领导者了解所作出的决策，并在任务执行中给予大力的支持和帮助。

(3) 参与式（低工作－高关系），适用于下属成熟度中等偏高的情形。这时领导者应鼓励部属参与管理，并提供支持和帮助。

(4) 授权式（低工作－低关系），适用于下属成熟度较高的情形。让被领导者自己决定和控制整个工作过程，领导者只起监督作用。

领导生命周期理论的目的不是确定哪种领导方式最佳，而是可以帮助领导者在了解下属工作熟练程度的情况下来选择相适宜的领导方式。

（三）途径－目标理论

途径－目标理论是罗伯特·豪斯（Robert House）发展的一种领导权变理论。该理论采纳了俄亥俄模型的工作取向和关系取向，并同激励的期望理论相结合。该理论认为，领导者的工作是帮助下属达到他们的目标，并提供必要的指导和支持，以确保各自的目标与群体或组织的总体目标一致。"路径－目标"的概念来自于这样的观念，即有效领导者能够明确指明实现工作目标的方式来帮助下属。

该理论认为领导的激励作用在于：第一，使绩效的实现与员工需要的满足相结合；第二，提供有效的工作绩效所必需的辅导、指导、支持和奖励。为此，豪斯确定了四种领导行为：

(1) 指导型领导：让员工明了别人对他的期望、成功绩效的标准和工作程序。

(2) 支持型领导：努力建立舒适的工作环境，亲切友善，关心下属的要求。

(3) 参与型领导：主动征求并采纳下属的意见。

(4) 成就型领导：设定挑战性目标，鼓励下属实现自己的最佳水平。

豪斯假定领导者具有变通性，能根据不同情况而表现出上述各种不同的领导行为。路径—目标理论提出了两个权变因素作为领导行为与结果之间的中间变量。一是下属控制范围之外的环境因素，如工作结构、正式的权力系统、工作团队等；二是下属的个人特征，如能力、经验、控制力来源等，如图7－6所示。

不同的领导行为适合不同的环境因素和个人特征。例如，下属的工作是结构化的，则支持型的领导可以带来高的绩效和满意度，而对于能力强或经验丰富的下属，指导型的领导可能被视为多余的；相信自己能够控制命运的内控型下属对参与型领导更为满意，而外控型下属对指导式领导更为满意。

第四节 激 励

企业首先是人的集合体，企业要提高生产率，增加经济效益，就必然要调动人的积极性。调查表明人的资源潜力是很大的，按时计酬的职工每天一般只需发挥20%～30%的能力就可以保证其正常的生活需要，但如果通过激励调动其积极性，那么他们的潜力就可以发挥到80%～90%，这个差额所产生的效益是极为可观的。

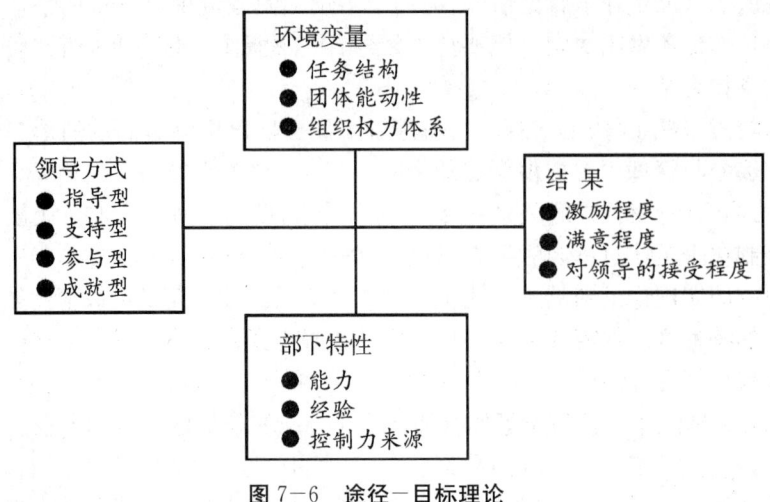

图 7-6 途径-目标理论

一、激励的含义

激励就是通过满足员工的个人需要来提高他们的工作积极性,并引导员工的行为指向目标的过程。人的需要是客观的刺激作用于人的大脑所引起的个体缺乏某种东西的状态,这里所说的客观的刺激不仅包括身体外部的刺激,也包括身体内部的刺激;不仅包括物质的刺激,也包括精神的刺激。人的需要会产生动机,而动机是人的行为产生的直接原因,它引起行为、维持行为并指引行为去满足某种需要。其中需要带有较强的客观性,而动机则是纯主观的,因此如何采取一定的方法来满足人的需要,通过引导人的动机,使其行为向有利于目标实现的方向进行就是激励所要研究的主要内容。

二、激励的原则

激励是一门科学,其理论基础是马斯洛的需要层次理论,在激励的过程中必须遵循一定的原则来实现激励职能的最大化。

(一)物质激励和精神激励相结合的原则

人所进行的社会活动,都是直接或间接地和物质利益联系在一起的,这是马克思主义关于历史唯物主义的一个基本观点。物质需要是人类最基础的需要,是人类生存和发展的根本要求,但层次较低,其作用也是表面的,激励深度有限。随着生产力水平和人的素质的提高,应该把激励的重心转移到以满足较高层次需要的精神激励上去。也就是说,要以物质激励为基础,精神激励为根本来实现两者的有效结合,但同时应该避免片面性和极端性。过分关注物质激励就会导致拜金主义,过分关注精神激励又会导致意志万能,所以必须正确认识两者之间的关系,实现物质激励与精神激励的合理配置。

(二)公平公正原则

公平公正地评价员工的工作成果,在此基础上给每个员工以合理的报酬,是激发员工积极性的一个重要因素。这里所说的工作报酬应该包括物质和精神两个层面，其中物质报酬是基础，应给予充分的重视。公平是在比较中获得的，人们注重的不只是所得的绝对量，更是可比的相对量，因此管理者应充分考虑一个群体内以及群体外相关人员激励的公平性。"按劳分配"的原则就是为了体现公平性，但公平理论中的公平原则与"按劳分配"相比，则考虑到个人的主观感受，因而显得更加实际。

（三）差异化和多样化原则

所谓差异化就是针对不同的个人采用不同的激励方式，多样化就是不应拘泥于一种方式，而应该视情况不同，灵活运用多种激励方法。这是从激励的本质出发的。激励的本质就是满足个人的需要，而人的需要又是多种多样、不断发展变化的，因而激励方式也就必须是多种多样、存在差异的。事实证明，在激励工作中只有坚持差异化和多样化原则，才能保证激励的有效性。

三、激励的有关理论

（一）马斯洛的需要层次理论

美国心理学家亚伯拉罕·马斯洛在 1943 年出版的《人类激励理论》一书中首次提出了需要层次理论，1954 年在《激励与个性》一书中又对该理论作了进一步的阐述。他把人的各种需要归纳为五大类，这五大类需要是互相作用的，是按其重要性和发生的先后次序进行的，可以排成一个需要的等级图，如图 7-7 所示。

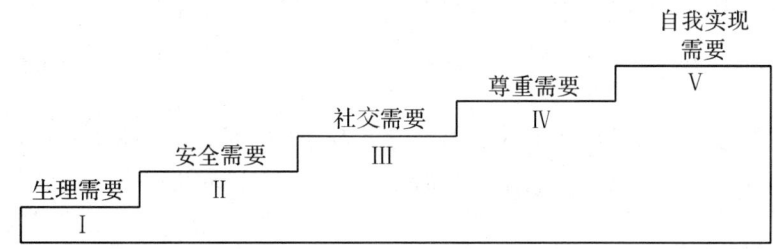

图 7-7 马斯洛需要层次理论示意图

这五个层次的需要如下所述。

1. 生理需要

生理需要包括维持生活和繁衍后代所必需的各种物质上的需要，如衣食住行等等。这些是人类最基本的，因而也是推动力最强大的需要。在这一级需要没有得到满足前，下面提到的各级的需要就不会发挥作用。

2. 安全需要

安全需要是有关免除危险和威胁的各种需要，如防止工伤事故和有伤害的威胁、资方的无理解雇、生病或养老、储蓄和各种形式的保险，都是这一级所要考虑的。

3. 社交需要

社会需要包括和家属、朋友、同事、上司等保持良好的关系，给予别人并从别人那里得到支援和帮助，自己有所归属，成为某个集体公认的成员等。这类需要比上两类需要更侧重于精神层面，更难捉摸，但对大多数人来讲是很强烈的一类需要，如果得不到满足就会导致精神不健康。

4. 尊重需要

尊重需要包括自我尊重和他人尊重两个方面。自我尊重主要是指对自尊心、自信心、成就感和独立权等方面的需求，他人尊重是指希望自己受到别人的尊重、得到别人的承认，如名誉、表扬、赞赏、重视等。这种需求得到了满足，人们就会充满信心，感到自己有价值，否则就会产生自卑感，容易使人沮丧、颓废。

5. 自我实现需要

自我实现的需要是最高一级的需要，指一个人需要做最适宜做的工作，发挥他最大的努力，实现理想，并能不断地自我创造和发展。一个自我实现的人有以下特点：①自信；②思想集中于问题；③超然；④自治；⑤不死板；⑥和别人打成一片；⑦具有非恶意的幽默感；⑧有创造性；⑨现实主义；⑩无偏见；⑪不盲从；⑫同少数人关系亲密等。

按照马斯洛的观点，人们的这五种需要是按照生理需要、安全需要、社交需要、尊重需要、自我实现需要的顺序从低级到高级依次排列的。满足需要的顺序也同样如此，只有当低一级的需要得到基本的满足以后，人们才会去追求更高一级的需要；在同一时间，人们可能会存在几个不同层次的需要，但总有一个层次的需要是发挥主导作用的，这种需要就称为优势需要；只有那些未满足的需要才能成为激励因素；任何一种满足了的低层次需要并不会因为高层次需要的发展而适用于每个人，一个人需要的出现往往会受到职业、年龄、性格、经历、社会背景以及受教育程度等多种因素的影响，有时可能会出现颠倒的情况。

马斯洛的需求层次理论将人们的需求进行了内容上的区分，揭示了人类心理发展的一般规律，这对于管理的实践具有一定的指导意义，但同时也存在一些问题。马斯洛自己也承认，这一理论并没有考虑到人们的主观能动性；他认为满足的需求将不再成为人们行为的动机，但是对于满足的意义解释却不是很明朗；在现实中，当一种需要得到满足以后，很难预测到哪一种更高层次的需要会成为下一个必须满足的需要。

（二）赫茨伯格的双因素理论

美国心理学家赫茨伯格在 20 世纪 50 年代后期通过对一些企业的调查，对员工特别满意和特别不满意的状况进行了问讯，并征求了美国匹兹堡地区二百多位工程师和会计师的意见，提出了激励的双因素理论，也称激励—保健理论。

赫茨伯格在调查中发现，使人感到满意的因素和使人感到不满意的因素是大不相同的。使员工感到满意的因素通常是由工作本身产生的，比如工作成就感、工作的责任感、工作的挑战性和职业发展前途等等。使员工感到不满意的因素通常是由外在的工作环境引起的，比如公司政策、行政管理、人际关系、工作条件、薪水、个人生活、地位、安全等。赫茨伯格通过进一步的调查发现，满意的对立面并不是不满意。消除了工作中的不满意因素，只能消除员工的不满、怠工和对抗，并不能激发员工的工作积极性和提高生产效率，他把这一类因素称为保健因素，即只能治疗病症，并不能提高体质。而满意因素的改善能够激励员工的工作热情，促进生产增长，如果处理得不好，也会引起员工的不满，但影响不大，赫茨伯格把这类因素称为激励因素。

赫茨伯格提出满意的对立面是没有满意，而不是不满意；同样，不满意的对立面是没有不满意，而不是满意。赫茨伯格建议管理者应先向员工提供保健因素，消除员工的不满，然后在此基础上提供激励因素，增加他们对工作的满意感。在缺少保健因素的情况下，激励因素的作用也不会很大。可以说保健因素是激励因素得以实现预期效果的前提条件。

赫茨伯格双因素理论在学术界也存在着争议，有以下几个方面：

（1）赫茨伯格所采用的研究方法具有一定的局限性。人们容易把满意的原因归因于他们自己，而把不满意的原因归因于外部因素。

赫茨伯格研究方法的可靠性令人怀疑。评估者必须作出解释，但他们有可能会对两种相似的回答作出不同的解释，因而使调查结果掺杂偏见。

（2）缺乏普遍适用的满意度的评价标准。一个人可能不喜欢他工作的一部分，但仍认为这工作是可以接受的。

（3）赫茨伯格认为满意度与生产率之间存在一定的关系，但他所使用的研究方法只考察了满意度而没有涉及生产率。

尽管存在诸多的争议和批评，赫茨伯格双因素理论的贡献是显而易见的，主要体现在以下几个方面。

（1）双因素理论说明采取某项措施减少了不满意因素，并不一定就带来满意和生产能力的提高。

（2）满足各种需要所引起的激励深度和效果是不一样的。物质需求的满足是必要的，没有它会导致不满，但物质需要的满足并不意味着满意，它的作用是低层次的，有限的。

（3）提高员工的积极性，不仅要注意物质利益和工作条件等外部因素，更重要的是要提高员工的工作成就感、责任感等等，通过调动员工的内在因素来激发员工的积极性，更持久地实现激励的作用。

赫茨伯格的双因素理论与马斯洛的需要层次理论有很强的关联性，是相互包容的。其中马斯洛的理论是针对需要和动机而言的，而赫茨伯格的理论是针对满足这些需要的目标和原因而言的。两种理论的对比如图7-8所示。

（三）麦克莱兰的三种需要理论

大卫·麦克莱兰等人提出了三种需要理论，对马斯洛的需要层次理论的普遍性提出了挑战。他们认为，人类的许多需要都不是生理的，而是社会的，很难从单个人的角度归纳出人们共同的需要。时代不同、社会不同、文化背景不同，人的需要也就不同。而马斯洛的理论过分强调个人的自我意识、内省和内在的价值，忽视了来自社会的影响。麦克莱兰等人还认为，人的社会需要不是天生的，而是后天的，来源于环境、经历和培养教育，特别是在特定行为得到报酬后，会强化该种行为模式，形成需要倾向。他们通过大量研究分析，归纳出了以下三类社会性需要：

（1）权力的需要：影响或控制他人且不受他人控制的欲望。

麦克莱兰等人研究发现，具有较高权力欲望的人，特别重视影响力的发挥，追求

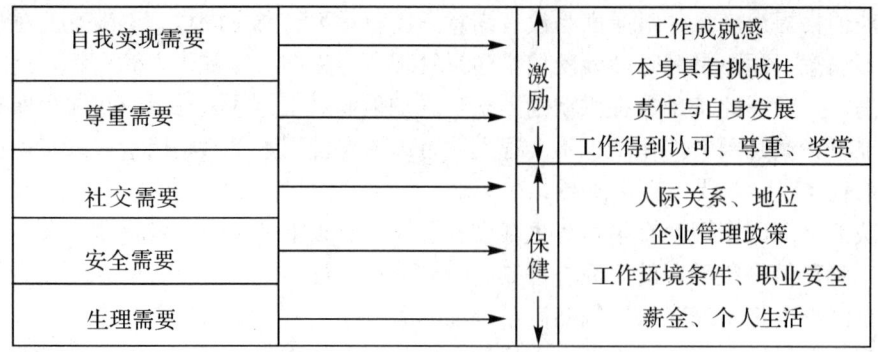

图 7-8 马斯洛和赫茨伯格激励理论的对比

控制力,这种人一般都希望得到领导地位。他们往往十分健谈、好争辩、议论、头脑冷静,他们的性格十分坚强,敢于发表意见,敢于要求。

(2) 归属的需要:建立友好亲密的人际关系的需要。

极需社交的人通常从友爱中得到快乐,并总是设法避免因被某个团体拒之门外所带来的痛苦。作为个人,他们往往保持一种融洽的社会关系;与周围的人保持亲密无间的关系并相互谅解;随时准备安慰和帮助危难中的伙伴。

(3) 成就的需要:追求成就,实现个人价值的欲望。

有高度成就需要的人,既有强烈的求得成功的愿望,也有害怕失败的强烈恐惧。他们希望受到挑战,爱为自己设置一些有适当难度的目标,并对风险采取现实态度;他们更喜欢分析和评价问题,能为完成任务承担个人责任,对自己的工作情况喜欢获得明确而迅速的反馈;他们喜欢长时间地工作,遭到失败也不会过分沮丧;他们喜欢独当一面,一般喜欢表现自己。

在大量研究的基础上,麦克莱兰对成就需要与工作绩效的关系进行了十分有说服力的推断:

(1) 高成就需要者喜欢能独立负责、可以获得信息反馈和中度冒险的工作环境。在这种工作环境下,他们可以被高度激励。不少证据表明,高成就需要者在企业中颇有建树,如经营自己的企业,管理大公司中的一个独立部门,处理销售业务等。

(2) 高成就需要者并不一定就是一个优秀的管理者,一个优秀的管理者同样未必就是一个高成就需要的人。对大型组织而言更是如此。

(3) 归属需要与权力需要和管理的成功密切相关。最优秀的管理者是权力需要很高,而归属需要很低的人。

(4) 可以通过训练来激发员工的成就需要。如果某项工作要求高成就需要者,那么管理者可以通过直接选拔的方式找到一名高成就需要者,或者通过培训的方式培养自己原有的下属。

根据麦克莱兰等人的研究,企业家通常表现出很高的成就需要和相当大的权力需要,但归属需要十分低。经理人员一般表现出高度的成就需要和权力需要,而归属需要低,但高或低的程度没有企业家那么显著。他们还发现小公司的总裁普遍具有非常高的成就需要,而大公司的总裁只有一般的成就需要,但对权力和归属需要的追求往往较为强烈。大公司的中上层管理者在成就需要方面要高于他们的总裁。麦克莱兰的解释是总裁已经达到顶峰,而那些人还需要拼命往上爬。

成就需要高的人要比那些不高的人上进得更快些,但由于管理工作除了要有成就的动力之外,还需要其他的动力,所以每个组织应该既要有相当强烈的成就需要的管理人员,也要有高度归属感的管理人员。后一种需要对协调个人活动和与人共事方面是很重要的。

(四) 公平理论

公平理论是由美国心理学家亚当斯在1965年首先提出来的。这一理论也被叫做社会比较理论。公平理论是关于工作动机的理论,它强调:个体对于是否公平或平等地得到回报或惩罚的信念,决定了个体工作的行动及其满意度。该理论基于如下假设:工作激励的一个主要影响因素是个体对所得报酬是否公平、是否公正的估价。公平可以定义为个体在工作中的投入(如努力或技能)与工作所获得的报酬之间的比率(如薪金或工作中的晋升)。根据公平理论,只有当个体所获得的报酬与其所做的努力成比例时,他才会感到满意,才会受到激励。他们或是将自己所获得的报偿与所付出的努力的比值与组织内的其他人相比较,或是同自己的过去的这一比值相比较,如图7-9所示。

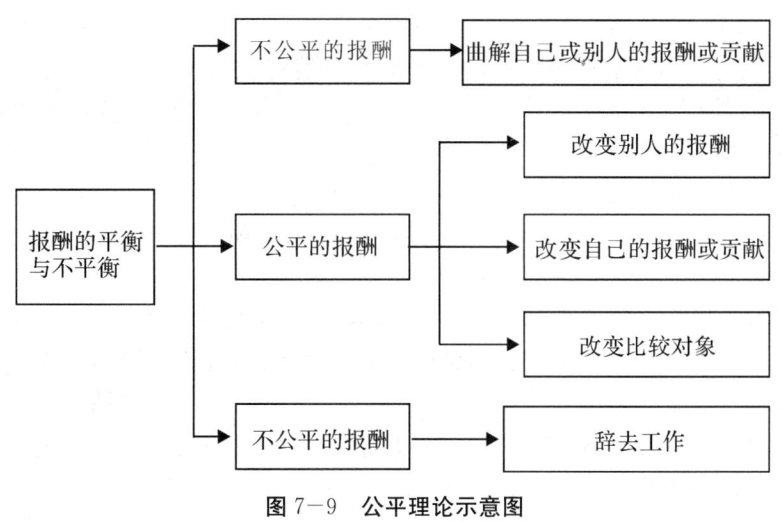

图7-9 公平理论示意图

亚当斯用下面的等式来表达这一思想:

个人所得报酬/个人的投入=(作为比较的)另一个人的所得报酬/另一个人的投入

公平比较的对象一般是与自己的工作性质相似、级别相当的人。这又分为四种情况：
(1) 比较的对象是过去的自己；
(2) 比较的对象是在其他机构工作的自己；
(3) 比较的对象是在同一机构工作的同事；
(4) 比较的对象是在不同机构工作的朋友、亲戚等。

公平比较有三种可能的结果。第一种结果是双方的报酬与贡献的比值相当，个人感到待遇是公平的；第二种结果是自己的报酬与贡献的比值比别人的报酬与贡献的比值高，这是一种不公平的待遇（自己占了便宜）；第三种结果是自己的报酬与贡献的比值比别人的报酬与贡献的比值低，这是另一种不公平的待遇（自己吃亏了）。

当个体感到比较的结果不公平时，他就会产生不安或不满的感觉，因此会想办法使不公平待遇变得较为公平。办法包括：

(1) 曲解自己的报酬或贡献。有些个体会宽慰自己，认为自己所付出的努力可能没有原来想象的那么大，或自己的报酬可能更有价值。

(2) 采取某种行为使别人的报酬或贡献发生改变。有些个体可能试图让他们的同事（比较对象）改变工作行为，如劝说那些不如别人努力但和别人拿一样工资的个体改进工作表现。

(3) 采取行动改变自己的报酬或贡献。许多个体会选择减少花在工作上的时间和精力来减少自己的贡献，以提高报酬与贡献的比值。

(4) 改变比较对象。比较的对象不同，比较的结果也不同。

(5) 辞去工作。有些个体会通过转换工作来消除不满的情绪。

布罗克纳和阿蒂斯特也对公平理论进行了研究。他们发现当自己的报酬与贡献的比值比别人低时，不公平感对男性的工作满足感所造成的负面影响要比女性大；同样，当报酬与贡献的比值比别人高时，不公平感对男性的激励作用要比女性大。

近期的研究表明，个体对不公平感的反应依赖于他曾有过的不公平体验。这样，激励理论就开始纳入了时间因素。理查德·科西尔和唐·达尔顿指出，工作中的人际关系绝不是静止不动的，不公平也不总是孤立的或只与过去的事件有关。他们认为，在某一界限以内，人们能够忍受一系列的不公平事件，但是诸多不公平事件中的一件就是可以将个体推出其可容忍的范围之外。例如，一个很优秀的员工因为没有正当理由，请一个下午假而没有被批准，如果他过去有过许多类似的经历，可能会因此而勃然大怒，辞掉工作。

公平理论也同样存在着不足之处。其不足之处在于员工本身对公平的判断是主观的，这种行为对管理者施加了比较大的压力。因为人们总是倾向于过高估计自我的付出，却过低估计自己所获得的报酬，而对他人的估计则刚好相反。因此，管理者在应用该理论时，应当注意实际工作绩效与报酬之间的合理性，并注意留心对组织的发展有特殊贡献的个别员工的心理状态。

（五）强化理论

强化理论主张对激励进行有针对性的刺激，只看员工的行为及其结果之间的关系，而不是突出激励的内容和过程。强化理论是由美国心理学家斯金纳首先提出来的。强化理论认为人的行为是由所受外部因素的刺激引起的,反映了在循环学习过程中过去行为的结果。这个过程可以表示为:刺激→反应→后果→未来的反应。强化理论是建立在效应法则基础上的激励理论。斯金纳认为,个体对外部事件或情景(刺激)所采取的行为或反应,取决于特定行为的结果。当结果对个体有利时,这种行为就会重复出现;如果是不利的,这种行为就会减弱直至消失。例如,一方面,人们可能会遵守规章,因为根据在家庭和学校中学到的知识,他们知道不服从将招致惩罚;另一方面,人们在工作中尽力达到目标,因为他们知道很有可能会因此而得到奖励。这就是效应法则。

强化理论涉及人们对过去刺激→反应→结果的经验的记忆。强化理论认为,当受到与过去行为模式一致的刺激时,个体会受到激励。用强化理论来改变个体行为的过程被称为行为修正。因此,如果管理者希望改变员工的行为,必须改变其行为的结果。因为人的行为在很大程度上取决于对行为结果的期望。换句话说,那些能产生积极或令人满意结果的行为,以后会经常得到重复;相反,那些会导致更消极或令人不满意结果的行为,以后再次出现的机率会很小。

根据事件的再现或取消、事件的满意或不满意这两类因素的不同组合,可以把强化分为四种类型:正强化、负强化、消除和惩罚。

正强化就是指某种有吸引力的结果(如认可、赞赏、增加工资或奖金、提升)来创造一种令人满意的环境,表示对某一种行为的奖励与肯定,以提高这种行为重复出现的可能性。负强化是指员工们改变自己的行为以规避不愉快的结果(如批评或低评价)。消除是指取消正强化,对某种行为不予理睬,以表示对该行为的轻视或否定,该行为如果长期得不到正强化便会逐渐消失。惩罚是指以某种带有强制性、威胁性的结果(如批评、降薪、降职等)制造一种令人不愉快的环境,以示对某一种不符合要求的行为予以否定,降低这种行为重复出现的可能性。

在运用强化手段时,不仅要考虑采用何种方式,而且对何时以及它发生的间隔次数等问题也需要认真考虑。与此同时,在强化次数的间隔安排上也有多种策略可加以选择。

(1) 固定间隔。这是指不考虑行为怎样,而以一个固定的时间间隔提供强化,如按周、按月付给的薪金等即属于此类强化。这类强化安排提供的刺激强度最小,因为职工知道,不管他们努力与否,到时都能拿到薪酬。

(2) 可变间隔。这也是以时间为基础安排的强化,但每次强化的时间间隔是变动的。如果管理人员在运用表扬或在察访时给些其他形式的奖励、报酬等,则更适合采用这类强化安排。由于职工们并不知道什么时间上级会来检查,所以通常都能较认真地进行工作。

(3) 固定比率。这是指不考虑行为的时间间隔,在行为达到一个固定数字后即给予强化。这种强化方式通常刺激性更大,如计件工资制等即属于此类强化。

(4) 变动比率。它也不考虑时间因素,通常在多种行为发生后才给予一次强化。这类安排在维持要求的行为上是最有力的。由于每次绩效的增加都会有得到奖励、报酬的可能,因此职工较易增加所要求行为的次数。

总之，强调行为是其结果的函数，通过运用适当、及时的奖惩手段，集中改变、修正员工的工作行为。强化理论的不足之处在于它忽视了诸如目标、期望、需要等个体要素，而仅仅注重当人们采取某种行为时会带来什么样的后果，但强化并不是员工工作积极性存在差异的唯一解释。

四、激励的方法

激励的方法分为精神激励法和物质激励法两大类，下面分别加以阐述。

（一）精神激励法

精神激励是十分重要的手段，它通过满足员工社交、尊重、自我实现的需要，在较高层次上调动员工的积极性，其激励深度大，维持时间长。

1. 目标激励

所谓目标激励，就是确定适当的目标，诱发人的动机和行为，促使人们采取适当的行动去实现目标，达到调动人的积极性的目的。一个人只有不断启发对高目标的追求，也才能启发其奋发向上的内在动力。在目标激励的过程中，要正确处理大目标与小目标，个体目标与组织目标的关系。把组织经营目标和个人目标结合起来，一方面在目标实现中满足个人的需要；另一方面，通过组织经营目标与个人目标的结合，体现出个人在组织中的地位和作用，使个人的价值充分体现出来。在目标考核和评价上，要按照德、能、勤、绩标准对人才进行全面综合考察，定性、定量、定级，做到"刚性"规范，奖罚分明。

2. 参与激励

参与激励是指让员工参与组织管理，使员工产生主人翁责任感，从而激励员工发挥自己的积极性。现代人力资源管理的实践经验和研究表明，现代的员工都有参与管理的要求和愿望，创造和提供一切机会让员工参与管理是调动他们积极性的有效方法。毫无疑问，很少有人参与商讨和自己有关的行为而不受激励。因此，让职工恰当地参与管理，既能激励职工，又能为企业的成功获得有价值的知识。通过参与，形成职工对企业的归属感、认同感，可以进一步满足自尊和自我实现的需要。

3. 兴趣激励

兴趣对人的工作态度、钻研程度、创新精神的影响是巨大的，往往与求知、求美和自我实现密切联系。在管理中要重视员工的兴趣因素，以实现预期的精神激励效果。在工作的兴趣激励中，管理者必须为员工寻求工作的内在意义，也就是要为员工创造工作的意义和价值。员工体会到工作的内在价值与意义，才会真正为了这份工作而积极努力，发挥自己的最大力量。

4. 榜样激励

榜样是人们行为的参照系。作为领导者，如果能建立起科学、合理、吸引人的参照系，就能激励人们，使其行为导向有利于组织目标的实现。常说的榜样的力量是无穷的，就是这个道理。榜样激励对榜样者自己，以及对先进人员、一般人员、后进人员都有激励的效果。

领导者在实施榜样激励时，要注意：①树立正确的榜样，并实事求是地宣传他们的事迹；②引导下属一分为二地看待榜样，防止机械地、形式主义地模仿；③分析榜样形成的条件和成长过程；④关心榜样的成长，使之不断进步；⑤保护榜样，对那些中伤、打击榜样的错误言行要进行批评教育，防止狭隘和嫉妒心理的产生。

5. 荣誉激励

从人的动机看，人人都具有自我肯定、获得光荣、争取荣誉的需要。荣誉激励是通过满足人的自尊需要而达到激励的目的，包括发给奖状、奖牌，给予记功，授予称号等。如对优秀员工授予劳动模范、先进人物等荣誉称号。

荣誉激励虽然是一种重要的精神激励手段，但要注意：①种类要适当少而精，过多的评优评奖会导致荣誉称号的贬值；②不要轮流坐庄，否则会极大打击优秀员工的积极性；③荣誉激励要与物质激励相结合；④荣誉激励要制度化和规范化，减少随意性。

6. 培训教育激励

随着知识经济的扑面而来，知识更新速度的不断加快，这就需要不断地加强学习，树立"终身教育"的思想，变"一时一地"的学习为"随时随地"的学习；对单位一般员工可采取自学和加强职业培训的力度；对各类人才也可以进行脱产学习、参观考察、进高等院校深造等激励措施。通过教育和培训增强员工的工作能力，提高员工的思想觉悟，从而增强其自我激励的能力，是管理者激励和引导下属行为的一个重要手段。

（二）物质激励法

物质激励法是通过满足人们对物质利益的需求来激励人们的行为，调动人们的工作积极性的方法。物质利益是人们生存和发展的基础，是基本的利益。当然，不同的人对物质激励的要求是不同的，但总的来说，它仍是现阶段最重要的个人利益之一。所以说，物质激励法也是管理中最重要、最常见的激励方法。它的出发点是关心群众的切身利益，不断满足人们日益增长的物质文化生活的需要。

1. 晋升工资

工资是人们工作报酬的主要形式，它与奖金的主要区别在于工资具有一定的稳定性和长期性。工作有成效的员工如果获得晋升工资的奖励，毫无疑问是重大的物质利益。因此，晋升工资的激励方法一般用于一贯表现好，长期以来工作突出的员工。

2. 颁发奖金

奖金是针对某一件值得奖励的事情给予的奖赏。奖金与工资不同，它的灵活性大，不具有长期性、稳定性，但也是一种重要的物质激励手段，一般适用于特殊事情的激励。

3. 其他物质奖赏

除了货币性的工资与奖金之外，常用的还有住房、轿车、带薪休假等可为人们提供其他物质利益的激励手段。另外，现代企业实行的员工持股制度、给予股份奖励等也都是一种物质奖励手段。

第五节 沟　　通

组织目标的实现并不仅仅是贯彻领导方式和激励的基本内容，更重要的是组织成员的各方对组织目标及其实施方式的理解，以及各方之间的协调程度，这直接关系的是管理的绩效问题。个体和组织之间的差异性决定了沟通是复杂的、多样的，从而需要建立一套合理的机制来实现有效的沟通，完成组织的目标。

一、沟通的概念

沟通是指可理解的信息或思想在两个或两个以上人群中的传递或交换的过程，目的是激励或影响人的行为。沟通活动是使有组织的活动统一起来的重要手段之一，无论企业、事业单位、公司、军队、个人之间彼此的信息交流都是绝对必要的，任何一个管理者都必须对沟通活动给予高度重视，对沟通的性质有正确的认识。从中我们可以看出沟通的概念应当具备以下三个基本条件：

（1）沟通必须涉及两个或两个人群以上。当然，两个或两个人群以上也有不同的含义。例如，两个管理者在办公室开会，这是沟通，一个学生在图书馆阅读200年前某一作家写的作品，这也是沟通。

（2）沟通必须有一定的沟通客体，即信息情报等。

（3）沟通必须有传递信息情报的一定方法，如语言、书信等。

二、沟通的种类

根据划分标准的不同，沟通可以分为不同的种类，一般有以下几种划分方法。

（一）按照功能划分，沟通可以分为工具式沟通和感情式沟通

工具式沟通指发送者将信息、知识、想法、要求传达给接受者，目的是影响和改变接受者的行为。感情式沟通指双方表达各自的情感，进行感情上的交流，如尊重和同情等等，以达到增进感情和关系的目的。

（二）按照方法划分，沟通可分为口头沟通、书面沟通、非语言沟通和电子媒介沟通等

它们都有各自的优点和缺点，比如口头沟通具有传递速度快，反馈直接及时的优点，但同时也具有传递过程中层次过多而导致的失真和核实困难等缺点。

（三）按照组织系统，沟通可以分为正式沟通和非正式沟通

正式沟通一般指以企业正式组织系统为渠道的信息传递。非正式沟通一般指以企业非正式组织系统或个人为渠道的信息传递。

（四）按照方向，沟通可以分为下行沟通、上行沟通和平行沟通

下行沟通指上级将信息传达给下级，是由上至下的沟通。上行沟通指下级将信息传达给上级，是由下至上的沟通。平行沟通指同级之间横向的信息传递，也称横向沟通。

（五）按照是否进行反馈，沟通可分为单向沟通和双向沟通

一般来说，单向沟通指没有反馈的信息传递。双向沟通指有反馈的信息传递，是发送者和接受者相互之间进行信息交流的沟通。

三、沟通的作用

（一）使组织中的人们认清形势

"认清形势"在这里是指，为明智的行动提供必要的情报。在开始向所有新来的人员介绍他们所处的物质环境和人员情况时，更重要的是简单介绍当前的和长远的组织活动情况。显然，一个人对自己的工作和工作环境知道得越多，就能工作得越好。这包括三方面的工作。

1. 使新来的人员认清形势

这项工作可以由人事部门来做，但从管理角度来看，更应该由顶头上司即上一层的主管人员来做。其内容包括：现在组织的处境，例如物质条件、环境因素、人员情况、组织发展的未来等等，更重要的是要介绍即将要派给他们的有关任务的主要情况，鼓励他们用一些可考核的方法来理解他们的职务和目标；讲解他们的职务与其他工作的关系，明确他们的职责范围以及相应的权力界限；使他们了解如何汇报工作，如何使工作顺利，如何与其他人进行交往、联系和工作。

2. 不断地认清形势

这是指在确定目标以后，在实现目标的过程中，主管人员不断地讲解和引导，使下级人员领会、认识、明确他们的各项工作，尤其必须经常地对新的或修改过的目标、任务、组织工作的变动情况（与政策、组织、服务对象等有关）以及主管人员的变动认识清楚。不断认清形势的困难是：人们对必须重复做的而且能完成的工作渐渐不感兴趣。使一个新来的人员很快而且准确地认清形势是较容易的，而主管人员要不断地认清形势则要有顽强的毅力。

3. 使主管人员认清形势

如果上级对形势的认识不足，甚至常常认为没有必要去认识，这会给工作带来很大的困难。当然，上级可以通过控制报告和会议使自己了解情况，但这是很不够的。上级应该主动去认清形势，与此同时，每个下级应经常向他的上级汇报情况，并且准确地理解上级的需要，以便对报告的内容进行选择，使上级从情报资料堆里摆脱出来，而对于对他们自己有不利影响的情报也决不擅自删改。

（二）使决策能更加合理和有效

主管人员要根据情报作出决策。任何组织机构的决策过程，都是把情报信息转变为行动的过程。准确可靠而迅速地收集、处理、传递和使用情报信息是决策的基础。决策目的所需的信息流，同组织层次有密切的关系。信息由基层一级向上传输，各部门的主管人员把收到的信息进行总结、消化，并在自己的职权范围内采取行动。然后，他们又把信息向更高一级传输，在那里再进行总结，采取行动，并传输到最高主管部门。最高主管部门对收到的信息进行总结归纳，并用来进行决策。

在决策过程中，由上而下地传输信息要考虑传输的时间、范围和方法。通过各级

组织层次由上而下地传递情报要花费时间，而延误时间会铸成失败。因此，大部分机灵的高级主管人员都坚持把情报直接送到需要它的部门。

（三）稳定员工的思想情绪，统一组织行动

一个人从被招聘到组织内某一岗位（或职位）开始，直至退休（或调出），有效的沟通都是极其重要的。在招聘过程中，进行沟通可使未来的员工相信在本组织中工作的好处，主要是使他们对组织的整个状况有所了解，并产生一个好的印象。同时，还要使他们了解组织的内部政策、习惯做法、结构以及他们的岗位等，从而使他们在进入岗位之前，在心理上有所准备。在趋向性方面，情报沟通就是要使员工熟悉他们的工作，使他们感到其工作安全。人们认为，使员工在精神上感到满意，他们的工作就更有效果，就愿意留下来工作。

员工要做好工作，就需要有充足的情报。经验表明，繁琐的指导和严密的监督对有文化的、肯负责的员工不是行之有效的办法。他们能对自己的工作负责并做好，他们需要了解他们的工作同整个工作的关系以及对组织的重要性等方面的情况。

在个人考评方面，上级主管人员评价其下级对组织所作的贡献，并将此评价传达给下级是十分重要的。因为这有利于使下级了解自己的地位，了解上级对他们完成任务的看法，了解他们如何改进自己对组织的贡献，以及了解他们的未来前途等。如果这种考评是明智的，将会大大激发员工的士气。每个人，特别是每个员工都承认在有组织的活动中需要纪律，在这方面进行情报沟通就是使员工了解组织的各项规章制度，以使他们能遵守这些制度，从而保持组织的统一性。

四、沟通的原则

（一）准确性原则

当信息沟通所用的语言和传递方式能被接收者所理解时，这才是准确的信息，这个沟通才具有价值。沟通的目的是要让发送者的信息能够为接收者所明确，看起来似乎很简单，但在实际工作中，常会出现接收者对发送者非常严谨的信息缺乏足够的理解的情况。信息发送者的责任是将信息加以综合，无论是笔录或口述，都要求用容易理解的方式表达。这要求发送者有较高的语言或文字表达能力，并熟悉下级、同级和上级所用的语言，这样，才能克服沟通过程中的各种障碍，而对表达不当、解释错误、传递错误给予澄清。当然，在注意了准确性原则之后，沟通并不一定能正常进行，这是由于要注意的信息太多，人的注意力有限，所以接收者只有集中精力，克服思想不集中、记忆力差等问题，才能够对信息有正确的理解。

（二）完整性原则

当组织中的主管人员为了达到组织目标，而要实现和维持良好的合作时，他们之间就要进行沟通，以促进他们的相互了解。在管理中进行沟通只是手段而不是目的。这项原则的一个特别需要注意的地方，即信息的完整性部分取决于主管人员对下级工作的支持。主管人员位于信息交流的中心，应鼓励他们运用这个中心职位和权力，起到这个中心的作用。但在实际工作中，有些上级主管人员忽视了这一点，违反了统一指挥的原理，往往越过下级主管人员而直接向有关人员发指示、下命令，使下级主管人员处于尴尬境地。如果确实需要这样做，则上级主管应事先同下级主管进行沟通。只有在时间不允许的情况下，例如紧急动员完成某一项任务，下令撤离某一危险场所等，采用这个方法才是必要的。

（三）及时性原则

在沟通的过程中，不论是主管人员向下沟通信息，还是下级主管人员或员工向上沟通信息以及横向沟通信息，除注意到准确性、完整性原则外，还应注意及时性原则。这样可以使组织新近制定的政策、组织目标、人员配备等情况尽快得到下级主管人员或员工的理解和支持，同时可以使主管人员及时掌握其下属的思想、情感和态度，从而提高管理水平。在实际工作中，信息沟通常因发送者不及时传递或接收者的理解、重视程度不够，而出现信息沟通的滞后，或从其他非正规渠道了解信息，使沟通渠道起不到正常的作用。当然，信息的发送者出于某种意图（例如物价上涨时，调整员工的心理承受力），而对信息交流进行控制也是可行的，但在达到控制的目的后应及时进行信息的传递。

（四）非正式组织策略性运用原则

这一原则的性质就是，只有当主管人员使用非正式的组织来补充正式组织的信息沟通时，才会产生最佳的沟通效果。非正式组织传递信息的最初缘由，是出于一些信息不适合于由正式组织来传递。所以，在正式组织之外，应该鼓励非正式组织传达并接收信息，以辅助正式组织做好组织的协调工作，共同为实现组织目标作出努力。

一般说来，非正式渠道的消息，对完成组织目标有不利的一面。但是，小道消息盛行，却反映了正式渠道的不畅通。因而加强和疏通正式渠道，在不违背组织原则的前提下，尽可能通过各种渠道把信息传递给员工，是防止那些不利于或有碍于组织目标实现的小道消息传播的有效措施。

五、沟通的方法

沟通中的方法是多种多样的，一般包括发布指示、会议制度、个别交谈等等。沟通的方法在运用过程中应当随机制宜，因人而定。

（一）发布指示

在指导下级工作时，指示是重要的。指示可使一个活动开始着手、更改或制止，它是使一个组织生机勃勃或者解体的动力。

1. 指示的含义

指示作为一种领导的方法，可理解为是上级的指令，具有强制性。它要求在一定的环境下执行任务或停止工作，并使指示内容和实现组织目标密切关联。必须明确上下级之间的关系是直线指挥的关系。这种关系是不能反过来的，如果下级拒绝执行或不恰当地执行了指示，而上级主管人员又不能对此使用制裁方法，那么他以后的指示可能失去作用，他的地位将难以维持。为了避免这种情况的出现，可在指示发布前听取各方面意见，对下级进行训导，或将下级尽可能安排到其他部门工作。

2. 指示的方法

管理者在发布指示时应考虑下列问题：

(1) 一般的还是具体的。一项指示是一般的还是具体的，取决于主管人员根据其对周围环境的预见能力以及下级的响应程度。对授权持谨慎态度的主管人员倾向于具体的指示，而在对实施指示的所有周围环境不可能预见的情况下，大多采用一般的指示。

(2) 书面的还是口头的。在决定指示是书面的还是口头的时候，应考虑的问题是：上下级之间关系的持久性、信任程度，以及避免指示的重复等。如果上下级之间关系持久，信任程度较高，则不必书面指示。如果为了防止命令的重复和司法上的争执，为了对所有有关人员宣布一项特定的任务，则书面指示大为必要。

(3) 正式的还是非正式的。对每一个下级准确地选择正式的或非正式的发布指示的方式是一种艺术。正确采用非正式的方式来启发下级，用正式的书面或口述的方式来命令下级。

（二）会议制度

指导与领导工作的实质是处理人际关系，而人与人之间的沟通是人们思想、情感的交流。采取开会的方法，就是为与会者提供交流的场所和机会。会议的作用表现在：

(1) 会议是整个组织活动的一个重要反映，是与会者在组织中的身份、影响和地位等所起作用的表现，会议中的信息交流能在人们的心理上产生影响。

(2) 会议可集思广益。与会者在意见交流之后，就会产生一种共同的见解、价值观念和行动指南，而且还可密切相互之间的关系。

(3) 会议可使人们了解共同目标，自己的工作与他人工作的关系，使之更好地选择自己的工作目标，明确自己怎样为组织作出贡献。

(4) 通过会议，可以对每一位与会者产生一种约束力。

(5) 通过会议，能发现人们所未注意到的问题，而认真地考虑和研究。会议的种类主要有工作汇报会、专题讨论会、员工座谈会等。必须强调的是，虽然会议是主管人员进行沟通的重要方法，但绝不能完全依赖这种方法。而且，会议要有充分准备，民主气氛浓厚，讲求实效，切忌"文山会海"的形式主义。

（三）个别交谈

个别交谈就是指领导者用正式或非正式的形式，在组织内外，同下属或同级人员进行个别交谈，询问谈话对象对组织中存在的问题缺陷的看法，对别人或对别的上级，包括对主管人员自己的意见。这种形式大部分都是建立在相互信任的基础上，无拘无束，双方都感到有亲切感。这对双方统一思想、认清目标、体会各自的责任和义务都有很大的好处。在这种情况下，人们往往愿意表露真实思想，提出不便在会议场所提出的问题，从而使领导者能掌握下属人员的思想动态，上下级在认识、见解、信心诸方面容易取得一致。

六、沟通的渠道

在组织成员之间所进行的沟通，可因其途径的不同分为正式沟通与非正式沟通两种系统。正式沟通是通过组织正式结构或层次系统来进行，近年已发展为具体的信息系统。非正式沟通则是通过正式系统以外的途径来进行的。

(一) 正式渠道

正式沟通渠道是对信息传递的媒介物和线路作了"事先安排"的渠道，是指通过正式的组织结构而建立起来的信息沟通渠道。它包含这样四种形式，即由上而下的沟通、由下而上的沟通、横向沟通和斜向沟通。这四种沟通渠道其信息流向不同，所起的作用也不尽相同。

我们还可以将以上四种形式抽象描述，如图7-10所示。

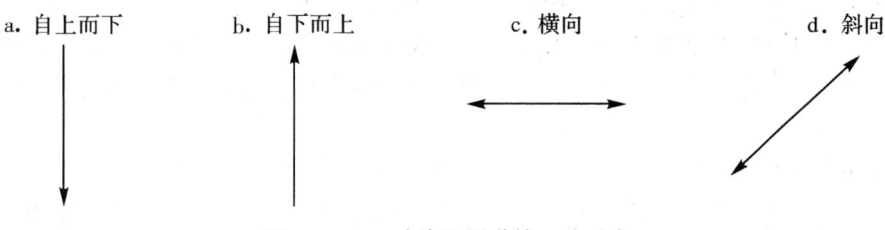

图7-10 正式沟通渠道的四种形式

1. 自上而下的沟通

自上而下的沟通是指信息在组织内部从较高的组织级别层次，按照组织的上下隶属关系和等级层次，向较低的组织级别层次传递的沟通过程。它可以表现为上级给予下级的命令、指令、指导、文件、规定等等。它使下级了解组织的总体情况和自己应完成的任务，并努力加以完成。这种沟通往往带有指令性、法定性、权威性和强迫性，容易引起重视并严肃对待。

这种自上而下的沟通的主要目的是使雇员获得组织一定的经营目标，改变雇员的态度以形成与组织目标相一致的观点并加以协调，从而消除雇员的疑虑和不稳定心理。雇员最希望从公司获得的信息主要有以下几种：

(1) 使雇员意识到他们所做的工作是整个公司必不可少的重要部分的信息；
(2) 公司的财务状况；
(3) 公司盈利与他们自身利益的关系；
(4) 为什么要解雇员工；
(5) 公司的产品和服务对消费者、环境和经济发展意味着什么；
(6) 公司对不同性别、年龄和社会背景的雇员是否公平对待；
(7) 工资报酬是如何确定的；
(8) 提高生产率与他们利益间的关系等等。

一旦雇员从组织中未获得及时充分的满意信息，他们往往会借助于其他内部或外部的渠道，如小道、工会或大众媒介，从而产生他们自己的猜测，对公司的生产经营活动采取抵制或消极态度。

组织内部向下沟通的方式主要包括以下几种：

(1) 对分配给雇员的任务及其工作方法要给予明确、详细的工作描述和指导。
(2) 从公司总体经营战略出发，向雇员说明如何、为什么要使其工作与公司总目标相一致。

（3）向雇员介绍有关公司过去、现在、将来的各方面情况，同时说明公司的有关规章制度及工作程序。

（4）对雇员工作绩效的评估应着重于其实际完成工作的好坏，排除性别、年龄、社会背景等其他因素的干扰。

（5）公司理念设计要着重于培养雇员为公司的成功经营尽心尽力的意愿。

但是在这种沟通中还是可能出现许多问题，诸如传递路线过长，太费时间，信息在传递过程中发生遗漏和曲解。甚至有些人只注意顶头上司的指示，而对更高层次的要求不予理睬。上层的信息传到底层，因和底层情况不合而造成失误。这些问题通常可以通过以下三种方法来加以缓解：第一，使组织结构设置合理化，尽量减少信息传递环节，从而缩短信息传递时间，减少信息扭曲的概率。第二，改善信息传递技术，如面对面交谈总是要比通过电话交谈或小组讨论的效果要好。第三，信息本身内容要明确、简洁，要使下属有压力感。这样才能使下属正确领悟信息内容，并给予高度重视，保持组织上层信息的权威性。

2. 自下而上的沟通

自下而上的沟通指的是信息在组织内部从较低的组织级别层次，按照组织的上下隶属关系和等级序列，向较高的组织级别层次传递的沟通过程。它通常表现为下级对上级信息的反馈和下层情况的反映。这种沟通则往往带有非命令性、民主性、主动性和积极性，是上级掌握基层动态和下级反映个人愿望的必要手段。

但是由于各种原因，大多数组织较重视自上而下的沟通，而忽视自下而上的沟通，使向上沟通效率低下：

（1）组织规模和生产经营复杂性程度越高，向上沟通的障碍也越多。

（2）不现实的假设。许多管理者将信息发送给下属过后，主观认为下属已经收到，并确切了解其所要表达的意图而不愿去核实，而实际上在信息发送者和接受者之间往往存在严重差异。管理者向下传递信息所花费的时间和精力大大超过用于反馈意见的收集处理上。

（3）筛选和曲解。在向上沟通的每一环节上，组织都赋予一定程度的筛选权力，这样当管理者认为一切良好而将一些认为无中生有的反馈删除后，再传递给上一层管理者，而造成信息曲解。

（4）害怕暴露坏消息。在许多组织中的中层管理者往往有拖延向上层传递坏消息的倾向，他们总是希望在不得不向上传递之前，这些坏情况最好已经被解决或减轻。

（5）下级人员往往担心受到惩罚而隐藏或歪曲他们的真实感情、重要信息来解释问题及提供潜在解决办法。

（6）竞争的原因。为了谋求更高的社会地位或升迁、加薪，许多人不愿向上层领导传递不利于自己的信息或有利于竞争对手的信息。

针对以上影响有效沟通的因素，各组织根据自身存在的问题及组织机构特色，通常采取座谈会、意见箱、接待日或设立专职机构和专门制度等方式实现，但同时也要克服对下级信息不加甄别而盲目采用的倾向，努力创造一个能够畅所欲言的沟通环境。

3. 横向沟通

横向沟通指的是发生在组织内部同级层次成员之间相互的信息沟通，以谋求相互之间的了解和工作上的协作配合。这种沟通往往带有非命令性、协商性和双向性。这种沟通方式在组织信息沟通中有特殊的作用，金字塔型的组织结构显示越是在底层的雇员彼此间的距离越大，对信息的需求越强烈。另外，我们从图7-11中可以看出，如果缺乏横向沟通，H要与I沟通就必须将信息向上经过不同的管理层次到达A后，再向下传递给I，这样既浪费了不必要的时间和精力，而且往往还会在传递过程中使信息发生曲解。

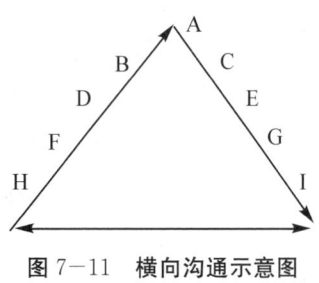

图7-11 横向沟通示意图

横向沟通过程中最大的障碍是企业内部部门化造成的，另外个人间的冲突也会影响横向沟通。要促使横向沟通可以从以下几个方面入手：

（1）绘制明确的组织结构图，从而明确上下级隶属关系，减少雇员不必要的臆测。

（2）个人工作描述要精确，使每个雇员准确地知道其应该做什么和如何做，明确彼此间的权利和义务。

（3）鼓励例行会议和沟通。在组织中要定期召开不同部门的碰头会，加强信息沟通。

（4）加强冲突管理，教下属各种技能往往能增强下属的沟通技能和需求。

4. 斜向沟通

斜向沟通指的是发生在组织内部既不属于同一隶属序列，又不属于同一等级层次之间的信息沟通，这样做有时也是为了加快信息的交流，谋求相互之间必要的通报、合作和支持，这种沟通往往更带有协商性和主动性。

（二）非正式渠道

与正式渠道不同的是，非正式渠道对信息传递的媒介和路线"未经事先安排"，从某些方面来说，这种非正式的传递方法的效力远远超过正式的传递方法。非正式沟通渠道通常被称作蜿蜒小道，正如其名称一样，它就像蜿蜒的小道似的在整个组织内盘绕着，其分支伸向各个方向，因而缩短了正式的垂直和横向沟通的路线。其特点主要有以下几点：①蜿蜒小道是一种非常快的沟通方式；②传递的信息时常被严重地歪曲；③破坏正式渠道的信息传递效力。

基思·戴维斯根据研究将非正式沟通渠道划分为四个基本类别，即单线式、饶舌式、偶然式和集约式，如图 7-12 所示。

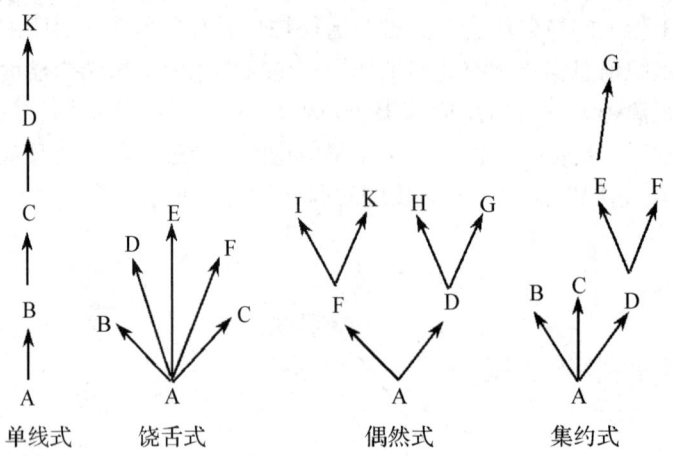

图 7-12　非正式沟通渠道的四种形式

1. 单线式

在这个方式中，A 告诉 B，然后 B 告诉 C，C 告诉 D，……直至最后整个系统的人都获得这个信息。但 K 所收到的信息可能与 A 最初获得的完全不同。

2. 饶舌式

在这个方式中，A 与每一个可能接触到的人分享信息，而且长度可能各不相同，这往往表明了 A 根据对不同信息接受者的信任程度、可欺骗性等而加以区别对待。如果 A 认为 C 比 B 想知道更多的有关小道消息的内容，A 就会花费更多时间添油加醋地告诉 C。

3. 偶然式

根据概率的规律，可以想象得出当 A 偶然遇上并告诉 F 和 D 后，他们随后将小道消息又传递给他们各自遇到的沟通对象。组织通常使用这种方法来检测雇员对新政策及打算进行变革的反应。

4. 集约式

这条链在一定程度上要能够肯定不存在偶然链。A 告诉两个或三个被选定的对象，然后再由他们告诉别人。戴维斯的研究表明，在组织中使用最多的可能就是这种链。

七、沟通联络的障碍与控制

（一）沟通联络的障碍

一般来讲，沟通联络中的障碍主要有主观障碍、客观障碍和沟通联络方式的障碍三个方面。

1. 主观障碍

主观障碍大致有如下几种情况：

(1) 个人的性格、气质、态度、情绪、见解等的差别，使信息在沟通过程中受个人的主观心理因素的制约。

(2) 在信息沟通中，如果双方在经验水平和知识结构上差距过大，就会产生沟通的障碍。

(3) 信息沟通往往是依据组织系统分层次逐级传递的。然而，在按层次传达同一条信息时，往往会受到个人的记忆、思维能力的影响，从而降低信息沟通的效率。

(4) 对信息的态度不同，使有些员工和主管人员忽视对自己不重要的信息，不关心组织目标、管理决策等信息，而只重视和关心与他们物质利益有关的信息，使沟通发生障碍。

(5) 主管人员和下级之间相互不信任。这主要是由于主管人员考虑不周，伤害了员工的自尊心，或决策错误所造成，而相互不信任则会影响沟通的顺利进行。

(6) 下级人员的畏惧感也会造成障碍。这主要是由于主管人员管理严格，咄咄逼人和下级人员本身的素质所决定。

2. 客观障碍

客观障碍主要有两点：

(1) 信息的发送者和接收者如果在间距离太远、接触机会少，就会造成沟通障碍。社会文化背景不同、种族不同而形成的社会距离也会影响信息沟通。

(2) 组织机构过于庞大，中间层次太多，信息从最高决策层到下级基层单位，可能会产生失真，而且还会浪费时间，影响其及时性。这是由于组织机构所造成的障碍。

3. 沟通联络方式的障碍

(1) 语言系统所造成的障碍。

语言是沟通的工具。人们通过语言、文字及其他符号将信息经过沟通渠道来沟通。但是语言使用不当就会造成沟通障碍。这主要表现为以下三种情况：

第一，误解。这是由于发送者在提供信息时表达不清楚，或者是由于接收者接收失误所造成的。

第二，歪曲。这是由于对语言符号的记忆模糊所导致的信息失真。

第三，信息表达方式不当。这表现为措辞不当，词不达意，丢字少句，空话连篇，文字松散，句子结构别扭，使用方言、土语，千篇一律等。这些都会增加沟通双方的心理负担，影响沟通的进行。

(2) 沟通方式选择不当，原则、方法使用不活所造成的障碍。

沟通的形态和网络多种多样，且它们都有各自的优缺点。如果不根据组织目标及其实现策略来进行选择，不灵活使用其原则、方法，沟通就不可能畅通进行。在管理工作实践中，存在着信息的沟通，也就必然存在沟通障碍。主管人员的任务在于正视这些障碍，采取一切可能的方法消除这些障碍，为有效的信息沟通创造条件。

(二) 沟通联络的控制

在每个组织中，所有的主管人员都能体会到实施沟通控制的实际困难，仅仅描述沟通的方式、原则和方法是无济于事的，这就需要对沟通进行控制，以便使管理工作能更健康、更有效地进行。信息沟通离不开信息的收集、加工处理以及信息的传递，因而对沟通的控制也应从这几个方面入手。

1. 收集工作

信息收集是进行信息沟通的前提，也是进行管理决策的前提。没有信息就无法进行决策。因此，在沟通的控制中，首先应在收集工作上下工夫。

（1）在管理中，要收集到及时、有用的信息，关键在于信息员的素质。因此，要提高信息沟通的水平，首先要提高信息员的政治方面、知识方面和能力方面的水平，建立一支反应灵敏的信息员队伍。

（2）在收集信息时，要开辟尽可能多的渠道，力求所收集的信息完整齐备，而且在疏通这些渠道时，要树立全面观念、政策观念、时效观念和求实观念。

（3）信息收集工作要求信息来源真实可靠，原始记录准确无误。切忌使用模棱两可的信息。

（4）在信息收集过程中，常常会遇到"报喜易、报忧难"的情况。因此，对信息收集工作进行控制的关键是如实报告。

2. 加工处理信息

对收到的信息进行加工处理也是对信息沟通进行控制的一个重要环节，而且只有通过加工处理过的信息，才能进行传递。

（1）信息的加工处理必须遵循准确、及时、系统和对实际工作具有指导意义的要求。

（2）在对信息进行加工处理时，要依据其来源、时效的不同方式归类处理，以提高工作效率。

（3）对信息加工处理的反馈。这是确保信息准确性的一条可靠途径。这种反馈是双向的，即下级主管部门经常给上级领导提供信息，同时接收上级领导的信息查询；上级领导也要经常向下级提供信息，同时对下级提供的信息进行反馈，从而形成一种信息环流。

3. 传递的控制

信息的生命在于传递，所以，要有效地控制信息沟通，必须努力做好信息传递工作。

（1）信息传递要贯彻"多、快、好、省"的原则，这是一般要求。在信息传递中，这几方面互相联系、互相制约，要加以协调控制。

（2）传递信息要区分不同的对象，选择信息传递的目标，确保信息的效用。同时，在提高信息传递的针对性时，要注意信息的适用范围，考虑到信息的保密度，防止信息大面积扩散、泛滥。

（3）要适当控制信息传递的数量，但要注意信息过分保密和随意扩散的倾向。

（4）要控制越级传递和非正式渠道的沟通，尽可能地使之成为对层层传递和正式沟通渠道的补充，共同完成组织目标。

课后案例

管理风格

某市建筑工程公司是个大型施工企业,下设一个工程设计研究所,三个建筑施工队。研究所由50名高中级职称的专业人员组成。施工队有400名正式职工,除少数领导骨干外,多数职工文化程度不高,没受过专业训练。在施工旺季还要从各地招收400名左右农民工补充劳动力的不足。

张总经理把研究所的工作交给唐副总经理直接领导、全权负责。唐副总经理是位高级工程师,知识渊博,作风民主,在工作中,总是认真听取不同意见,从不自作主张,硬性规定。公司下达的施工设计任务和研究所的科研课题,都是在全所人员共同讨论、出谋献策取得共识的基础上,作出具体安排的。他注意发挥每个人的专长,尊重个人兴趣、爱好,鼓励大家取长补短、相互协作、克服困难。在他的领导下,科技人员积极性很高,聪明才智得到了充分发挥,年年超额完成创收计划,科研方面也取得显著成绩。

公司的施工任务,由张总经理亲自负责。张总是工程兵出身的复员转业军人,作风强硬,对工作要求严格认真,工作计划严密、有部署、有检查,要求下级必须绝对服从,不允许自作主张、走样变形。不符合工程质量要求的,要坚决返工、罚款;不按期完成任务的扣发奖金;在工作中有相互打闹、损坏工具、浪费工料、出工不出力、偷懒耍滑等破坏劳动纪律行为的都要受到严厉的批评、处罚。一些人对张总的这种不讲情面、近似独裁的领导方式很不满意,背地里骂他"张军阀"。张总深深地懂得,若不迅速改变职工素质低、自由散漫的习气,企业将难以长期发展下去,于是他亲自抓职工文化水平和专业技能的提高工作。在张总的严格管教下,这支自由散漫的施工队逐步走上了正轨,劳动效率和工程质量迅速提高,第三年还创造了全市优质样板工程,受到市政府的嘉奖。

张总经理和唐总经理这两种完全不同的领导方式在公司中引起了人们的议论。

讨论题:

1. 你认为这两种领导方式谁优谁劣?
2. 为什么他们都能在工作中取得好成绩?

复习思考题

1. 领导的含义和实质是什么?领导者影响力的来源是什么?
2. 你认为一个优秀的领导者应该具备哪些素质?
3. 领导权变理论的主要观点是什么?你得到哪些启示?
4. 简述主要激励理论及主要观点。
5. 激励的含义是什么?激励工作一般要遵循哪些原则?
6. 什么是沟通?沟通的类别有哪些?
7. 沟通的障碍主要有哪些?如何克服?

第八章 控　　制

控制是管理工作最重要的职能之一。为了更好地实现组织既定的目标和计划任务，管理者必须在工作过程中进行有效的控制。如果只有布置而没有反馈、控制，那就会出现放任自流的现象。一个有效的控制系统可以保证各项活动朝着达到组织目标的方向进行，而且控制系统越是完善，组织目标就越容易实现。

第一节　控制的概念和特征

控制就是将计划的执行情况和计划的要求、目标相对照，然后采取措施纠正计划执行中的偏差，以确保组织目标的实现。控制不仅仅要求确立各个环节的衡量标准，还要求及时准确地收集信息来衡量绩效，并根据前馈和反馈来纠正偏差。

一、控制的三个基本要素

（一）控制标准

控制标准是开展控制工作的依据。计划是设计控制工作的依据，所以控制过程的第一步就是制定计划。但是，由于计划的侧重点、明细度和复杂性的不同，要达到计划的预期效果就必须制定出具体而详细的标准作为员工控制和操作的准则。

（二）偏差信息

偏差信息即计划的实际执行情况与控制标准之间的偏离状况。只有充分了解偏差信息并分析偏差产生的原因，才能决定是否应该采取矫正措施以及采取怎样的矫正措施。

（三）矫正措施

矫正措施是根据偏差信息以及偏差产生的原因而采取的有针对性的矫正手段，其目的在于消除偏差、保证计划的顺利进行。矫正措施应建立在对偏差原因进行正确分析的基础上。需要注意的是，并不是一有偏差就一定要采取矫正措施，矫正措施通常是在偏差达到一定的程度时才需要，而且只有当该矫正措施会产生理想的纠错效果时，采取它才是必要的。当然，根据产生偏差的具体原因，主管人员可以重新制定计划或调整他们的目标，重新委派职务或明确职责，从而使组织目标更加符合实际情况。

二、控制的基本特征

控制的基本特征有客观性、及时性、可理解性、适应性和灵活性。

（一）客观性

首先，根据控制任务和对象的不同，控制确立的标准和方法必须符合实际情况的需要。其次，根据组织所处内外部环境的变化，必须根据实际情况调整原计划已定的相关策略。最后，组织成员素质的差异和组织结构的不同也要求制定相适应的控制步骤，只有这样才能符合客观规律的要求，实现有效控制。

（二）及时性

控制机制必须能及时地发现和反馈问题，管理人员越早发现问题，就越能及时纠正偏差。控制过程是复杂的，会根据环境和人的因素的变化而发生变化，因此如何及时地掌控信息，对存在的偏差实行有效的纠正就成为控制过程中的重要问题。

（三）可理解性

所有的控制机制，无论是前馈控制、现场控制，还是反馈控制，对于管理者或员工而言，都必须是易于理解的。在较高的管理层次上，控制机制有时需要用到数学公式、复杂的图表和大量的报告，因此如何使其易于理解就相当的重要。对于基层员工而言，清晰而准确的控制标准和流程是实现有效控制的基本保证，因此如何使其易于理解同样十分重要。

（四）适应性

一个适合于大公司的复杂控制系统对一个小部门而言就不一定适用，在设计的过程中必须考虑到控制的对象和目标，考虑到控制的预算和费用以及控制所取得的成效是否和投入成比例。

（五）灵活性

控制标准是以计划为依据制定的，但在实施过程中，也要根据外部环境和现场条件的变化灵活地进行调整，给控制标准的制定留出一定的空间，减少意外因素所带来的损失。

三、控制的重要作用

控制对一个组织来说非常必要，其重要性可以从两个方面来理解。

（一）任何组织、任何活动都需要进行控制

即便是在确定计划的时候进行了通盘的考虑和预测，在执行过程中也还会出现偏差，出现预想不到的情况。这是由以下三个因素决定的：①外部环境的变化。计划从构思、制定到执行一般都要经历较长的时间。在这段时间内，组织的外部环境必然会发生变化，从而影响到已定的计划和目标。为了适应变化的环境，组织必须有一个有效的控制系统，来根据变化的环境采取相应的对策，计划的时间跨度越大，控制就越显得重要。②组织内部的变化。受到组织内外部因素的影响，组织成员的思想、组织

的结构、产品的结构和组织的业务活动范围都有可能发生变化。③组织成员的素质。计划要靠人去执行、实现，而人有不同的才能、动机和工作态度，人们对计划的理解也不相同，因而，人的素质对计划的执行的影响也很大。

这些因素的存在，使计划的执行过程充满了不确定性，这时，控制就起到了执行和完成计划的保障作用以及在管理控制中产生新的计划、新的目标和新的控制标准的作用。控制能够为管理者提供有用的信息，使之了解计划的执行进程和执行中出现的偏差以及偏差的大小，并据此分析偏差产生的原因。对于那些可以控制的偏差，通过组织结构，查究责任，予以纠正；而对那些不可控制的偏差，则立即修正计划，使之符合实际。

（二）控制可以维持或改变其他管理职能的活动

在全盘的管理活动中，控制通过纠正偏差与其他四个基本活动紧密地结合在一起，使管理过程形成了一个相对封闭的系统。在这个系统中，计划职能能选择和确定组织的目标、战略、政策和方案以及实现它们的程序。然后，通过组织工作、人员配备、领导等职能去实现这些计划。同时，为了保证预先制定的目标能够正确实现，就必须在计划实施的不同阶段，根据一定的控制标准，检查计划的执行情况。这就是说，虽然计划必须先于控制活动，但其目标是不会自动实现的，一旦计划付诸实施，控制就必须贯穿整个实施过程。它对于衡量计划的执行进度，乃至发现并纠正计划执行中的偏差都是非常必要的。当然，要进行有效的控制，还必须制定计划，必须配备合适的人员，必须给予正确的领导。

所以说，控制存在于管理活动的全过程中，它不仅可以维持其他职能的正常活动，而且在必要时，还可以采取纠正偏差的行动来改变其他管理职能的活动。在许多情况下，正确的控制可以导致重新确立新的目标、提出新的计划、改变组织结构、改变人员配备以及在领导方法上作出重大改革。

第二节　控制的种类

控制的种类有很多。按照不同的划分方法，可以将控制分为以下几种类型。

一、预防性控制和纠正性控制

按控制活动的性质，分为预防性控制和纠正性控制。

预防性控制是以避免产生错误、尽量减少日后的纠正活动为目的。这种控制活动能通过制定一些控制标准来减少资金、时间及其他资源的损耗，像规章制度、工作程序、人员训练和培养计划等都属于预防性的控制措施。使用这种控制措施，要求对系统运行过程中的关键点有比较深刻的理解，要能预见问题，但容易使实际管理缺乏灵活性，造成效率低下。

纠正性控制则是指在出现偏差时，使行为或实施进程返回到预先确定的或所希望的水平。采用纠正性控制往往是由于管理者没有预见性，或者是管理者认为某些事情出现错误之后实施控制比提前进行控制更容易些。由于纠正性控制往往会关注直接影响组织日常活动的"急性问题",从而经常会出现短视效应。

二、预先控制、过程控制和事后控制

按控制点的位置,分为预先控制、过程控制和事后控制。

预先控制位于控制活动的开始点,是在活动开始之前实施控制,所以预先控制其实质就是预防性控制。但是,预防性控制并不都是预先控制,有些过程控制也属于预防性控制。预先控制的实例很多,例如进厂材料和设备的检查、验收,工厂的招工考核,入学考试,干部的选拔等等。

过程控制是在活动的进行过程中实施的控制。例如,生产制造活动的生产进度控制、每日情况的统计报表、每日对住院病人进行临床检查等都属于过程控制。过程控制一般都在现场进行,控制的内容应该和被控制对象的工作特点相适应,其目的是取得更好的控制效果。例如,对简单重复的体力劳动可以实行严格的监督,而对创造性劳动,则应为其创造宽松的工作环境。

事后控制是历时最久的控制类型,传统的控制办法几乎都属于这种类型。例如,只针对成品的质量检查就是典型的事后控制。这种控制位于活动过程的终点,把好这最后一关,可以使错误的态势不致扩大,有助于保证系统外部处于正常状态。但是,事后控制有一个致命的缺陷,即由于整个活动已告结束,活动中出现的偏差已在系统内部造成损害。

三、正式组织控制、群体控制和自我控制

按控制的来源,分为正式组织控制、群体控制和自我控制。

正式组织控制是指由管理人员设计和建立起来的一些机构或人员来进行控制。规划、预算和审计部门都是正式组织控制的典型例子。

群体控制基于群体成员们的价值观念和行为准则,是由非正式组织发展和维持的。非正式组织有自己的一套行为规范,虽然这些规范往往是不成文的,但对其成员却有很大的约束力。群体控制可能有利于达成组织目标,也可能给组织带来危害,所以要对其加以引导。

自我控制即个人有意识地按某一行为规范进行活动。这种控制成本低、效果好,但它要求人员有较高的素质,要求上级给下级以充分的信任和授权,还要把个人活动与成果、报酬联系起来。

这三种控制有时是一致的,有时又是互相抵触的,这取决于一个组织的文化。有效的管理控制系统应该综合利用这三种控制类型并使它们尽可能和谐,防止它们互相冲突。

四、集中控制和分散控制

按控制权力的集中程度,分为集中控制和分散控制。

集中控制是指控制指令的发出、信息的流动都来自一个控制中心,各种管理活动

都要按照事先规定的标准进行。这种控制可以保证整体上的一致性，有助于维持统一的总体目标，但信息传输效率低、适应性差，反而会使控制过程变得复杂。

分散控制就是一种分级控制。控制指令的发出、信息的流向都是多向的和多中心的，强调各个级层的自我控制。分散控制的优缺点与集中控制正好相反，即信息传输效率高、适应性强、控制过程简单，但难以进行整体协调，有时可能会因为不同级层的利益冲突而使控制过程偏离组织目标。

五、反馈控制和前馈控制

按控制信息的性质，分为反馈控制和前馈控制。

反馈控制是用系统过去的情况来指导现在和将来。它所利用的信息是受控系统的输出信息，控制的目的是防止已经发生或即将出现的偏差继续发展或今后再度发生。反馈控制的工作重点是把注意力集中在历史结果上，并将它作为未来行为的基础。可见，这类控制工作是一个不断提高的过程。

前馈控制又可称为指导将来的控制，其具体方法是不断利用最新的信息进行预测，并把预测的结果同所期望的结果进行比较，再根据比较的结果采取相应的措施来调整投入及实施活动，以达到预期的结果。这种控制利用的不是系统的输出信息，而是系统的输入信息及主要扰动信息，其目的在于防止所使用的各种资源在质和量上产生偏差，在系统运行过程的输出结果受到影响之前就做出纠正。可见，前馈控制的工作重点是防止所使用的各种资源在质和量上产生偏差，而不是控制行动结果。比如，一个企业的销售预测表明：下个月的销售量同所希望的销售量相比将降低很多。这时，企业就可以采取新的广告措施、推销方法或引进新产品，以改进实际销售量。这也是前馈控制的例子。但是，即便是实行了前馈控制，管理者仍然要对输出结果进行评价，因为不可能期望前馈控制是完美无缺的，控制结果也不可能是完全符合要求的。

反馈控制有一个很大的缺陷就是存在时滞问题，即从发现偏差到采取纠正措施之间可能有时间延迟现象，并且它只是一种事后控制。而前馈控制不仅克服了时滞问题，它所采用的措施还往往是预防性的。但是，前馈控制的运用相当复杂，因为它不仅要鉴别影响计划执行的因素，同时还必须注意干扰因素——一些意外的或无法预计的因素。但是所有这些并不妨碍前馈控制日益广泛的应用。

第三节 控制的原则和步骤

控制的客观性和适合性决定了控制过程是复杂和多变的，但控制过程总是要遵循共同的原则，只有这样才符合客观规律，才具有广泛的指导意义。

一、控制的原则

（一）计划性原则

每一项计划产生的信息不同，它们的侧重点也各不相同。因此，在运用控制技术进行控制之前，必须要有计划，而且还必须反映计划所提出的要求，从而保证拟定计划在实施过程中能发挥出预期的作用。

控制和计划既有联系，又有区别，它们是一个事物的两个方面。首先，计划是实现控制的依据，管理者往往是根据计划确定控制的标准；其次，控制又是实现计划的保证。因此，管理者必须经常了解计划以及其实施过程中可以加以控制的关键因素，并采用有针对性的控制技术。

此外，控制反映计划要求的原理还意味着，在实施过程中不仅应当迅速报告偏离计划的实际执行情况，而且还应当有一个能预告可能出现偏差的系统，以便能有采取措施的时间，而这个系统的建立，也必须根据计划的特点和要求来设计。

（二）组织适宜性原则

组织适宜性原则，是指控制技术的采用应明确、完整地反映组织机构。设计的控制技术越是能反映组织机构中的岗位职责，也就越有利于纠正偏离计划的误差。

由于控制的目的是根据组织目标，对实施计划的活动进行衡量和评价，并及时地采取纠正措施，而整个控制过程是涉及组织的全体成员的，一旦出现偏差，就必须明确偏差的产生所涉及的部门以及这些部门的具体权限，因此，控制除了要能及时地发现执行过程中发生的偏差，还必须知道发生偏差的责任和采取纠正措施的责任应由哪些部门来负责。

（三）控制关键点的原则

控制要抓住关键点，是指管理者根据每个计划的侧重点，在管理活动中选择对计划实现十分必要的环节作为控制标准。由于管理者的精力有限，在实际工作中也不可能面面俱到，控制的标准应选择计划的关键环节，即对计划的完成有着举足轻重作用的关键问题。他们应当将注意力集中于计划执行中的一些主要影响因素上，并借此来掌控那些偏离了计划的重要偏差。一般来说，没有什么简易的准则可用于决定他们应当注意哪些关键点，这主要取决于管理者自身的素质和管理经验，所以说关键点的选择主要是一种管理艺术。

（四）例外情况的原则

例外情况原则，是指凡具有重复性质的日常工作，都应制订出规则和程序，授权下级处理，上级主要控制例外事件。管理者应当把注意力集中到一些重要的偏差，也就是说应当把控制的主要注意力集中在那些出现了特别好或特别坏的情况上。这样，才能使控制既有好的效能，又有高的效率。

但是，只注意例外情况是不够的。在偏离标准的各种情况中，有一些无关紧要，而另一些则不然，在某些关键方面微小的偏离可能比其他方面较大的偏离情况影响更大。因此，在实际运用过程中，例外情况的原则必须与控制关键点的原则相结合。但应当注意的是这两个原则之间的区别：控制关键点的原则强调控制必须去注意需要观察的点，而例外情况的原则则强调必须观察在这些点上所发生的偏差的大小。

（五）直接控制原则

直接控制原则是指通过提高管理者的素质来加强控制工作，管理者及其下属的素质越高，就越能胜任所承担的职务。直接控制是相对于间接控制而言的。所谓间接控制,是基于管理者因为没有预见到将要出现的问题而没有采取适当措施的考虑。这样,在控制他们的工作时,就只能在出现了偏差后,通过分析偏差产生的原因,然后再去追查其个人的责任,并使他们在今后的工作过程中加以改正。显而易见,间接控制的缺点是在出现了偏差后才去进行纠正。针对这个缺陷,直接控制的原理指出:管理者及其下属素质越高,也就越能在事前觉察出偏离计划的误差,并及时采取措施来预防它们的发生。这意味着控制的最佳方式,就是采取措施来尽可能地保证管理者的高素质。

二、控制的步骤

(一)制定标准

标准是计量实际或预期工作成果的尺度。制定标准是进行控制的基础,是衡量绩效和纠正偏差的客观依据。首先,应该对控制的对象进行分析,结合外部环境和现场条件的实际情况,从计划方案中选择关键控制点,比如通过对企业的获利能力、市场定位、生产率等多个方面的分析和研究,以整体绩效的实现为目标,选择出关键控制点,从而制定出相应的控制标准。其次,控制的对象不同,制定标准的方法也不一样。一般来说,企业可以使用的制定标准的方法有:利用统计来确定预期结果、根据经验来估计预期结果和在客观的定量分析的基础上建立工作标准三种。最后,根据控制对象的不同,可把标准分为不同的类型,比如实物标准、费用标准、资金标准和收入标准等。

(二)衡量绩效

控制标准不是一成不变的,是要根据控制的绩效来衡量其有效性的,因此及时掌握偏差的产生和相应程度的信息,对控制的结果进行分析,制定出更符合实际情况的控制标准就成为控制过程的重要环节。

(三)纠正偏差

没有绝对的事物,偏差是普遍存在的。在依据客观标准,对工作绩效衡量的过程中,总会发现一定的偏差,因此就要衡量偏差的范围是否会对控制造成不利的影响,比如有的偏差会影响企业的最终成果,有的偏差反映了计划和执行中的重大错误,有的偏差只是由控制标准范围以内的偶然的、暂时性的因素引起的。因此在纠正偏差的过程中,首先应该判断偏差的范围和程度,进而对造成重大影响的偏差进行分析,找出偏差产生的主要原因。其次,针对偏差产生的主要原因,制定改进工作或调整计划与标准的纠正措施,在实施的过程中应采取双重优化,确保纠偏措施的合理性和有效性。最后,在采取纠偏措施的过程中应该考虑到原先计划对客观环境所造成的影响,同时消除人们对纠偏措施的疑虑,争取更多的理解和赞同,以保证纠偏措施的顺利实施。

第四节 预算控制

一、预算的含义

预算是一种计划技术，是未来某一个时期具体的、数字化的计划，它把计划分解成以货币或其他数量单位表示的预算指标，要求各个部门的运作和开支在规定范围内。预算也是一种控制技术，它把预算指标作为控制标准，来衡量计划的执行情况。

在管理控制中使用最广泛的一种控制方法就是预算控制。预算控制就是根据预算规定的收入与支出标准来检查和监督各个部门的生产经营活动，以保证在充分达成预期目标和实现利润的过程中实现对经营资源的有效利用，对费用和支出进行严格的约束。预算控制最清楚地表明了计划与控制的紧密联系，我们可以从以下几个方面进一步把握预算的含义。

（一）预算是一种计划

编制预算的工作是一种计划工作，预算的内容可以简单地概括为三个方面：

（1）"多少"——为实现计划目标的各种管理工作的收入（或产出）与支出（或投入）各是多少；

（2）"为什么"——为什么必须收入（或产出）这么多数量，以及为什么需要支出（或投入）这么多数量；

（3）"何时"——什么时候实现收入（或产出）以及什么时候支出（或投入），必须使得收入与支出取得平衡。

（二）预算是一种预测

预算是对未来一段时期内的收支情况的预计。确定预算数字的方法可以采用统计方法、经验方法或工程方法。

（三）预算主要是一种控制手段

编制预算实际上就是控制过程的第一步——制定标准。由于预算是量化的标准，其本身就具有可考核性，因而有利于根据标准来评定工作成效并从中找出偏差，进而采取纠正措施来消除偏差。编制预算的目的就是使确定目标和拟定标准的计划工作得到进一步的量化，同时，预算的最大价值还在于它的协调和控制作用，当为组织的各个职能部门都编制了预算时，就为协调组织的活动提供了基础。

二、预算的种类

一般来说，预算可分为五类：收支预算、实物预算、投资预算、现金预算和综合预算。

（一）收支预算

收支预算包括收入预算和支出预算。收入预算主要是在某个计划期的有关收益及其来源，像企业有销售收入、租金、专利收入及其他投资收益等，可根据具体情况编制相应预算。支出预算是为保证某个计划期的生产活动得以进行的预算,如企业生产经营中有许多费用发生,材料费用、人工费用、管理费用、销售费用,等等。

(二) 实物预算

实物预算是指以实物为计量单位的预算,它的范围很广,如产量预算、人工预算、原材料消耗预算、燃料消耗预算、库存预算,等等。

(三) 投资预算

投资预算一般包括建新厂、买房产、购买机器设备等扩大固定资产投资以及其他方面的投资预算,这些费用的数目一般比较大,且短期难于收回,需慎重对待,应当用一定的时间做调查和论证工作,并列出专项预算。

(四) 现金预算

现金预算是根据收入预算确定在计划期内的现金的收支情况,以使管理者清楚他有多少现金,够不够一些设想的开支,从中也可以发现是否有闲置的资金或不当的开支。由于任何组织的运营都需要一定的现金,如企业需要给职工发工资、购买原材料、缴纳各种税费及临时开支,所以都比较重视现金预算。

(五) 综合预算

综合预算是考虑各种因素后的多项内容的预算,它的单位可以是货币,也可以是实物。

三、预算控制的不足之处

预算使管理控制目标明确,让人们清楚地了解所拥有的资源和开支范围,使工作更加有效;但过分依赖预算,也会在一定程度上带来危害,其主要表现在以下几个方面。

(一) 预算目标取代组织目标

有些管理者过于热衷使所辖部门的各项工作符合预算的要求,甚至忘记了自己的首要职责是保证组织目标的实现,如有时一些部门会因为没有预算而拒绝采取某些为达到目标采取的特殊手段;同时,预算还会加剧各部门难于协调的局面,故应在预算时加以考虑。

(二) 预算过于详细

过于详细的预算,容易抑制人们的创造力,甚至使人们产生不满或放弃积极的努力,还会提供逃避责任的借口;同时,预算太细,带来的预算费用也大,是得不偿失的。

(三) 预算导致效率低下

预算带来一种惯性,有时它会保护既得利益者。因为预算往往是根据基期的预算数据加以调整,这样,不合理的惯例或以前合理现在不合理的惯例会给一些人带来利益;同时,基层预算提供者总是把数据抬高一点,以便让高层领导在审批中消减,这样又增加了预算的不合理性。总之,不严格的预算可能成为某些无效工作的保护伞,而预算的反复审核又将加大预算编制的工作量。

（四）预算缺乏灵活性

在计划执行过程中，有时一些因素发生的变化出乎预测会使一个刚制定的预算很快过时，如果在这种情况下还受预算的约束，就可能造成重大的损失。

四、预算的方法

由于预算的结果常被用来做控制标准，故预算方法的选定非常重要。一般预算采用固定预算，而且多为根据基期数据调整，从而带来一定的危害，这些在预算的不足之处中已有所提及。另外两种方法可以在一定的程度上对其进行改善，即弹性预算和零基预算。

（一）弹性预算

弹性预算又称可变预算，其基本思想是按固定费用（在一定范围内不随产量变化的费用）和变动费用（随产量大小变化而变化的费用）分别编制固定预算和可变预算，以确保预算的灵活性。在编制可变预算时，应根据具体情况研究各种费用的变动程度，以确定各种换算系数，这样更有利于预算的合理性、准确性，减少预算变动的频繁程度。

（二）零基预算

零基预算的基本思想是在编制预算时，必须对每项费用都予以重新核查，要以目前的需求和发展趋势作为核查基准。零基预算要求每个项目的预算费用以零为基数，通过仔细分析各项费用开支的合理性，并在"成本——收益"分析的基础上确定预算。它避免了固定预算中只重视前段时期变化的倾向，迫使管理者重新审视每个计划项目及其费用开支，能充分调动人们的积极性和创造性，挣脱某些惯例的束缚，并促使人们精打细算，量力而行。但需注意的是，零基预算工作量很大，成本比较高，而且在费用估计时有一定的主观性。

第五节 传统的非预算控制

一、现场观察

深入现场进行观察是一种最常用也最直接的控制方法。首先，通过现场观察可以获得第一手的信息。例如，生产部门的主管人员通过现场观察，可以判断出产品的产量和质量的完成情况以及设备运转情况和员工的工作情况等。其次，管理人员通过现场观察可以了解到公司的规章制度的遵守情况，以及员工的工作情绪和士气等。最后，高层管理人员通过现场观察，可以了解到组织的方针、目标和政策是否深入人心，可以发现报告中的数据与实际情况是否相符等。所有这些，对管理人员开展工作都是十分重要的，而这些信息只有通过现场观察才能及时准确地获取。

现场观察的优点还不仅仅在于能掌握第一手的信息，它还能使组织的管理者不断更新自己对组织运行情况的了解，帮助他们观察组织运行是否正常。通过现场观察，主管人员还可以从下属的建议中获得启发和灵感。此外,高层管理人员深入现场本身就有一种激励下级的作用,有利于创造一种良好的组织气氛。

当然,管理人员也必须注意现场观察可能引起的消极作用。例如,基层管理人员过于频繁地到工作现场,员工可能会认为是对他们工作的不信任,或者会视之为管理者不能授权的表现,这是需要引起注意的。

虽然现代管理信息系统的应用可以给管理者提供很多的实时信息,作出各种分析,但仍然代替不了管理者的亲身感受;另一方面,管理的对象主要是人,而现场观察正可以通过面对面的交流传达给员工关心、理解和信任。

二、报告

报告主要是通过书面的方式向管理人员系统地阐述计划的进展情况、出现的偏差及其原因、已经采取了哪些矫正措施、效果如何、预计会出现的情况,等等。

运用报告进行管理控制的实际效果,取决于报告内容的覆盖面和侧重点。一般而言,报告主要包括以下五个方面的内容。

(一)管理活动的进展情况

在报告中应将工作的实际进度与计划进度进行比较,以说明工作的进展情况。对于管理人员,应关注报告中对于控制的关键环节的完成情况,因为如果在关键环节上出现问题,就有可能影响到整个控制。

(二)费用情况

说明费用情况,将实际费用与费用开支计划进行比较,说明实际的费用开支为什么与原计划不符(主要是开支超出原计划),以及按此趋势估算的总费用开支情况,以便主管人员采取措施。

(三)当前的关键问题

不仅要提出问题所在,还须说明对整个计划的影响,列出准备采取的行动,指定解决问题的负责人,规定解决问题的期限,并说明最需要上级领导解决的问题所在。

(四)预计的关键问题

在报告中指出预计的关键问题,详细说明其影响和准备采取的行动,指定负责人和解决问题的日期。预计的关键问题可以为主管人员制定长期决策提供选择。

(五)其他情况

在报告中应提供与计划有关的其他情况。例如,组织上月份的工作绩效与下月份的主要任务等。

三、比率分析

比率分析常用于现代企业财务分析中,是财务分析的核心。比率分析是将企业资产负债表和收益表上的相关项目进行对比,形成一个比率,从中分析和评价企业的经营成果和财务状况。财务报表所提供的数据中,大多以比率来表示各个项目的关系,常用的有财务比率和经营比率两种类型。

(一) 财务比率

财务比率可以帮助我们了解企业的偿债能力和盈利能力等相关财务状况。

1. 流动比率

流动比率是企业的流动资产与流动负债之比，它主要反映企业偿付流动负债的能力。企业资产的流动性越大，其偿债能力就越强，企业的信誉度也就相应较高，但同时应当注意到过高的流动资产会导致财务资源的闲置和浪费，因此就应该根据比率状况做出调整，在两者之间找到一个最佳平衡点。

2. 负债比率

负债比率是企业总负债与总资产之比，它反映了企业所有者提供的资金与外部债权人提供的资金的比率关系。在企业的利润高于借入资金和外部资金，不在根本上威胁企业行使所有权的前提下，企业就可以通过借入资金来获取更多的利润，因此确定合理的债务比率是企业成功举债经营的关键。

3. 盈利比率

盈利比率是企业利润与销售额或全部资金等相关因素的比例关系，它反映企业在一定时期从事某种经营活动的盈利程度及其变化情况，常用的有销售利润率和资金利润率。

(二) 经营比率

经营比率，也称活力比率，是与资源利用有关的几种比率关系，他们反映了企业经营效率的高低和各种资源是否得到了充分的利用。

1. 库存周转率

库存周转率是销售总额与库存平均价值的比例关系，它反映了与销售收入相比库存数量是否合理，表明了投入库存的流动资金的使用情况。

2. 固定资产周转率

固定资产周转率是销售总额与固定资产之比，它反映了单位固定资产能够提供的销售收入，表明了企业固定资产的利用程度。

3. 销售收入与销售费用的比率

销售收入与销售费用的比率是指在支出一定销售费用的基础上所获得的销售收入的比例，在一定程度上反映了企业销售活动的效率。

四、比率分析法的优点和局限性

比率分析法具有其他财务分析方法所不可替代的作用，其具有以下优点：①比率易于计算，方法简单，概念明确，对评估企业财务工作的完成情况有重要作用；②按时间顺序对企业财务进行比率分析，可以发现企业财务发展的趋势和偏离程度；③比率为在一定时间和科目上的比较提供一个标准，不仅可以用于企业内部，而且可以与行业平均值相比较；④比率可用于分析企业财务上带有共性的问题。

比率分析法在财务分析中也有其局限性：①比率分析所依据的数据是企业过去经济活动的会计核算材料，这对于旨在控制现在、预测将来的财务分析来说，只具有一定的参考价值；②比率分析所使用的财务报表数据可能包含着人为的因素，不一定反映真实情况；③由于财务报表主要是用数字来表达有关财务信息，而对会计信息使用者决策具有重要意义的非货币化或非量化信息则无法反映，因此，比率分析在信息传递上还存在着许多缺陷。

运用财务比率分析时应注意以下问题：①财务比率分析应结合整个行业、整个经济环境进行；②由于有些财务比率内涵因素比较复杂，所反映的情况具有相对性；③在进行数字分析的基础上，应辅之以文字说明；④充分考虑企业经济环境的不确定性，坚持定量分析和定性分析相结合。

第六节　管理信息和有效控制

随着信息时代的来临，信息在管理控制中发挥的作用越来越大。能否建立有效的管理信息系统，及时有效地搜集、处理、传递和使用信息，是衡量管理控制系统的标志之一。

现代管理信息系统是依据系统观点建立，利用现代技术方法和计算机网络，提供各种作业、管理和决策信息的集成化的人—机系统，它能准确、迅速地提供各级管理部门所需的信息。

管理信息系统存在于任何一个组织之中，因为每个组织自身都有一套获取、传输、处理信息的渠道，只不过传统的管理信息系统多是通过手工操作运行的，存在很多弊端，比如处理速度缓慢，手工年度会计报表有时在次年的三月份都做不出来，使得其他工作难以开展。另外，因为查询操作不方便，很难及时准确地获取信息，比如，想查询某项物资的库存情况，要翻看一大沓库存台账，有时由于资料不全无法查到确切信息，非得盘点才能弄清楚，这就给工作效率的提高造成了很大的障碍。

现代管理信息系统是计算机技术和管理技术的集成，是根据组织的业务流程和信息需要综合构成的，它以解决组织中面临的问题为目的，使基层办公人员提高工作效率，并能向各级管理部门提供所需的信息，据此作出决策，增强管理人员的决策水平和快速反应能力。高效率的管理信息系统能大量搜集、存储相关信息，并根据要求长时间保存；能迅速对信息进行加工处理，使信息更加精炼、准确、集中；能快速传递信息，同时由于计算机网络技术的发展，信息的传递更加如虎添翼，无所不能，使在线服务、"遥控"指挥成为事实。

现代管理信息系统不仅具有很多优势，也使管理者的工作发生了一些变化。首先是信息的获取渠道有了变化，它可以在信息系统上直接获得大量的第一手信息，根据这些信息能够快速作出决策或改变计划，使应变能力增强，控制反馈速度提高；组织的结构可以向扁平化发展，使管理层次减少，管理幅度加大，同时控制力度却不会削弱。另外，丰富了管理者和下属的信息交流通道，他们不必事事面对面地交流，报告和指令都可以通过该系统双向传送，尤其在双方远隔千山万水时，可以节省大量时间和金钱。当然，建立管理信息系统要有一笔不小的投资，对管理者及员工的计算机操作水平也有一定的要求，这些在初期应加以考虑。

课后案例

汤姆的目标与控制

汤姆担任这家工厂的厂长已经一年多了。他刚看了工厂有关今年实现目标情况的统计资料，厂里各方面工作的进展出乎意料，他为此气得说不出一句话来。他记得就任厂长后的第一件事情就是亲自制定了工厂一系列计划目标。具体地说，他要解决工厂的浪费问题，要解决职工超时工作的问题，要减少废料的运输问题。他具体规定：在一年内要把购买原材料的费用降低10%～15%，把用于支付工人超时工作的费用从原来的11万美元减少到6万美元，把废料运输费用降低3%。他把这些具体目标告诉了下属有关方面的负责人。

然而，他刚看过的年终统计资料却大大出乎他的意料。原材料的浪费比去年更为严重，竟占总额的16%；职工超时费用也只降低到9万美元，远没有达到原定的目标；运输费用也根本没有降低。

他把这些情况告诉了负责生产的副厂长，并严肃批评了这位副厂长。但副厂长争辩说："我曾对工人强调过要注意减少浪费的问题，我原以为工人也会按我的要求去做的。"人事部门的负责人也附和着说："我已经为消减超时的费用作了最大的努力，只对那些必须支付的款项才支付。"而运输方面的负责人则说："我对未能把运输费用减下来并不感到意外，我已经想尽了一切办法。我预测，明年的运输费用可能要上升3%～4%。"

在分别和有关方面的负责人交谈之后，汤姆又把他们召集起来布置新的要求，他说："生产部门一定要把原材料的费用降低10%，人事部门一定要把超时费用降到7万美元；即使是运输费用要提高，但也决不能超过今年的标准，这就是我们明年的目标。我到明年底再看你们的结果！"

讨论题：

1. 汤姆的控制有什么问题？
2. 怎样才能实现他所提出的目标？

复习思考题

1. 什么是控制？为什么控制对组织来说非常必要？
2. 控制主要有哪些类型？它们是怎么划分的？
3. 控制过程包括哪几个步骤？

第九章 创　　新

创新是组织生命力的源泉。对于作为一个系统的企业或其他社会组织来说，决策、组织、领导和控制职能是在现有环境状态和系统目标下，维持系统平衡的重要管理职能；而创新则是适应组织内外部环境条件的变化，打破系统原有平衡，创造系统新的目标、结构和功能状态，以实现新的系统平衡的管理职能。没有创新就没有发展。只有借助管理的创新职能，才能将决策、组织、领导、控制等职能推进到一个新的组织管理的均衡状态，从而使组织在更高层次上实现目标、结构与功能的有机整合，以创造性地适应环境变化，赢得竞争优势。如果说管理的各个职能能有机联系，形成一个职能系统的话，那么正是创新职能赋予了该系统以原动力，使它得以生生不息地运转起来。

第一节　创新的概念和特征

一、创新的概念

创新是一种思想及在这种思想指导下的实践，是一种原则以及在这种原则指导下的具体活动，是管理的一种基本职能。

"创新"一词最早是由熊彼特于1912年在《经济发展理论》一书中首先提出来的。他将创新定义为"企业家对生产要素重新组合"。传统意义的创新仅仅是指技术的革新，即只是负责研究和开发新产品的科学家的工作。而现代意义上的创新包含的范围很广，既有涉及技术性变化的创新，如技术创新、产品创新、过程创新，也有涉及非技术性变化的创新，如制度创新、政策创新、组织创新、管理创新、市场创新、观念创新等等。但创新并不一定是全新的东西，旧的东西以新的形式出现或以新的方式结合也是创新。

二、创新的特征

美国福特公司前总裁福特曾说:"不创新,就灭亡。"创新是企业在激烈的市场竞争中生存和发展的必然选择,是经济发展和生产率提高的基本动力。为了更积极地致力于创新,更合理有效地组织创新,我们有必要了解创新的特性,以便因势利导。创新具有以下一些特征。

(一)首创性

创新是要解决前人所没有解决的问题,不是简单的模仿,而是继承中又有了新的突破。因此创新必然是新颖的,其中必有过去所没有的新的因素或成分。

(二)未来性

创新所要解决的课题,都是前人所没有解决的问题或从未遇到过的问题,因而创新始终是面向未来的。

(三)变革性

创新是新的方式或者新的组合,是对原有模式或者框架的改造和更新,而不是低级的模仿和重复,因此创新都是具有变革性的。

(四)价值性

创新成果都应具有一定的社会价值,或为经济价值,或为学术价值,或为艺术价值,或为实用价值。不管是物质成果还是精神成果,没有一定的社会价值,创新成果就失去了它存在的意义。

(五)先进性

创新的成果与旧事物相比较,如果光有新颖性、价值性,而无先进性,就不能战胜旧事物。以产品来说,不以先进技术武装产品,就很难占领现代竞争激烈的市场。

(六)时间性

对创新成果的确认,与时间有着密切的关系,相同或相似的成果是否被确认,以时间的先后为界,如发明的专利权,就是以申请时间的先后为界。

三、维持与创新的关系

作为管理的基本内容,维持与创新对系统的存在都是非常重要的。

维持是保证系统的活动顺利进行的基本手段,也是系统中大部分管理人员,特别是中层和基层的管理人员要花大部分精力从事的工作。管理的维持职能便是要严格地按预定的规划来监视和修正系统的运行,尽力避免各子系统之间的摩擦,或减少因摩擦而产生的结构内耗,以保持系统的有序性。没有维持,系统的各个要素就可能相互脱离,各自为政,各行其是,整个系统就会呈现出一种混乱的状况。所以,维持对于系统生命的延续是至关重要的。

但是仅有维持还是不够的,任何社会系统都是一个由众多要素构成的,与外部不断发生物质、信息、能量交换的动态和开放的非平衡系统。而系统的外部环境是在不断地发生变化的,这些变化必然会对系统的活动内容、活动形式和活动要素产生不同程度的影响。同时,系统内部的各种要素也是不断发生变化的。系统内部某个或某些要素在特定时期的变化必然要求或引起系统内其他要素的连锁反应，从而对系统原有的目标、活动要素间的相互关系等产生一定的影响。系统若不及时根据内外变化的要求，适时进行局部或全局的调整，则可能被变化的环境所淘汰，或为改变了的内部要素所排斥。这种为适应系统内外变化而进行的局部或全局的调整，便是管理的创新职能。

综上所述，作为管理的两个最基本职能，维持与创新对系统的生存和发展都是非常重要的，它们是相互联系和不可或缺的，创新是在维持基础上的发展，而维持则是创新的逻辑延续；维持是为了实现创新的成果，而创新则为更高层次的维持提供依托和框架。只有创新没有维持，系统便会呈现不断变化的混乱状态；而只有维持没有创新，系统则缺乏活力犹如一潭死水，适应不了外界变化，最终被环境淘汰。卓越的管理是实现维持与创新最优组合的管理。

第二节　创新的种类

系统内部的创新可以从不同的角度去考察。

一、局部创新和整体创新

从创新的规模以及创新对系统的影响程度来考察，可分为局部创新和整体创新。

局部创新是指在系统性质和目标不变的前提下，系统活动的某些要素的性质或其相互组合的方式，系统的社会贡献的形式或方式等发生变动；整体创新则往往改变系统的目标和使命，涉及系统的目标和运行方式，影响系统的社会贡献的性质。

二、消极防御型创新和积极攻击型创新

从创新与环境的关系来分析，可分为消极防御型创新与积极攻击型创新。

防御型创新是指由于外部环境的变化对系统的存在和运行造成了某种程度的威胁，为了避免威胁或由此造成的系统损失扩大，系统在内部展开的局部或全局性调整；攻击型创新是在观察外部世界运动的过程中，敏锐地预测到未来环境可能提供的某种有利机会，从而主动地调整系统的战略和技术，以利于积极地开发和利用这种机会，谋求系统的发展。

三、系统初建期的创新和运行中的创新

从创新发生的时期来看，可分为系统初建期的创新和运行中的创新。

系统的组建本身就是社会的一项创新活动。系统的创建者在一张白纸上绘制系统的目标、结构、运行规划等蓝图，这本身就要求有创新的思想和意识，创造一个全然不同于现有社会（经济组织）的新系统，寻找最满意的方案，取得最优秀的要素，并以最合理的方式组合，使系统进行活动。但是，"创业难，守业更难"，在动荡的环境中"守业"，必然要求积极地以攻为守，要求不断地创新。创新活动更大量地存在于

系统组建完毕开始运转以后，系统的管理者要不断地在系统运行的过程中寻找、发现和利用新的机会，更新系统的活动内容和调整系统的结构，以获取更有效的管理成效。

四、自发创新与有组织的创新

从创新的组织程度上看，可分为自发创新与有组织的创新。

任何社会经济组织都是在一定环境中运转的开放系统，环境的任何变化都会对系统的存在和存在方式产生一定影响。系统的相关性决定了与外部有联系的子系统根据环境变化的要求自发地作了调整后，必然会对那些与外部没有直接联系的子系统产生影响，从而要求后者也作相应调整。但是系统内部各部分在自发调整后，各个子系统之间的关系不一定协调，给组织带来的总效应既有可能为正，也可能为负。也就是说，系统各部分自发创新的结果是不确定的。

与自发创新相对应的，是有组织的创新。有组织的创新包含两层意思：

（1）系统的管理人员根据创新的客观要求和创新活动本身的客观规律，制度化地检查外部环境状况和内部工作，寻求和利用创新机会，有计划地组织创新活动。

（2）系统的管理人员要积极地引导和利用各要素的自发创新，使之相互协调并与系统有计划的创新活动相配合，使整个系统内的创新活动有计划、有组织地展开。

当然，有组织的创新也有可能失败，因为创新本身意味着打破旧的秩序，打破原来的平衡，具有很大的风险性。但是，有计划、有目的、有组织的创新取得成功的机会无疑要远远大于自发创新。

第三节　创新的原则与步骤

一、创新的原则

要有效地组织系统的创新活动，就必须研究创新的规律以及各方面之间的关系，遵循一定的原则。创新的主要原则如下所述。

（一）开拓与求实相结合的原则

创新就是要不断地向新的领域、新的高度进取，随着组织内外部环境的变化，组织的创新能力也要不断积累、不断提高，决定创新能力的创新要素也都要进行动态调整。从企业间的竞争来看，比如新的产品和技术在一段时间之后就会失去其竞争优势，只有不断地开拓和创新才能保证企业的竞争优势。

组织的创新总要符合客观实际的需要，任何成功的创新都应该是科学的，因此开拓精神必须与求实态度相结合，这是创新成功和稳步发展的重要保证。脱离实际的创新，必然出现盲目性、随意性和反复性，其结果注定失败。

（二）统一和灵活相补充的原则

创新必须要有统一明确的目标、相互协调的行动、局部服从整体的观念，只有这样才能实现资源的优化配置和创新成效的最大化。但是，创新是对新的领域、新的问题的探索，其本身必然具有偶然性和机遇性，不能完全用计划来组织和规划，因此在创新的过程中必须坚持统一和灵活相补充的原则，在实现资源合理配置的基础上给予更大的灵活性和弹性空间。

（三）奖励和鼓励并重的原则

创新是具有高风险和高回报的，因此组织对创新的成果必须给予公正的评价和合适的奖励，对所有的创新建议，组织都要实施正向的鼓励政策。同时，创新是不断失败和探索的过程，因此必须给予创新更多的鼓励和支持，而不是冷眼旁观、横加指责。只有这样，才能形成良好的氛围和环境，为创新提供一个有利的平台。

二、创新的步骤

创新在本质上是杂乱无章的，因为创新是对旧事物的否定，是对新事物的探索。对旧事物的否定，创新必定要突破原先的制度，破坏原先的秩序，必须不遵守原先的章程；对新事物的探索，创新者只能在不断的尝试中去寻找新的程序、新的方法，在最终的成果取得之前，可能要经历无数次反复，无数次失败，因此，它看上去必然是杂乱的。但这种"杂乱无章性"是相对于旧制度、旧秩序而言的，就创新的总体来说，它们必然依循一定的步骤、程序和规律。

总结众多成功企业的经验，成功的创新要经历"寻找机会、提出构思、迅速行动、忍耐坚持"这四个阶段的努力。

（一）寻找机会

创新是对原有秩序的破坏。原有秩序之所以要打破，是因为其内部存在着或出现了某种不协调的现象。这些不协调对系统的发展提供了有利的机会或造成了某种不利的威胁。创新活动正是从发现和利用旧秩序内部的这些不协调现象开始的，不协调为创新提供了契机。

旧秩序中的不协调既可存在于系统的内部，也可产生于对系统有影响的外部。

就系统的外部来说，有可能成为创新契机的变化主要有：

（1）技术的变化。技术的变化可能影响企业资源的获取，生产设备和产品的技术水平。

（2）人口的变化。人口的变化可能影响劳动力市场的供给和产品销售市场的需求。

（3）宏观经济环境的变化。经济的迅速增长可能给企业带来不断扩大的市场，而整个国民经济的萧条则可能降低企业产品需求者的购买能力。

（4）文化与价值观念的转变，从而可能改变消费者的消费偏好或劳动者对工作及其报酬的态度。

就系统内部来说，引发创新的不协调现象主要有：

（1）生产经营中的瓶颈，可能影响了劳动生产率的提高或劳动积极性的发挥，因而始终困扰着企业的管理人员。这种卡壳环节，既可能是某种材料的质地不够理想，且始终找不到替代品，也可能是某种工艺加工方法的不完善，再或是某种分配政策的不合理。

（2）企业意外的成功和失败，如派生产品的利润贡献不声不响地、出人意料地超过了企业的主营产品；老产品经过精心整顿改进后，结构更加合理、性能更加完善、质量更加优异，但并未得到预期数量的订单……这些出乎企业预料的成功和失败，往往可以把企业从原先的思维模式中驱赶出来，从而可以成为企业创新的一个重要源泉。

企业的创新，往往是从密切地注视、系统地分析社会经济组织在运行过程中出现的不协调现象开始的。

（二）提出构想

敏锐地观察到了不协调现象的产生以后，还要透过现象究其原因，据此分析和预测不协调的未来变化趋势，估计它们可能给组织带来的积极或消极后果，在此基础上，努力利用机会或将威胁转换为机会，采用畅谈法、头脑风暴法、德尔菲法、畅谈会等方法提出多种解决问题、消除不协调，使系统在更高层次实现平衡的创新构想。

（三）迅速行动

创新成功的秘密主要在于迅速行动。提出的构想可能还不完善，甚至可能很不完善，但这种并非十全十美的构想必须立即付诸行动才有意义。"没有行动的思想会自生自灭"，这句话对于创新思想的实践尤为重要。一味地追求完美，以减少受讥讽、被攻击的机会，就可能坐失良机，把创新的机会白白地送给自己的竞争对手。T. 彼得斯和 W. 奥斯汀在《志在成功》中介绍了这样一个例子：20 世纪 70 年代，施乐公司为了把产品搞得十全十美，在罗彻斯特建造了一座全由工商管理硕士（MBA）占用的 29 层高楼。这些 MBA 们在大楼中对每一件可能开发的产品都设计了拥有数百个变量的模型，编写了一份又一份的市场调查报告……然而，当这些人继续不着边际地分析时，当产品研制工作被搞得越来越复杂时，竞争者已把施乐公司的市场抢走了 50% 以上。创新的构想只有在不断地尝试中才能逐步完善，企业只有迅速地行动才能有效地利用"不协调"提供的机会。

（四）忍耐坚持

构想经过尝试才能成熟，而尝试是有风险的，是不可能"一打就中"的，是可能失败的。创新的过程是不断尝试、不断失败、不断提高的过程。因此，创新者在开始行动以后，为取得最终的成功，必须坚定不移地继续下去，绝不能半途而废，否则便会前功尽弃。要在创新中坚持下去，创新者必须有足够的自信心，有较强的忍耐力，能正确对待尝试过程中出现的失败，并为减少失误或消除失误后的影响采取必要的预防或纠正措施。

第四节　创新的基本内容

一、目标创新

企业是在一定的经济环境中从事经营活动的，特定的环境要求企业按照特定的方式提供特定的产品。环境一旦发生变化，就会要求企业的生产方向、经营目标以及企业在生产过程中同其他社会经济组织的关系进行相应的调整。我国的社会主义工业企业，在计划经济体制下，必须严格按照国家的计划要求来组织内部的活动。经济体制改革以后，企业同国家和市场的关系发生了变化，企业必须通过其自身的经营活动来谋求生存和发展。因此，在新的经济背景下，企业的目标必须调整为：通过满足社会需要来获得利润。至于企业在各个时期的具体的经营目标，则更需要适时地根据市场环境和消费需求的特点及变化趋势加以整合，每一次调整都是一种创新。

二、技术创新

技术创新是企业创新的重要内容，现代工业企业的一个主要特点是在生产过程中广泛运用先进的科学技术，技术水平是反映企业实力的一个重要标志。技术创新的进行、技术水平的提高是企业增强自己在市场上竞争力的重要途径。由于一定的技术都是通过一定的物质载体和利用这些载体的方法来体现的，因此企业的技术创新主要表现在要素创新、要素组合方法的创新以及产品创新三个方面。

（一）要素创新

企业的生产过程是一定的劳动者利用一定的劳动手段作用于劳动对象使之改变物理、化学形式或性质的过程。参与这个过程的要素包括材料、设备以及企业员工等三类。

1. 材料创新

材料是构成产品的物质基础，材料费用在产品成本中占很大比重，材料的性能在很大程度上影响产品的质量。材料创新的内容包括：开辟新的来源，以保证企业扩大再生产的需要；开发和利用大量廉价的普通材料（或寻找普通材料的新用途），以降低产品的生产成本；改造材料的质量和性能，以保证和促进产品质量的提高。

2. 设备创新

现代企业在生产过程中广泛地利用了机器和机器体系，劳动对象的加工往往由机器设备直接完成，设备是现代企业进行生产的物质技术基础，设备的技术状况是企业生产力水平的主要标志。设备创新主要从以下几个方面进行：①通过利用新的设备，减少手工劳动的比重，以提高企业生产过程的机械化和自动化程度；②通过将先进的科学技术成果用于改造和革新原有设备，延长其技术寿命，提高其效能；③有计划地进行设备更新，以更先进、更经济的设备来取代陈旧的、过时的老设备，使企业生产建立在先进的物质技术基础上。

3. 人事创新

任何生产手段都需要依靠人来操作和利用，企业在增加新设备、使用新材料的同时，还需不断提高人的素质，使之符合技术进步后的生产与管理的要求。企业的人事创新，既包括根据企业发展和技术进步的要求，不断地从外部取得合格的新的人力资源，而且更应注重企业内部现有人力的继续教育，用新技术、新知识去培训他们，使之适应技术进步的要求。

（二）要素组合方法的创新

利用一定的方式将不同的生产要素加以组合，这是形成产品的先决条件。要素的组合包括生产工艺和生产过程的时空组织两个方面。

（1）生产工艺是劳动者利用劳动手段加工劳动对象的方法，包括工艺过程、工艺配方、工艺参数等内容。工艺创新既要求根据新设备的要求，改变原材料、半成品的加工方法，也要求在不改变现有设备的前提下，不断研究和改进操作技术和生产方法，以求使现有设备得到更充分的利用，使现有材料得到更合理的加工。工艺创新与设备创新是相互促进的，设备的更新要求工艺方法作相应的调整，而工艺方法的不断完善又必然促进设备的改造和更新。

（2）生产过程的时空组织包括设备、工艺装备、在制品以及劳动者在空间上的布置和时间上的组合。空间布置不仅影响设备、工艺装备和空间的利用效率，而且影响人机配合，影响在制品、设备、工艺装备的占用数量，从而影响生产成本，而且影响产品的生产周期。因此，企业应不断研究和采用更合理的空间布置和时间组合方式，以提高劳动生产率、缩短生产周期，从而在不增加要素投入的前提下，提高要素的利用效率。本世纪最伟大的企业生产组织创新，莫过于福特将泰罗的科学管理原理与汽车生产实践相结合而产生的流水生产方式，流水线的问世引发了企业生产率的革命。

（三）产品创新

生产过程中各种要素组合的结果是形成企业向社会贡献的产品。企业是通过生产和提供产品来求得社会承认，证明其存在的价值，也是通过销售产品来补偿生产消耗、取得盈余，实现其社会存在的。产品是企业的生命，企业只有不断地创新产品，才能更好地生存和发展。

产品创新包括许多内容，这里主要分析物质产品本身的创新。物质产品创新主要包括品种和结构的创新。

（1）品种创新要求企业根据市场需要的变化，根据消费者偏好的转移，及时地调整企业的生产方向和生产结构，不断开发出受用户欢迎的适销对路的产品。

（2）产品结构的创新，在于不改变原有品种的基本性能，对现在生产的各种产品进行改进和改造，找出更加合理的产品结构，使其生产成本更低，性能更完善，使用更安全，从而更具有市场竞争力。

产品创新是企业技术创新的核心内容，它既受制于技术创新的其他方面，又影响其他技术创新效果的发挥：新的产品、产品新的结构，往往要求企业利用新的机器设备和新的工艺方法；而新设备、新工艺的运用又为产品的创新提供了更优越的物质条件。

三、制度创新

要素组合的创新主要是从技术角度分析了生产要素的各种结合方式的改进和更新，而制度创新则需要从社会经济角度来分析企业系统中各成员间的正式关系的调整和变革。

制度是组织运行方式的原则规定。企业制度主要包括产权制度、经营制度和管理制度等三个方面的内容。

（1）产权制度是决定企业其他制度的根本性制度，它规定着企业最重要的生产要素的所有者对企业的权利、利益和责任。不同的时期，企业各种生产要素的相对重要性是不一样的。在主流经济学的分析中，生产资料是企业生产的首要因素，因此，产权制度主要指企业生产资料的所有制。目前存在的相互对立的两大生产资料所有制——私有制和公有制（或更准确地说是社会成员共同所有的"公有制"）——在实践中都不是纯粹的。私有制正越来越多地渗入"共有"的成分，被"效率问题"所困扰的公有制则正或多或少地添进"个人所有"的因素（如我国目前试行中的各种形式的"股份制"）。企业产权制度的创新也许应朝向寻求生产资料的社会成员"个人所有"与"共同所有"的最适度组合的方向发展。

（2）经营制度是有关经营权的归属及其行使条件、范围、限制等方面的原则规定。它表明企业的经营方式，确定谁是经营者，谁来组织企业生产资料的占有权、使用权和处置权的行使，谁来确定企业的生产方向、生产内容、生产形式，谁来保证企业生产资料的完整性，谁来向企业生产资料的所有者负责以及负何种责任。经营制度的创新方向应是不断寻求企业生产资料最有效利益的方式。

（3）管理制度是行使经营权，组织企业日常经营的各种具体规则的总称，包括对材料、设备、人员及资金等各种要素的取得和使用的规定。在管理制度的众多内容中，分配制度是最重要的内容之一。分配制度涉及如何正确地衡量成员对组织的贡献并在此基础上如何提供足以维持这种贡献的报酬。由于劳动者是企业诸要素的利用效率的决定性因素，因此，提供合理的报酬以激发劳动者的工作热情对企业的经营就有着非常重要的意义。分配制度的创新在于不断地追求和实现报酬与贡献的更高层次上的平衡。

产权制度、经营制度、管理制度这三者之间的关系是错综复杂的（实践中相邻的两种制度之间的划分甚至很难界定）。一般来说，一定的产权制度决定了相应的经营制度。但是，在产权制度不变的情况下，企业具体的经营方式可以不断进行调整；同样，在经营制度不变时，具体的管理规则和方法也可以不断改进。而管理制度的改进一旦发展到一定程度，则会要求经营制度作相应的调整；经营制度的不断调整，则必然会引起产权制度的革命。因此，反过来，管理制度的变化会反作用于经营制度，经营制度的变化会反作用于产权制度。

企业制度创新的方向是不断调整和优化企业所有者、经营者、劳动者三者之间的关系，使各个方面的权力和利益得到充分的体现，使组织的各个成员的作用得到充分的发挥。

四、组织机构和结构的创新

企业系统的正常运行，既要求具有符合企业及其环境特点的运行制度，又要求具有与之相应的运行载体，即合理的组织形式。因此，企业制度创新必然要求组织形式的变革和发展。

从组织理论的角度来考虑，企业系统是由不同的成员担任的不同职务和岗位的结合体。这个结合体可以从结构和机构这两个不同层次去考察。所谓机构是指企业在构建组织时，根据一定的标准，将那些类似的或为实现同一目标有密切关系的职务或岗位归并到一起，形成不同的管理部门。它主要涉及管理劳动的横向分工的问题，即把对企业生产经营业务的管理活动分成不同部门的任务；而结构则与各管理部门之间，特别是与不同层次的管理部门之间的关系有关，它主要涉及管理劳动的纵向分工问题，即所谓的集权和分权（管理权力的集中或分散）问题。不同的机构设置，要求不同的结构形式；组织机构完全相同，但机构之间的关系不一样，也会形成不同的结构形式。由于机构设置和结构的形成要受到企业活动的内容、特点、规模、环境等因素的影响，因此，不同的企业有不同的组织形式，同一企业，在不同的时期，随着经营活动的变化，也要求组织的机构和结构不断调整。组织创新的目的在于更合理地组织管理人员，提高管理劳动的效率。

五、环境创新

环境是企业生存和发展的土壤，制约着企业的经营。环境创新不是指企业为适应外界变化而调整内部结构或活动，而是指通过企业积极的创新活动去改造环境，去引导环境朝着有利于企业经营的方向变化。例如，通过企业的公关活动，影响社区政府政策的制定；通过企业的技术创新，影响社会技术的方向等等。就企业来说，环境创新的主要内容是市场创新。

市场创新主要是指通过企业的活动去引导消费，创造需求。新产品的开发往往被认为是企业创造市场需求的主要途径。其实，市场创新的更多内容是通过企业的营销活动来进行的，即在产品的材料、结构、性能不变的前提下，或通过市场的地理转移，或通过揭示产品新的物理使用价值，寻求新用户，或通过广告宣传等促销工作，赋予产品以一定的心理使用价值，影响人们对某种消费行为的社会评价，从而诱发和强化消费者的购买动机，增加产品的销售量。

第五节 创新活动的组织

系统的管理者不仅要对自己的工作进行创新，更为重要的是要组织下属的创新。组织创新，不是去计划和安排某个成员在某个时间去从事某种创新活动——这在某些时候也许是必要的，而是要为下属的创新提供条件、创造环境，有效地组织系统内部的创新。

一、正确理解和扮演"管理者"的角色

管理人员往往是保守的。他们往往认为组织雇佣自己的目的是维持组织的运行,因此自己的职责首先是保证预先制定的规则的执行和计划的实现。"系统的活动不偏离计划的要求"便是优秀管理的象征。因此,他们往往自觉或不自觉地扮演现有规章制度的守护神的角色。为了减少系统运行中的风险,防止大祸临头,他们往往对创新尝试中的失败吹毛求疵,随意惩罚在创新尝试中遭到失败的人,或轻易地奖励那些从不创新、从不冒险的人……在分析了前面的关于管理的维持与创新职能的作用后,再这样狭隘地理解管理者的角色,显然是不行的。管理人员必须自觉地带头创新,并努力为组织成员提供和创造一个有利于创新的环境,积极鼓励、支持、引导组织成员进行创新。

二、创造促进创新的组织氛围

促进创新的最好方法是大张旗鼓地宣传创新,激发创新,树立"无功便是有过"的新观念,使每一个员工都奋发向上,努力进取,跃跃欲试,大胆尝试。要造成一种人人谈创新,时时想创新,无处不创新的组织氛围,使那些无创新欲望或有创新欲望却无创新行动从而无所作为者自己感觉到在组织中无立身之处,使每个人都认识到组织聘用自己的目的,不是要自己简单地用既定的方式重复那些也许重复了许多次的操作,而是希望自己去探索新的方法,找出新的程序,只有不断地去探索、去尝试才有继续留在组织中的资格。

三、制定有弹性的计划

创新意味着打破旧的规则,意味着时间和资源的计划外占用,因此,创新要求组织的计划必须具有弹性。

创新需要思考,思考需要时间。把每个人的每个工作日都安排得非常紧凑,对每个人在每时每刻都实行"满负荷工作制",则创新的许多机遇便不可能发现,创新的构想也无条件产生。美国成功的企业,也往往让职工自由地利用部分工作时间去探索新的设想。据《创新者与企业革命》一书介绍,IBM、3M、奥尔-艾达公司以及杜邦公司等都允许职工利用5%~15%的工作时间来开发他们兴趣和设想。同时,创新需要尝试,而尝试需要物质条件和试验的场所。要求每个部门在任何时间都严格地制定和执行严密的计划,则会失去创新机会,而永无尝试机会的新构想就只能留在人们的脑子里或图纸上,不可能给组织带来任何实际的效果。因此,为了使人们有时间去思考、有条件去尝试,组织制定的计划必须具有一定的弹性。

四、正确地对待失败

创新的过程是一个充满着失败的过程。创新者应该认识到这一点,创新的组织者更应该认识到这一点。只有认识到失败是正常的,甚至是必需的,管理人员才可能允许失败,支持失败,甚至鼓励失败。当然,支持尝试,允许失败,并不意味着鼓励组

织成员去马马虎虎地工作，而是希望创新者在失败中汲取教训，学到一点东西，变得更加明白，从而使下次失败到创新成功的路程缩短。

五、建立合理的奖励制度

要激发每个人的创新热情，还必须建立合理的评价和奖惩制度。创新的原始动机也许是个人的成就感、自我实现的需要，但是如果创新的努力不能得到组织或社会的承认，不能得到公正的评价和合理的奖励，则继续创新的动力会逐渐失去。促进创新的奖励制度至少要符合下述条件：

（1）注意物质奖励与精神奖励的结合。奖励不一定是金钱上的，而且往往不需要是金钱方面的，精神上的奖励也许比物质报酬更能满足驱动人们创新的心理需要。而且，从经济的角度来考虑，物质奖励的效益要低于精神奖励：金钱的边际效用是递减的，为了激发或保持同等程度的创新积极性，组织不得不支付越来越多的奖金。对创造者个人来说，物质上的奖酬只在一种情况下才是有用的：奖金的多少首先被视作是衡量个人的工作成果和努力程度的标准。

（2）奖励不能被视作"不犯错误的报酬"，而是对特殊贡献甚至是对希望作出特殊贡献的努力的报酬；奖励的对象不仅包括成功以后的创新者，而且应当包括那些成功以前甚至是没有获得成功的努力者。就组织而言，也许重要的不是创新的结果，而是创新的过程。如果奖励制度能促使每个成员都积极地去探索和创新，那么对组织发展有利的结果是必然会产生的。

（3）奖励制度要既能促进内部竞争，又能保证成员间的合作。内部竞争与合作对创新都是很重要的：竞争能激发每个人的创新欲望，从而有利于创新机会的发现、创新构想的产生；而过度的竞争则会导致内部的各自为政，互相封锁；协作能综合各种不同的知识和能力，从而可以使每个创新构想都更加完善，但没有竞争的合作难以区别个人的贡献，从而会削弱个人的创新欲望。要保证竞争与协作的结合，在奖励项目的设置上，可考虑多设集体奖，少设个人奖，多设单项奖，少设综合奖；在奖金的数额上，可考虑多设小奖，少设甚至不设大奖，以给每一个人都有成功的希望，避免"只有少数人才能成功的超级明星综合症"，防止相互封锁和保密、破坏合作的现象。

课后案例

创新出用友

企业创新绝不只是产品和技术的创新。如果企业只注重在技术上创新，而忽略在内部运行机制、内部管理体系等方面不断创新，其技术创新本身很难真正为企业带来价值。企业全面创新，才是企业发展的真正动力所在。用友的历程十分清晰地印证了这一点。

一、企业体制创新

1988年12月6日由两个人靠5万元借款创立的用友公司，其前身为"用友财务软件服务社"。在当时年代和环境下体现了用友的创新意识，也注定了用友必须要走一条创新之路。

软件服务社经过一年多的创业过程，1990年转办为"用友电子财务技术有限公司"，从无限责任的个体工商户转变为有限责任公司，实现了公司在体制上的第一次重大变迁。

随着公司的规模扩大及业务发展需要，1995年在有限责任公司基础上，发展为"用友软件（集团）有限公司"并组建"用友软件集团"，象征着国内软件开始向产业化、规模化方向发展，并探索一条发展软件产业规模化的道路。用友体制不断创新和变迁，伴随着用友公司的不断发展。

二、技术、产品创新

软件产业发展的一个突出特点就是"波浪式"前进，即软件技术、产品和市场每隔一定周期就会出现一次大的浪潮和更替，而且频率越来越快。每一次新的浪潮都带来机会，也是一次严峻的考验。在这样的环境中，一个软件企业把握住一次机会就可能发展起来，没有抓住就可能失败，不管曾经是否成功。对软件企业来说，抓住一次、两次机会是可能的，真正的挑战是能否抓住每一次机会，这就要求软件企业要不断地进行技术和产品的创新，确保抓住每次机会，确保竞争优势。

国内的财务及企业管理软件市场，这些年来的发展也呈现同样的现象。加入的厂家很多，一批起来，又一批倒下。用友公司作为这一领域最早的厂商之一，由于始终不断地进行技术、产品创新，把握住了历次发展的机会，使公司一直走在这一领域的前沿，产品持续领先，树立了较好的竞争优势，巩固了其财务及企业管理软件龙头企业的地位。

三、营销服务创新

用友公司的销售服务网络从直销开始，经历了"直销—代理分销—地区销售服务公司/代理分销"的发展过程。到目前为止，用友公司已建立起40家地区分、子公司，500家代理商，60家客户服务中心和100家授权培训中心的销售服务体系，是目前中国商品化软件的最大销售服务网。

面对网络时代的到来，用友公司率先开通基于Internet网络支持服务体系，并正在建设用友软件产品销售服务的电子商务系统，实现用友软件产品销售和服务的网络化。

四、运行机制创新

为确保用友软件产业的发展，公司内部运行机制不断创新，以适应日益激烈的市场竞争。

运行机制从1989年的按功能划分的中心制，到1996年发展为以产品为核心的产品事业部制。1998年发展为按用户对象划分的产品分公司制，针对不同用户群，分设了管理软件、财务软件和商务软件三个产品分公司。1999年根据全球信息产业发展趋势及结合业务战略，发展为按战略事业单位方式建立的内部运行机制。

五、内部管理创新

用友公司一直按照规范化进行管理，强调内部管理围绕公司业务开展，并为业务发展提供支持，在内部管理上不断创新。

(1) 建立并实施完善的软件开发和质量控制的文件化管理体系

1997年10月企业通过了ISO9001质量保证体系，为国内同行第一，实现软件产品开发、生产供应和维护的质量管理和保证与国际接轨，开创了国内软件企业ISO9001认证的先河。

(2) 建立并实施覆盖全国的文件化的软件服务质量保证体系

1999年5月用友又率先于国内软件业界通过ISO9002标准认证，建立并通过了覆盖全国的服务质量保证体系认证，标志着覆盖全国的软件服务与支持的质量保证体系与国际接轨。

(3) 全面推行绩效管理系统，使之成为推动公司业务发展和员工发展有效的管理工具

用友公司推行的绩效管理是以公司业绩和员工发展为中心，帮助公司完成业绩目标和帮助员工取得成功的全过程控制的有效管理方法。通过将公司目标、任务层层分解到机构、部门和岗位，将机构、部门和员工的工作目标与公司战略和目标有机结合起来，并通过对各机构、部门和岗位目标完成情况进行监控，提高或改善员工的工作表现，加强与员工的双向沟通。

(4) 公司建立并实施了完善的知识产权管理监督控制体系，将尊重他人知识产权、保护自有知识产权制度化

(5) 建立用友知识管理系统，使公司知识、经验不断得到积累和应用

有效的知识管理系统，对软件企业的发展是相当重要的。在公司内部网络系统中建立了如知识仓库、产品文档管理、产品测试统计及管理系统、产品支持库等知识管理的系统。

讨论题：

1. 创新的意义是什么？
2. 用友公司的创新体现在几个方面？

复习思考题

1. 创新具有哪些特征？
2. 维持和创新的关系及作用是什么？请举例说明。
3. 创新的步骤包括哪几个环节？
4. 创新职能的基本内容有哪些？

参考文献

[1] [美] 哈罗德·孔茨，海因茨·韦里克. 管理学. 第十版. 北京：经济科学出版社，1998

[2] [美] 罗宾斯. 管理学. 第四版. 黄卫伟，译. 北京：中国人民大学出版社，1996

[3] [美] 安德森等. 管理科学导论. 英文影印版. 北京：机械工业出版社，1998

[4] [美] 瑟头. 现代管理学. 第七版. 英文影印版. 北京：清华大学出版社，1998

[5] [美] 斯通纳等. 管理学教程. 刘学等，译. 北京：华夏出版社，2001

[6] [美] 路易斯等著. 现代管理学. 第二版. 英文影印版. 大连：东北财经出版社，1998

[7] [美] 杜柏林. 管理学精要. 第六版. 胡左浩等，译. 北京：北京工业出版社，2003

[8] [美] 罗宾斯等. 管理学基础. 英文影印版. 北京：机械工业出版社，1998

[9] 徐晓黎等. 管理学原理. 重庆：重庆大学出版社，2003

[10] 徐国华，张德，赵平. 管理学. 北京：清华大学出版社，1998

[11] 郭咸纲. 西方管理思想史. 第二版. 北京：经济管理出版社，2002

[12] 张兆响，司千字. 管理学. 北京：清华大学出版社，2004

[13] 周三多等. 管理学——原理与方法. 第三版. 上海：复旦大学出版社，1999

[14] 李福海. 管理学新论. 成都：四川大学出版社，2002

[15] 杨文士，张雁. 管理学原理. 北京：中国人民大学出版社，1994

[16] 胡震. 管理学十日读. 北京：企业管理出版社，2001

[17] 林建煌. 管理学. 上海：复旦大学出版社，2003

[18] 李怀祖. 管理研究方法论. 西安：西安交通大学出版社，1999

[19] 张邵学，杨明亨. 现代管理基本理论和方法. 第四版. 成都：四川大学出版社，1999
[20] 达夫科. 管理学. 英文影印版. 北京：机械工业出版社，1998
[21] 于春田等. 新编现代管理学. 北京：中国科学技术出版社，1992
[22] 孙京仰，方松华. 现代管理学教程. 上海：上海外语教育出版社，1992
[23] 方群. 简明管理学. 北京：中国青年出版社，1987
[24] 王重鸣. 管理心理学. 北京：人民教育出版社，2001
[25] 邵冲. 管理学概论. 第二版. 广州：中山大学出版社，2002
[26] 刘俊生. 管理学. 北京：中国政法大学出版社，2000
[27] 崔援民. 现代管理学原理. 北京：中国经济出版社，1989
[28] 周吉. 管理学教程. 上海：上海交通大学出版社，1987
[29] 娄成武. 管理学基础. 沈阳：东北大学出版社，2002
[30] 徐国华等. 管理学. 北京：清华大学出版社，1998
[31] 唐伟. 管理方法论. 北京：中国广播电视出版社，1991
[32] 潘承烈，虞祖尧等著. 中国古代管理思想之今用. 北京：中国人民大学出版社，2001
[33] 杨文士，李晓光. 管理学. 第二版. 北京：中国财政经济出版社，2000
[34] 周健临. 管理学. 第二版. 上海：上海财经大学出版社，1997
[35] 赵涛. 管理学习题库. 天津：天津大学出版社，2005
[36] 张明玉等. 管理学. 北京：科学出版社，2005
[37] 李德伟等. 管理学基础. 北京：清华大学出版社，2006
[38] 喻旦辉等. 管理学. 广州：中山大学出版社，2006
[39] 冯东升. 管理概论. 北京：中央广播电视大学出版社，2008
[40] 孙福万. 管理概论练习册. 北京：中央广播电视大学出版社，2008

后　记

本书是由四川大学工商管理学院、公共管理学院、锦城学院和汕头经济管理干部学校教师合作编写的管理学核心教材之一。本书既适合管理类专业大学本科学生使用，也适合其他相关专业学生使用，并可为热爱管理的朋友们提供相关知识介绍。

在本书的编写过程中，我们参考了许多兄弟院校和学者编写的相关教材和专著。在此基础上，结合我们多年来的教学实践以及学院教师对管理学问题的研究，对《管理学》第一版进行了修订和补充，形成了《管理学》第二版教材。

本书的写作思路和编写大纲由主编焦强、罗哲，副主编罗堰负责拟定。王建超、田建刚、吕婷、蒋礼、马新风、李志强、徐伟参加了初稿的编写，主编焦强、副主编罗堰负责对全书进行了最后修改及全书的统稿、定稿工作。

由于本书编写时间仓促，更由于我们水平有限，因此，肯定还有许多不完善的地方，在此，我们殷切地希望读者提出宝贵的意见。

编　者

2020 年 2 月